A LIBRARY OF
DOCTORAL
DISSERTATIONS
IN SOCIAL SCIENCES IN CHINA

中国
社会科学
博士论文
文库

活法儿：
京北城郊村的生计策略与日常生活

Living Wisdom:
Livelihood Strategies and Everyday Life in Suburban Villages in the North of Beijing

李向振　著
导　　师　张士闪
合作导师　李　松

中国社会科学出版社

图书在版编目（CIP）数据

活法儿：京北城郊村的生计策略与日常生活／李向振著．—北京：中国社会科学出版社，2022.5

（中国社会科学博士论文文库）

ISBN 978-7-5227-0088-5

Ⅰ.①活⋯　Ⅱ.①李⋯　Ⅲ.①农民—生活状况—研究—北京　Ⅳ.①D422.7

中国版本图书馆 CIP 数据核字（2022）第 061568 号

出 版 人	赵剑英
责任编辑	田　文
责任校对	杨沙沙
责任印制	李寡寡

出　　版	中国社会科学出版社
社　　址	北京鼓楼西大街甲 158 号
邮　　编	100720
网　　址	http://www.csspw.cn
发 行 部	010-84083685
门 市 部	010-84029450
经　　销	新华书店及其他书店

印刷装订	北京君升印刷有限公司
版　　次	2022 年 5 月第 1 版
印　　次	2022 年 5 月第 1 次印刷

开　　本	710×1000　1/16
印　　张	18.5
字　　数	312 千字
定　　价	98.00 元

凡购买中国社会科学出版社图书，如有质量问题请与本社营销中心联系调换

电话：010-84083683

版权所有　侵权必究

《中国社会科学博士论文文库》
编辑委员会

主　　任：李铁映

副 主 任：汝　信　　江蓝生　　陈佳贵

委　　员：（按姓氏笔画为序）

　　　　　　王洛林　　王家福　　王缉思

　　　　　　冯广裕　　任继愈　　江蓝生

　　　　　　汝　信　　刘庆柱　　刘树成

　　　　　　李茂生　　李铁映　　杨　义

　　　　　　何秉孟　　邹东涛　　余永定

　　　　　　沈家煊　　张树相　　陈佳贵

　　　　　　陈祖武　　武　寅　　郝时远

　　　　　　信春鹰　　黄宝生　　黄浩涛

总 编 辑：赵剑英

学术秘书：冯广裕

总　序

在胡绳同志倡导和主持下，中国社会科学院组成编委会，从全国每年毕业并通过答辩的社会科学博士论文中遴选优秀者纳入《中国社会科学博士论文文库》，由中国社会科学出版社正式出版，这项工作已持续了12年。这12年所出版的论文，代表了这一时期中国社会科学各学科博士学位论文水平，较好地实现了本文库编辑出版的初衷。

编辑出版博士文库，既是培养社会科学各学科学术带头人的有效举措，又是一种重要的文化积累，很有意义。在到中国社会科学院之前，我就曾饶有兴趣地看过文库中的部分论文，到社科院以后，也一直关注和支持文库的出版。新旧世纪之交，原编委会主任胡绳同志仙逝，社科院希望我主持文库编委会的工作，我同意了。社会科学博士都是青年社会科学研究人员，青年是国家的未来，青年社科学者是我们社会科学的未来，我们有责任支持他们更快地成长。

每一个时代总有属于它们自己的问题，"问题就是时代的声音"（马克思语）。坚持理论联系实际，注意研究带全局性的战略问题，是我们党的优良传统。我希望包括博士在内的青年社会科学工作者继承和发扬这一优良传统，密切关注、深入研究21世纪初中国面临的重大时代问题。离开了时代性，脱离了社会潮流，社会科学研究的价值就要受到影响。我是鼓励青年人成名成家的，这是党的需要，国家的需要，人民的需要。但问题在于，什么是名呢？名，就是他的价值得到了社会的承认。如果没有得到社会、人民的承认，他的价值又表现在哪里呢？所以说，价值就在于对社会重大问题的回答和解决。一旦回答了时代性的重大问题，就必然会对社会产生巨大而深刻的影响，你也因此而实现了你的价值。在这方面年轻的博士有很大的优势：精力旺盛，思想敏捷，勤于学习，勇于创新。但青年学者要多向老一辈学者学习，博士尤其要很好地向导师学习，在导师的指导下，发挥自己的优势，研究重大问题，就有可能出好的成果，实现自己的价值。过去12年入选文库的论文，也说明了这一点。

什么是当前时代的重大问题呢？纵观当今世界，无外乎两种社会制度，一种是资本主义制度，一种是社会主义制度。所有的世界观问题、政治问题、理论问题都离不开对这两大制度的基本看法。对于社会主义，马克思主义者和资本主义世界的学者都有很多的研究和论述；对于资本主义，马克思主义者和资本主义世界的学者也有过很多研究和论述。面对这些众说纷纭的思潮和学说，我们应该如何认识？从基本倾向看，资本主义国家的学者、政治家论证的是资本主义的合理性和长期存在的"必然性"；中国的马克思主义者，中国的社会科学工作者，当然要向世界、向社会讲清楚，中国坚持走自己的路一定能实现现代化，中华民族一定能通过社会主义来实现全面的振兴。中国的问题只能由中国人用自己的理论来解决，让外国人来解决中国的问题，是行不通的。也许有的同志会说，马克思主义也是外来的。但是，要知道，马克思主义只是在中国化了以后才解决中国的问题的。如果没有马克思主义的普遍原理与中国革命和建设的实际相结合而形成的毛泽东思想、邓小平理论，马克思主义同样不能解决中国的问题。教条主义是不行的，东教条不行，西教条也不行，什么教条都不行。把学问、理论当教条，本身就是反科学的。

在21世纪，人类所面对的最重大的问题仍然是两大制度问题：这两大制度的前途、命运如何？资本主义会如何变化？社会主义怎么发展？中国特色的社会主义怎么发展？中国学者无论是研究资本主义，还是研究社会主义，最终总是要落脚到解决中国的现实与未来问题。我看中国的未来就是如何保持长期的稳定和发展。只要能长期稳定，就能长期发展；只要能长期发展，中国的社会主义现代化就能实现。

什么是21世纪的重大理论问题？我看还是马克思主义的发展问

题。我们的理论是为中国的发展服务的，绝不是相反。解决中国问题的关键，取决于我们能否更好地坚持和发展马克思主义，特别是发展马克思主义。不能发展马克思主义也就不能坚持马克思主义。一切不发展的、僵化的东西都是坚持不住的，也不可能坚持住。坚持马克思主义，就是要随着实践，随着社会、经济各方面的发展，不断地发展马克思主义。马克思主义没有穷尽真理，也没有包揽一切答案。它所提供给我们的，更多的是认识世界、改造世界的世界观、方法论、价值观，是立场，是方法。我们必须学会运用科学的世界观来认识社会的发展，在实践中不断地丰富和发展马克思主义，只有发展马克思主义才能真正坚持马克思主义。我们年轻的社会科学博士们要以坚持和发展马克思主义为己任，在这方面多出精品力作。我们将优先出版这种成果。

2001 年 8 月 8 日于北戴河

摘　　要

在城镇化发展过程中，介于城市与乡村之间的城郊村的土地制度和人地关系总是最容易发生变化。土地制度和人地关系的变化，又会最大限度地影响村民基于生计而作出的行动选择，这些行动选择既影响到个体的生活方式，又影响到村落的整体社会结构。因此，本书主要关注的是，在土地制度和人地关系变化带来的社会生活与社会结构变迁过程中，城郊村不同身份的村民所作出的生计选择以及这些选择背后所蕴含的生活意义。

本书是关于北京城郊村村民生计选择、社会行动与村落生活的民俗志研究，所描绘的主要是近十几年来京村的日常生活和村民的生计选择，并分析内在和外在于村落社会的各种力量及其运作过程。本书认为正是这些力量创造和维系了我们今天所看到的相对稳定的社会结构。在这种相对稳定的社会结构里，当地人和流动人口在这里生生不息，经久不衰。具体来说，本书倾向于从微观层面剖析村落社区里人们的日常生活和行动安排，以及近距离观察城郊村社会的运作方式，同时也致力于挖掘出个体生活史中被传统集体叙事埋没的声音，以解构目的论建构对个体生存状态的漠视。尽管如此，本书也会关注较为宏观的问题，比如城郊村与城市如何互动，城郊村与国家如何互动等问题。实际上，村民正是在处理这些互动时或主动适应，或被动接受，并以此为基础建立了当前的生活状态。

本书主要立足以下两点进行讨论：一是注重城郊村内部结构和社会秩序的自治性逻辑，不仅仅将其简单地预设为需要"改造"的对象，而是将其视为需要被我们认识和理解的主体，也即"何以在"的问题；二是强调村落日常生活本身的学术价值，将其作为民俗志文本的写作主体，并分析在面对外部社会环境变化时，城郊村社会结构与社会秩序如何在日常生活中得以重构，也即"因何在"的问题。

本书打算至少完成以下两个目标：一是以民俗志文本的形式提供一个意在呈现城市化过程中城郊村的日常生活图景，正是这些琐碎的、不容易被注意到的、日常的、看起来杂乱无章的生活被赋予了极为生动的意义；二是在村落生活描述的基础上，深入分析基于传统惯习形成的默会知识和生存性智慧如何影响了村民的日常行动和生计策略选择，以及如何在此基础上形塑了村落社会结构和重构了社会秩序。概言之，我希望通过这本民俗志，通过对北京城郊村京村居住民（包括本村村民和外来务工人员）日常生活的描述，来揭示民众日常生计策略选择的内在逻辑，同时呈现这种生计策略及日常生活安排参与地方结构与社会秩序构建的过程。

　　本书的创新点主要表现在以下三个方面：一是呈现一个以日常生活为主要描述对象的民俗志文本，并通过民俗志研究实现对民众生活意义的理解；二是以日常生活的行动主体为研究对象，以日常生活为分析文本，这对于以往强调对民俗事象关怀的民俗学研究来说，既是补充又是挑战，在一定程度上拓展了既有民俗学的研究路径；三是在研究中更强调村民的主体地位和我的个人感受，尝试将民俗看成理解村民意义世界的方式，通过民俗来分析村民的生存状态和其对生活意义的表达与理解，在一定程度上践行了民俗学的村落生活整体研究的理念。

关键词：城郊村；生计策略；日常生活；生活意义；民俗志

Abstract

In the process of urbanization, the land system and man – land relationship of suburban villages between cities and villages are always the most prone to change. The changes of land system and man – land relationship will maximize the impact on villagers' different action choices based on livelihood. These action choices not only affect the individual lifestyle, but also affect the overall social structure of the village. Therefore, this study mainly focuses on the livelihood strategies made by villagers with different identities in suburban villages and the life significance behind these choices in the process of social life and social structure changes brought by the changes of land system and man – land relationship.

This study is a folklore ethnographic study on the livelihood strategies choice, social action and village life in suburban villages in Beijing. It mainly describes the everyday life of *Jingcun* village and the livelihood strategies choice of villagers in the last decade, and analyzes the various forces and operation processes of village society both internally and externally. In fact, it is these forces that create and maintain the relatively stable social structure we see today. In this relatively stable social structure, local people and floating population live here for a long time. Specifically, this study tends to analyze people's everyday life and action arrangement in the village community from the micro level, and observe the operation mode of suburban village society closely. At the same time, it is also committed to excavating the voice buried by the traditional collective narrative in the individual life history, to deconstruct the teleology's indifference to the individual living state. Nevertheless, this study will also focus on more macro issues, such as how suburban villages interact with cities, how suburban villages interact with the state and so on. In fact, villagers are actively adapting or passively accepting these interactions, and based on this, they have established their current living state.

This study is mainly based on the following two points: first, pay attention to the self – consistent logic of the internal structure and social order of suburban villages, not only presuppose it as the object that needs to be transformed, but also regard it as the subject that needs to be recognized and understood by us, that is, the problem of "*Why*"; The second is to emphasize the academic value of village everyday life itself, to take it as the writing subject of folklore ethnographic, and to analyze how the social structure and social order of suburban villages can be reconstructed in everyday life in the face of changes in the external social environment, that is, the problem of "*How*".

This study intends to achieve at least the following two objectives: first, to provide a picture of the everyday life of the suburban villages in the process of urbanization in the form of folklore ethnography, which is endowed with extremely vivid significance; Second, based on the description of village life, this paper deeply analyzes how the tacit knowledge and survival wisdom formed based on traditional habits affect the villagers' daily actions and livelihood strategy choices, and shape the village social structure and reconstruct the social order on this basis. In short, Using the folklore text, I hope to reveal the internal logic of people's choice of everyday livelihood strategies through the description of the everyday life of residents in *Jingcun* village (including villagers and migrant workers) in Beijing suburban village, and present the process of this livelihood strategies and everyday life arrangement participating in the construction of local structure and social order.

The main innovations of this study are as follows: first, present a folklore ethnography with everyday life as the main description object, and realize the understanding of the meaning of people's life through folklore ethnography research; second, take the action subject of everyday life as the research object and everyday life as the analysis text, which is both a supplement and a challenge to the previous folklore research that emphasizes the care of folklore, and expand the research path of existing folklore to a certain extent; Third, in the research, I put more emphasis on the subject status of villagers and my own feelings, try to regard folk custom as a way to understand the meaning world of villagers, and analyze the living state of villagers and their expression and understanding of the meaning of life through folk custom, which implements the concept of overall research on village life by folklore to a certain extent.

Key Words: suburban village; livelihood strategies; everyday life; meaning of life; ethnography

目　录

引　论 ·· (1)
 一　作为问题的生计选择与意义世界 ··························· (3)
 二　迈向日常生活的村落研究：一个文献回顾 ··············· (5)
 三　理论视角：道义的理性与村民生计选择 ················· (13)
 四　研究方法：民俗志与个体叙事 ····························· (22)
 五　田野过程：发现京村 ··· (28)
 六　本书结构 ·· (35)

第一章　白描：灰白相间的村落图景 ······························· (37)
 第一节　边界、空间与意义的生产 ······························ (38)
  一　京村的村落边界 ·· (39)
  二　公共空间与私人空间 ······································ (42)
  三　京村的房屋与居所 ··· (46)
  四　商业街与小卖部 ·· (49)
  五　公路与公共交通 ·· (51)
  六　京村的人口 ·· (53)
 第二节　有土无地的村庄：人地关系的变迁 ·················· (55)
  一　土地关系的几次变动 ······································ (55)
  二　"占地"与"租地" ······································ (69)
  三　拆迁与补偿 ·· (75)

第二章 "失地"与"弃地":村落生计方式的变迁 …………… (79)
第一节 为苦难背书:传统生计的个体记忆 ………………… (80)
  一 苦难叙事:关于饥荒的故事 ……………………………… (80)
  二 集体的困境:政治觉悟与举债度日 ……………………… (83)
第二节 瓦片经济和黑出租 …………………………………… (84)
  一 从种地到"种房" ………………………………………… (85)
  二 "趴黑活儿"与开出租 …………………………………… (91)
第三节 进城务工:外来人的生计选择 ……………………… (95)
  一 "弃地"与进城务工的内在逻辑 ………………………… (97)
  二 "自个儿伺候自个儿"的个体户 ………………………… (100)
  三 "大工地":建筑工人的日常生活 ……………………… (104)

第三章 个体户籍的"阈限":跨不过去的社会身份 ………… (112)
第一节 有"北京户口"的人:本地人的身份 ……………… (113)
  一 户籍身份与嵌入性社会资源 ……………………………… (114)
  二 "农转非":户籍身份的转变 …………………………… (117)
第二节 "根不在这儿的人":外来人的户籍身份藩篱 …… (122)
  一 "农民工":一个特定身份群体的生成 ………………… (123)
  二 "亦农亦工":进入身份"阈限"的群体 ……………… (126)
  三 遣散回乡:进城务工农民的"噩梦" …………………… (131)

第四章 跨地域家庭模式:进城务工农民的生计选择 ……… (136)
第一节 作为生计策略选择的跨地域家庭模式 ……………… (138)
  一 生存伦理与内外合力 ……………………………………… (138)
  二 作为救济机制的农村家庭 ………………………………… (141)
第二节 进城务工农民的流动性:农事节律、传统节日
         与生计安排 ……………………………………………… (144)
  一 农事节律与进城务工农民的季节性流动 ………………… (145)
  二 传统节日、职业与进城务工农民的周期性流动 ………… (146)

第五章 "社交的人"：村落人情关系的再生产 (149)

第一节 "玩儿"与赌：村里的博弈游戏 (150)
一 博弈游戏与村落公共生活 (151)
二 赌：金钱与地位的较量 (153)
三 "玩儿"与社交：关系网络的再生产 (154)
四 "玩儿"与赌的生活意义表达 (156)

第二节 有里有面："喝满月酒"仪式中的关系再生产 (158)
一 规矩、"老礼儿"、"面儿"：地方话语中的人情表达 (159)
二 邀请谁：礼俗仪式场合关系主体的确认 (162)
三 "席面儿"与座次：差序格局的实践 (166)
四 随份子：人情边界的再确定 (170)

第三节 流动的圈子与社会资本 (176)
一 互帮互助的老乡群体 (177)
二 租客与房东 (180)
三 "相熟"：能办事的人 (183)

第六章 村治：国家视角下的村落政治运作 (186)

第一节 京村组织结构与组织过程 (188)
一 科层化的京村组织 (189)
二 京村政治权力的运作 (193)
三 村落资源与组织过程 (197)

第二节 "两头哄"：村干部的行动 (204)
一 "风箱里的老鼠" (204)
二 代理人抑或保护人？ (207)

第三节 威权与村干部的权威 (211)
一 村庄的政治过程 (212)
二 "进退维谷"：微妙的干群关系 (214)
三 "两头讨好"：村干部的权威制作与转换 (216)

第四节 村民"闹事儿"的深层逻辑 (220)
一 "走钢丝"的违建当事人 (221)

二 "泼妇"与秩序的破坏者 …………………………… (223)
　　三 泼粪：抗争，还是撒泼？ ………………………… (224)
　　四 "闹事"："维稳"思维下民众行动 ……………… (228)

结论 当代民俗学与民众生活意义的探寻 …………………… (233)
　　第一节 道义与经济：村民日常生活的逻辑 …………… (234)
　　第二节 算计：村民生存性智慧的实践 ………………… (238)
　　第三节 民俗志：民众生活意义的文字呈现 …………… (242)

参考文献 ………………………………………………………… (249)

索 引 …………………………………………………………… (265)

后 记 …………………………………………………………… (271)

Contents

Introduction ··· (1)
  Section I. Livelihood Choice and Meaning World as an Issue ············ (3)
  Section II. Village Research towards Everyday Life: A Literature
          Review ·· (5)
  Section III. Theoretical Perspective: Moral Rationality and the
          Choice of Villager's Livelihood Strategies ···················· (13)
  Section IV. Research Methods: Fieldwork and Individual
          Narration ·· (22)
  Section V. Process of Fieldwork: Finding *Jingcun* Village ············ (28)
  Section VI. The Structure of this Book ································ (35)

**Chapter I Line Drawing: A Greyish White Picture of
         Village** ·· (37)
  Section I. Production of Boundary, Space and Meanings ············ (38)
    I. The Boundary of *Jingcun* Village ································ (39)
    II. The Public Space and Private Space ···························· (42)
    III. The House and Residence ······································ (46)
    IV. The Commercial Street and Canteen ·························· (49)
    V. The Highway and Public Transport ···························· (51)
    VI. The Population of *Jingcun* Village ···························· (53)
  Section II. The Village with Soil but No – land: The Change of
          Man – land Relationship ······································ (55)
    I. Several Changes in Land Relations ······························ (55)

  II. "*Land Occupation*" and "*Land Lease*" ……………… (69)
  III. The Demolition and Compensation ………………………… (75)

Chapter II   "*Lost Land*" and "*Abandoned Land*": The Change of Village Livelihood Mode ……………… (79)

 Section I. Endorsing Suffering: Individual Memory of Traditional Livelihoods ……………………………………… (80)
  I. Suffering Narrative: The Story of Famine ………………… (80)
  II. *Collective Dilemma*: Political Consciousness and Keeping Head above Water ……………………………………… (83)
 Section II. *Tile economy* and Illegal Taxi Operation ……………… (84)
  I. From Planting Land to "*Planting House*" ………………… (85)
  II. "*Black Work*" and Driving Taxi ………………………… (91)
 Section III. Migrant Workers in Cities: The Livelihood Choice of Rural Migrant Workers ……………………………… (95)
  I. "*Abandoned Land*" and the Internal Logic of Going to Work in the City ……………………………………… (97)
  II. A Self-employed Person Who "*Serves Himself*" …… (100)
  III. "*Big Construction Site*": The Everyday Life of Construction Workers ……………………………………… (104)

Chapter III   The Threshold of Personal Census Register: Insurmountable Social Identity ……………… (112)

 Section I. People with "*Beijing Hukou*": Registered Residence Status of Local People ……………………………… (113)
  I. Census Register and Embedded Social Resources ………… (114)
  II. Conversion of Agricultural Census Register to Non-agriculture: Transformation of Registered Residence Status ……… (117)
 Section II. "People Whose Roots are not Here": The Barriers of Registered Residence Status of Rural Migrant Workers ……………………………………… (122)

I. "Migrant Workers": The Generation of a Specific Identity
   Group ·· (123)
II. Both Workers and Peasants: Groups Who Entering the
   Identity Threshold ·· (126)
III. Repatriate: The Nightmare of Migrant Workers ················ (131)

**Chapter IV Dual - locational Households: Livelihood Strategies
              of Rural Migrant Workers** ······························ (136)

Section I. Dual - locational Households as the Choice of
          Livelihood Strategies ··· (138)
   I. Survival Ethics and Join Forces both Internal and
      External ·· (138)
   II. Rural Households as Relief Mechanism ························ (141)
Section II. Mobility of Rural Migrant Workers: Farming Rhythm,
           Traditional Festivals and Livelihood Arrangements ······ (144)
   I. Farming Rhythm and Seasonal Mobility of Rural Migrant
      Workers ·· (145)
   II. Traditional Festivals, Occupations and the Periodic Flow of
       Rural Migrant Workers ·· (146)

**Chapter V "SocialIntercourse": Reproduction of Human
             Relationship in Villages** ·································· (149)

Section I. Playing and Gambling: Game in the Village ············ (150)
   I. Game and Village Public Life ·· (151)
   II. Gambling: A Contest between Money and Status ············ (153)
   III. Playing and Social Communicating: Reproduction of
        Relational Networks ··· (154)
   IV. Expression of Life Meaning of Playing and Gambling ········ (156)
Section II. Both *Face* and *Lizi*: Reproduction of Relationship in the
           Ceremony of "*Drinking Full Moon Wine*" ···················· (158)
   I. Rules, Courtesy and Face: Human Relationship Expression
      in Local Discourse ··· (159)

II. Who to Invite: Confirmation of the Relationship Subject
in Ceremony Occasions ·················· (162)

III. Seats and Seating: Practice of the Differential Mode of
Association ·················· (166)

IV. *Suifenzi*（随份子）: Redefinition of Human Relationship
Boundary ·················· (170)

Section III. Mobile Social Networks and Social Capital ·········· (176)

I. Mutual Assistance Group of Fellow-tounsmen ·········· (177)

II. Tenants and Landlords ·················· (180)

III. *Xiangshu*（相熟）: Someone who can Give Key Help ········ (183)

Chapter VI *Cunzhi*（村治）: Village Political Operation from the Perspective of the State ·················· (186)

Section I. Organizational Structure and Process of *Jingcun*
Village ·················· (188)

I. The Hierarchical Organization of *Jingcun* Village ·········· (189)

II. The Operation of Political Power in *Jingcun* Village ········ (193)

III. Village Resource Allocation and Organizational Process ····· (197)

Section II. "*Two Coax*": The Actions of Village Cadres ·········· (204)

I. "*Mouse in Bellows*" ·················· (204)

II. Agent or Protector? ·················· (207)

SectionIII. Authoritarian Governance and the Authority of
Village Cadres ·················· (211)

I. Political Process in *Jingcun* Village ·················· (212)

II. "*Dilemma*": Subtle Relationship between Cadres and
Masses ·················· (214)

III. Trying to Please both Sides: Action Strategies of
Village Cadres ·················· (216)

Section IV. The Deep Logic of Villagers' "*Making Trouble*" ········ (220)

I. "*Walking the Tightrope*": Illegal Constructing in *Jingcun*
Village ·················· (221)

II. "*Shrew*": The Saboteur of Order ·················· (223)

III. Pouring Feces: Resisting or Playing a Scoundrel ············· (224)
　　IV. *"Trouble Making"*: People's Action under the Thinking of
　　　　Maintaining Stability ·· (228)

Conclusion　Contemporary Folklore and the Exploration of the
　　　　　　Meaning of People's Life ······································ (233)
　Section I. Morality and Rationality: The Logic of Villagers'
　　　　　　Everyday Life ·· (234)
　Section II. Plan and Planning: Practice of Villagers' Survival
　　　　　　Wisdom ·· (238)
　Section III. Folklore Ethnography: The Literal Presentation of the
　　　　　　Meaning of People's Life ·· (242)

References ·· (249)

Index ·· (265)

Epilogue ··· (271)

引　论

作为近现代中国城市化最早也是最快的地区之一，北京周围的城郊村①很早就受到社会学、政治学、人类学等社会科学的关注。事实上，早在20世纪40年代，受芝加哥学派影响，燕京大学社会学系部分师生即已对北京城郊村的妇女地位、宗教信仰、手工业、家庭结构、教育状况等进

---

① 在许多社会学、区域经济学等著述中，城郊村往往被称为"城乡结合部""城乡过渡带""城乡交错带"等，而且不同领域的学者对概念进行了不同的界定（参见任荣荣、张红《城乡结合部界定方法研究》，《城市问题》2008年第4期；周大鸣、高崇：《城乡结合部社区的研究——广州南景村50年的变迁》，《社会学研究》2001年第4期等）。本书之所以将之称为"城郊村"，既是为了和学界现有的"城中村"进行呼应，同时又是为了强调城郊村的"村落共同体"属性。城郊村既是一个地理意义上的概念，又是一个文化建构的概念。从地理边界上看，其位于城区与乡村之间的村落形态，属于城市和农村的过渡地带；从文化建构的边界看，城郊村既受到城区生活方式的影响，又保留了大量的村落原有生活观。与城区明显不同的是，这里属于"熟人社会"；而对于许多外来打工者来说，这里又是乡村到城区的落脚点和跳板。从地理位置上来看，城郊村属于乡村与城市的过渡地带，它不同于城市内部的"城中村"，又与远离城市的远郊村相区别。从既有学术研究和实践来看，"城中村"大体上可以分为两种情况：一是在城市内部，以同乡或者其他社会联系为纽带，逐渐形成的外来人口聚居场所，逐渐形成类似于村落的社区，比如北京的"浙江村"（参见项飚《跨越边界的社区：北京"浙江村"的生活史》，生活·读书·新知三联书店2000年版）；第二种情况是那些原来属于"城郊村"，但在城市化过程中没有实现完全转变从而形成城市包围村落的局面，这一种村落符合周大鸣等学者提出的"这些地区是最早开始城市化的地区，又是最难彻底城市化的地区"（参见周大鸣、高崇《城乡结合部社区的研究：广州南景村50年的变迁》，《社会学研究》2001年第4期）。李培林在研究中，按照"村"与城市的关系，将广州市的"城中村"分为三种类型：即处于城市中心的、地处城市近郊的和地处城市远郊的村落。（参见李培林《村落的终结：羊城村的故事》，商务印书馆2010年版）由于认识到第一种类型的城郊村，"它们最突出地呈现出村落终结的特点"，以及"充分与完整地展现出村社共同体在城市化过程中的运作机制，因而是最具典型意义的城中村"，所以蓝宇蕴在研究中主要关注了第一种意义上的城郊村（蓝宇蕴：《都市里的村庄：一个"新村社共同体"的实地研究》，生活·读书·新知三联书店2005年版，第7页）。本书所要关注的城郊村不同于蓝氏，是正在经历城市化的村落，也就是李培林所说的第二种类型的"城中村"。

行了研究,并产生一定影响。① 其后几十年间,受多种因素影响,国内城郊村研究陷入停滞状态,直到20世纪80年代,以"城乡结合部"之名被重新纳入经济学、城市规划等学者研究视野。就社会学和人类学而言,20世纪90年代中期以来,王春光、项飙、周大鸣、李培林等学者先后对"城中村"社会结构与日常生活等进行了关注。② 这些著述围绕城郊村经济结构、社会结构、社会治理及社会秩序变迁等问题进行了深刻剖析,为我们继续深入探讨城郊村社会的微观生活及生活意义提供了理论视角。

尽管如此,不少著述基调仍站在城郊村外,以西方现代城市发展为标准,从单线进化论思维和社会达尔文主义出发,假定城郊村是一种"问题"的存在,需要通过外力对其进行"改造"或"拯救"。③ 这在一定程度上忽视了城郊村生活主体的能动性。同时,由于在研究中有意或无意地忽视了生活主体的能动性,导致学术文本中的日常生活维度要么缺席,要么仅仅作为研究背景出现。可以说,将日常生活纳入经验研究,对其进行深入的描写与分析仍有许多路要走。与其他关注城镇化过程中城郊村和城中村的著述不同,本书着重强调了村落中生活主体的互动,其中既包含本村原有村民与外来流动人口的互动,又包含不同身份的村民与国家之间的互动。正是村民、村落、社会、国家等多重复杂的互动关系,共同塑造了城郊村村落的社会结构与社会秩序。因此,本书主要立足以下两点进行讨论:一是注重城郊村内部结构和社会秩序的自洽性逻辑,不仅仅将其简单地预设为需要"改造"的对象,而是将其视为需要被我们认识和理解的主体,也即"何以在"的问题;二是强调村落日常生活本身的学术价值,将其作为民俗志文本的写作主体,并分析在面对外部社会环境变化时,城郊村社会结构与社会秩序如何在日常生活中得以重构,也即"因何在"的问题。

---

① 赵承信:《平郊村研究的进程》,载燕京大学法学院编委会编著《燕京社会科学》1948年第1、2卷,第107—116页。

② 如王春光:《社会流动和社会重构——京城"浙江村"研究》,浙江人民出版社1995年版;项飙:《跨越边界的社区:北京"浙江村"的生活史》,生活·读书·新知三联书店2000年版;周大鸣、高崇:《城乡结合部社区的研究——广州南景村50年的变迁》,《社会学研究》2001年第4期;李培林:《巨变:村落的终结——都市里的村庄研究》,《中国社会科学》2002年第1期,等等。

③ 李向振:《跨地域家庭模式:进城务工农民的生计选择》,《武汉大学学报》(人文科学版)2017年第5期。

一 作为问题的生计选择与意义世界

在迅速发展的城镇化进程中，城郊村正在经历着从乡村到城市的转变过程。在此过程中，村民日常生活最先发生改变，尽管这种改变大多是悄然无声地、不着痕迹地渐变。从生活在北京城郊村京村①的村民来看，这种转变并不像文字资料所描述的那样冷冰冰，而是充满博弈与抉择的有血有肉的故事，整个过程中包含了痛苦、喜悦、无奈与欣然接受，而这些情绪的宣泄真真切切地表现在日常生活与行动之中。实际上，正是在看起来毫无生趣的日常生活中，各种社会意义得以生产，社会结构与社会秩序得以建构。或者说，村落社会本就蕴于日常生活之中。城郊村作为城市与乡村的连接点，其村民成员结构相对复杂，既保留了传统乡村社会规范的映像，又在与城市的频繁互动中，吸收了诸多现代化元素，从而形成"城乡民俗连续体"②空间。考察这类村落的日常生活，对于理解当前城市化对乡村社会的影响以及乡村振兴战略部署的落地具有重要的现实意义。

20世纪80年代以来，随着传统农耕劳作方式的改变，城郊村在一定程度上已蜕变为家庭集合体，甚至是个人联合体，村落公共生活与公共精神不断式微，呈现出"原子化村庄"③状态。然而即便如此，城郊村仍保持着形式上的稳定性。这种稳定的社会结构怎样在日常互动中得以维持和再生产，是本书要着重分析的问题之一。

本书还特别注意到村民与其所处的社会政治文化环境之间的复杂关系，认为村民日常生活的安排和生计策略的选择，在某种程度上是对来自外部世界变化带来的生存压力的回应。这种回应重塑了村落社会结构并重组了村落伦理秩序。

本书的考察对象并不是传统意义上的"农民"。以户籍身份划分，生活在村子里的人，既有户籍为"农民"的群体，又有户籍为"居民"的群体。其中"农民"群体又可分为两部分：一是本地土生土长的拥有"北京户口"的农民，二是外来进城务工"根子不在这里"的农民。居民构成相对更为复杂，既包括本地"农转非"居民户，又包括外来进京务

---

① 为符合学术规范和保护隐私之需要，本书出现的具体村名、人名及其他容易辨识的具体信息都进行了技术处理，请勿按图索骥，特此说明。
② 张士闪主编：《中国民俗文化发展报告2014》，山东大学出版社2015年版，第13页。
③ 贺雪峰：《乡村治理区域差异的研究视角与进路》，《社会科学辑刊》2006年第1期。

工的城镇户口居民，还包括附近高校租房居住的学生等。从人地关系上看，无论居民还是村民，他们都是"脱离了土地束缚"的人，也大都不再以农业生产为主要生活来源。一般来说，居民生活空间所对应的应是城市或城镇，而农民生活空间则对应农村社区或村落，但京村呈现出更为复杂的户籍身份与生活空间错位情况。

从村庄治理实践上看，京村设立了两套管理体系，分别是居民委员会和村民委员会，其中村民委员会的主要职责是管理村落集体财产和本地户籍为"农民"的村民，而居民委员会则主要负责管理本村户籍为"居民"的村民和外来流动人口。这样的行政设置，让外来流动人口的户籍身份变得更为模糊。当地居委会干部告诉我，对于外来流动人口，他们只是"代管"，实际上，在村落治理体系中，这些人属于"没有身份的人"。由此看来，几乎所有生活在京村的村民，都正处于身份体认上的"焦灼"状态，或是呈现为特纳意义上的"阈限"①状态。

不过，正是居民难以在北京市区谋得更好的生存空间，而农民也失去或离开了长期赖以维持生计的耕地的现实状况，让这个紧邻城区的城郊村既不同于偏远地区的传统村落，又不同于城区中所谓的"城中村"，而是自成体系，形成本地人与外来人混居又不交融的新生活共同体。在此生活共同体中，社会结构和道德秩序被重新建构。人们既接纳了城市生活方式和消费观念，又保留了相当多的传统村落社会观念。表现在日常生活中，人们的行动既受到现代市场理性影响，同时也遵守着祖辈传承下来的"规矩"，仍维持着熟人社会里的各种人情关系网络。虽然受到身份藩篱和政府政策影响，外来流动人口很难融入当地生活，但他们也积极选择了有利于实现利益最大化的生计方式，形成了各自的生活圈子，并在这些圈子里以个人或家庭为中心，以"老乡"和"相熟"为立足点，向四周呈放射状蔓延出去，组成新的差序格局式社会结构。

当然，尽管外来流动人口与本地人之间互不交融，但他们并非互不往来。事实是，由于他们多数是围绕房子形成的"房东"与"租客"关系，因此在面对外部政策压力时，他们往往更容易形成暂时的经济利益共同

---

① 在特纳看来，阈限实际上是一种不确定的过渡状态。在阈限中，结构社会的规范与准则统统失效，阈限主体暂时处于平等的交融状态。参见［英］维克多·特纳《仪式过程：结构与反结构》，黄剑波、柳博赟译，中国人民大学出版社2006年版，第96页。

体，比如当政府文件要求遣散从事"低端行业"的外来务工人员时，除作为被遣散对象的流动人口感到压力外，本村出租房屋的村民也会感到压力，在这种情况下，他们会共同采取措施阻止该政策顺利推行。

总体来说，本书所关心的核心问题是，在面对外部生存环境和传统人地关系发生变化带来的户籍身份进入"阈限"状态时，城郊村村民如何根据既有社会资源进行调适和安排日常生活与生计策略，继而重建社会秩序与社会结构。由此，在既有学术研究的分析和反思的基础上，本书立足田野调查资料，打算完成两个任务：一是提供一个意在呈现城市化过程中城郊村日常生活图景的民俗志文本，因为正是这些琐碎的、不易被注意到的、日常的、看起来杂乱无章的生活被赋予了极为生动的意义；二是在对日常生活进行深描的基础上，分析村民安排日常生活和选择生计策略背后所蕴藏的生活智慧和个体生命体验，以及在生计方式发生变化后村落社会结构重组和秩序重构的实践过程。

二 迈向日常生活的村落研究：一个文献回顾

随着城市化进程的加快，全球化、市场化影响日益渗透到民众生活的方方面面。在新技术尤其是现代网络传媒技术的影响下，民众的生活方式和文化模式发生了急剧变迁。城乡间文化边界日益模糊，传统与现代也更加难分彼此，在各种形式的"民俗主义"①催化下，民俗文化的意义也发生了根本变化。

在社会转型的时代背景下，近些年来民俗学、社会学与人类学等学科，在关注现实社会时，纷纷将目光转向日常生活研究，从在生活中研究具体文化和社会事象，逐渐转向以生活本身作为研究对象。②研究视角的转变，为研究者进一步理解村落社会与生活提供了极大的理论拓展空间。不过，就当前民俗学学术实践来说，日常生活转向还主要处于学理上的呼

---

① 周星：《民俗主义、学科反思与民俗学的实践性》，《民俗研究》2016年第3期。
② 高丙中认为，"以生活世界为自己的研究领域，这已是民俗学的既成事实"（高丙中：《中国人的生活世界：民俗学的路径》，北京大学出版社2010年版，第102页）。刘晓春也指出，在胡塞尔提出的"生活世界"成为现代哲学社会科学的核心概念后，在田野实践与理论参照的相互呼应中，民俗学者开始关注构成民俗语境的日常生活世界，并认为日常生活进入民俗学者的研究视野主要有两种方式：一是将日常生活作为描述性概念；二是将日常生活作为反思性概念（刘晓春：《从"民俗"到"语境中的民俗"——中国民俗学研究的范式转换》，《民俗研究》2009年第2期）。

吁和论证阶段，远未形成具有可操作性的理论范式和知识体系。因此，这一转向，与其说是民俗学学科研究范式的转换，毋宁说是研究者对陈旧过时的理论和知识体系难以阐释现代生活的无力感与焦灼感的表达，其如何在具体研究中"落地"，仍是不得不面对的学术难题。

具体而言，在学术实践中，现代民俗学学术如何介入民众日常生活，如何对待当下社会生活中各种新民俗及民俗主义现象，如何对各种新出现的生活文化及民俗事象进行具有民俗学学科特色的研究，仍是当前民俗学日常生活转向的重要议题。正如高丙中所指出的那样，"如何推动民俗学从传统之学、经验之学转变成一门涵濡历史性与现代性，兼具生活活动与理论根脉的现代社会科学，以推动民主、自由等现代价值和理念的社会实践，正在成为当前国际民俗学界需要共同思考和面对的重要命题，也可能是民俗学发展的新契机"①。

(一)"日常生活"的发现及其村落表达

关于现代社会科学日常生活转向，一般都会提及匈牙利哲学家阿格妮丝·赫勒（Agnes Heller），大概是由于她较早地从哲学层面把"日常生活"从抽象的"生活世界"中剥离出来。在她看来，所谓日常生活就是"那些同时使社会再生产成为可能的个体再生产要素的集合"，并指出"日常生活存在于每一社会之中……每个人无论在社会劳动分工中所占据的地位如何，都有自己的日常生活"②。

一般来说，社会宏观结构和宏大叙事都是建立在行动者的个体日常生活基础上的，需要研究者在研究中重视行动者的微观社会生活。在强调微观社会层面上，奥地利现象学社会学家舒茨（Alfred Schutz，也有译作"许茨"）对日常生活现象及社会意义的分析③和美国社会学家戈夫曼对符号互动仪式的社会学分析④，以及人类学家格尔茨（Clifford Geertz，也有译作"吉尔兹"）运用"常识"⑤对微观生活世界的分析，都对日常生活研究产生了深远的影响。这些研究者都强调以特定方式界定人类互动的、

---

① 吕微、高丙中等：《定位于现代社会日常生活的民俗学——"国际比较视野下的民俗学前景"笔谈》，《民俗研究》2013年第4期。
② [匈]阿格妮丝·赫勒：《日常生活》，衣俊卿译，重庆出版社2010年版，第3页。
③ [奥]阿尔弗雷德·舒茨：《社会世界的意义构成》，游淙祺译，商务印书馆2012年版。
④ [美]欧文·戈夫曼：《日常接触》，徐江敏、丁晖译，华夏出版社1990年版。
⑤ [美]吉尔兹：《地方性知识：阐释人类学论文集》，王海龙、张家瑄译，中央编译出版社2000年版，第93页。

错综复杂的，却又容易被忽略的逻辑和意义。

格尔茨认为，"文化就是这样一些由人自己编织的意义之网，因此，对文化的分析不是一种寻求规律的实验科学，而是一种探求意义的解释科学"①。舒茨（也被翻译为"许茨"）也提出"这个日常生活世界从一开始就是意义的宇宙，也就是说，它是一种意义结构（a Texture of Meaning）"，并认为"我们若想在其中找到我们的方位，并且与它达成协议，我们就必须解释它（日常生活世界）"②。同时还指出，人类表达的所有意义都是具有情境性的，"在其日常生活的任何一个时刻，人都会发现他自己处在某种被从生平角度决定的情境之中，也就是说，发现他自己处在某种同样由他限定的自然环境和社会文化环境之中"③。

自20世纪80年代初民俗学、人类学等学科恢复与重建以来，村落社会被重新纳入学者的研究视野。就民俗学来说，20世纪90年代中期胡塞尔的"生活世界"被引入学术视野，是其关注日常生活的重要起点。高丙中较早地明确了民俗学是关于民众生活模式和生活文化研究的学科④，之后许多民俗学者以此为研究视角进行了更深入的思考和探讨。⑤

在谈及民间文学研究对象等问题时，户晓辉强调从哲学意义上理解"民""生活世界"等关键词，意在以"双重还原"的方式，将这些基础概念引入哲学思考，并最终推进"向爱与自由的生活世界还原的总体

---

① ［美］格尔茨：《文化的解释》，韩莉译，译林出版社2008年版，第5页。
② ［奥］阿尔弗雷德·许茨：《社会实在问题》，霍桂桓译，浙江大学出版社2011年版，第37页。
③ 在舒茨看来，人生活的社会情境就是胡塞尔所提出的"生活世界"，它是先于任何一种客观的科学反思的世界，不被反思也不被分析，它只能被理解为现象（即意识）给予的具体性世界。在这种意义上，生活世界是被人们用类型化组织起来的意义整体。在他看来，在这种情景下的个人是一个有意识、可以反思、具有内省能力并且可以控制自己行为的客观实体。（［奥］阿尔弗雷德·许茨：《社会实在问题》，霍桂桓译，浙江大学出版社2001年版，第10页）
④ 高丙中：《民俗文化与民俗生活》，中国社会科学出版社1994年版。
⑤ 如高丙中、户晓辉、吕微、王杰文等学者对"生活世界"与"日常生活"等概念进行了长期关注，并从哲学和学术实践上对其进行了探讨。参见高丙中《中国人的生活世界——民俗学的路径》，北京大学出版社2010年版；户晓辉《返回爱与自由的生活世界：纯粹民间文学关键词的哲学阐释》，江苏人民出版社2010年版；吕微《民俗学的哥白尼革命——高丙中民俗学实践"表述"的案例研究》，《民俗研究》2015年第1期；王杰文《"遗产化"与后现代生活世界——基于民俗学立场的批判与反思》，《民俗研究》2016年第4期等。

进程"①。在另一篇文章中,他还辨析了"生活世界""日常生活"与我们周边的"客观世界"之间的关系。② 应该说,从哲学层面对民俗学与生活世界的关系作深入探讨,在当前民俗学学科认同遭遇尴尬和危机的背景下,为当代民俗学关注日常生活提供了合法性和合理性的思辨性依据。

不过,在学界对日常生活转向形成一定范围的共识后,摆在研究者面前的主要问题就需要从学理性思辨转向学术实践性运用,即从合理合法性论证向可操作性可使用性转向。

对于民众来说,日常生活的本质特征在于其具有实践性和现实实在性。日常生活的全部意义都来自民众的日常实践。从这个意义上说,日常生活本身就是具象的、琐碎的、事件性的。在民众那里,所谓日常生活就是开门七件事,柴米油盐酱醋茶,就是迎来送往走亲串友,就是赶集赶庙会逛商场,就是上网聊天狂欢打游戏,就是孩子生日满月酒等各种生活事件。日常生活并不抽象,也不神秘,日常生活既不排斥所谓的传统,也不排斥现代科学技术,日常生活稳定而持续地存在于民众的日常实践之中。遵循这种研究思路,日常生活在某种程度上于可触可感的客观世界里得到了"救赎",其从抽象生活世界里分化出来而形成实在的现实领域。

对于关注民众生活模式和生活文化的民俗学来说,研究者正需要在现实层面剖析日常生活的结构与运作逻辑,以及民众行动的社会意义。我认为,植根于社会生活整体中的民俗才具有现实活力,而民俗的意义也正嵌在日常生活之中。脱离了社会生活,民俗的意义将不复存在;而脱离了民俗,日常生活的意义也将大打折扣。正如刘铁梁所言,"在实际调查和资料叙述的经验中,我们发现,过多地对民俗进行主观抽象或评论,却有可能偏离民俗本然的鲜活面貌和在生活中实际发生的意义"③。

(二)"泛语境化"反思与日常生活整体研究

在本书看来,日常生活转向与近年来方兴未艾的"语境"研究不无关联。某种意义上说,民俗学所关注的"语境",本身就是民俗事象或事

---

① 户晓辉:《返回爱与自由的生活世界:纯粹民间文学关键词的哲学阐释》,江苏人民出版社2010年版。
② 户晓辉:《民俗与生活世界》,《文化遗产》2008年第1期。
③ 刘铁梁:《感受生活的民俗学》,《民俗研究》2011年第2期。

件发生的生活现场。① 就世界范围来看，民俗研究中关注"语境"实际上是西方学者在面对现代社会对传统研究对象带来冲击以及传统民俗学无力阐释现代社会生活及民间文化的学术反思。早在20世纪60年代，美国民俗学家阿兰·邓迪斯（Alan Dundes）等人就已注意到民俗研究中"语境"的重要性②，后来理查德·鲍曼在"表演理论"中进一步强调了口头文学所嵌入的社会生活问题，并着重分析了民俗与语境的关系③，其后许多欧美民俗学者纷纷转向从"语境"研究民俗的学术实践。④

就学术研究而言，西方民俗学界引入"语境"的概念最初是为讨论其与"文本"的关系。经过几十年的讨论，学界基本达成了共识，即"语境"是"文本"不可或缺的相关体，二者是一种"水乳交融"的关系。因此，在研究民俗时，需要将其置入"语境"中进行讨论。正如鲍曼所言，"对语境中的民俗现象的分析，就是考察民俗现象在特定社会与文化生活的复杂网络中的位置，这需要把民俗与文化界定好的意义体系与阐释体系联系起来，把民俗与社会地位组织好的社会关系体系联系起来"⑤。

需要指出的是，研究视角转变最大的意义在于其改变了过去民俗研究中只强调"文本"的研究路径。换句话说，过去研究者关注民俗，往往将其作为"文本"进行分析，即只关注"俗"而未见到"民"，"语境"视角的引入，使得研究者意识到作为文本的民俗事象是在"语境"中生成的，其意义在"语境"中才能得以彰显。

研究者所关注的民间信仰、庙会、口头传统等民俗事象扎根的土壤和演述的场域就是"语境"。在语境里，民众赋予民俗事象以具体的现实意义。因此，将民俗事象置于"语境"中进行研究的理念，在被引入中国

---

① 需要补充的是，"语境"并非生活本身，而是一种"演述"场域。（巴莫曲布嫫：《叙事语境与演述场域——以诺苏彝族的口头论辩和史诗传统为例》，《文学评论》2004年第1期）

② Roy Dilly, *The Problem of Context*, New York: Berghahn Books, 1999, pp. 15–17.

③ Richard Bauman, "Texas Storyteller: The Framing and Reframing of Life Experience", *Journal of Folklore Research*, 1987 (24), pp. 197–221.

④ Simon J. Bronner, "Practice Theory in Folklore and Folklife Studies", *Folklore*, Published online: 2009 Mar 2012. http://dx.doi.org/10.1080/0015587X.2012.642985.

⑤ Richard Bauman, "The Field Study of Folklore in Context", In *Handbook of American Folklore*. ed. Richard Dorson, Bloomingon: Indiana University Press, 1983, pp. 362–367. 转引自王杰文《"语境主义者"重返"文本"》，《青海社会科学》2013年第3期。

民俗学界后,迅速得到了不少民俗学者的积极响应。在研究中,民俗学者将村落现场看作民俗事象的"语境",并在村落中解读民俗事象的意义。如在研究山东"小章竹马"时,张士闪强调村落语境对理解乡民艺术的重要性,他将乡民艺术与村落语境比作"鱼"与"水"的关系①,指出"只有将乡民艺术置于乡土语境中,才能使之得到真正的理解与阐释,乡民艺术研究的前景就在于呈现乡民艺术与所属乡土社会的互动关系"②。某种意义上说,"语境"是一个强大的、具有较强解释力和学术张力的理论视角,其一经出现,就给民俗研究注入了活力。诚如较早关注这一理论的中国民俗学者孟慧英所言:

> 对民俗学来说,语境概念是有用的,它使得田野工作拓展到传统社会知识体系、经济社会结构、自然环境、地方历史、居民状况、教育体系、宗教体制、与别的文化群体关系等方面。民俗是受语境等多种因素影响的活动,我们的研究不能限于民俗事件本身。③

在一篇文章中,刘晓春考察了"语境"的语义起源及其学术脉络等问题,认为在语境中考察民俗在一定程度上具有范式意义,"语境研究强调田野调查,强调在田野中观察民俗生活、民俗表演的情景、民俗表演的人际互动、民俗表演与社会生活、社会关系、文化传统之间的复杂关联等等"④。

经过十多年的发展,在"语境"中理解和解读民俗事象业已成为学界共识,并逐渐成为理论常识。然而在具体学术表达中,"泛语境化"问题却日益凸显出来。所谓"泛语境化",就是在学术文本中为"语境"而"语境",将"语境"简约成为"志书式"介绍,或流于表面,或未能与研究事象进行有机结合,或干脆将其视为可有可无的学术装饰。更有甚

---

① 张士闪、廖明君:《艺术民俗学研究:将乡民艺术"还鱼于水"——张士闪教授访谈录》,《民族艺术》2006年第4期。
② 张士闪:《从参与民族国家建构到返归乡土语境——评20世纪的中国乡民艺术研究》,《文史哲》2007年第3期。
③ 孟慧英:《语境中的民俗》,《民间文化论坛》2004年第6期。
④ 刘晓春:《从"民俗"到"语境中的民俗"——中国民俗学研究的范式转换》,《民俗研究》2009年第2期。不过,在我与刘晓春教授的一次讨论中,他坦言:"现在看来,'语境'转向应该算不得范式转换,而更多的是一种研究方法的引入。"(讨论时间:2016年11月20日)

者，部分研究者在书写民族志文本时，形成了"八股文"式的写作框架。长远来看，这种倾向不利于民俗学学术知识的良性生产。

当然，"泛语境化"问题的出现并非出于偶然，某种程度上是学术发展的必然。因为"语境"充满了学术张力，如何在研究文本中将"语境"呈现出来，本身就是一个重要问题。不过，在该理念引进之初，沉浸在研究范式转变喜悦之中的早期研究者，有意或无意地回避了这个问题。追溯"泛语境化"的根源，大概可从源于西方学术体系的"语境"（Context）概念入手。如前所述，西方民俗学界将"语境"引入学术研究，最初是为了讨论其与"文本"（Text）的关系。王杰文详细梳理了西方尤其是美国民俗学者对"语境"的阐发，以及不同学者的不同理解。但正如王杰文所说，"当我们重新回顾争论双方各自的观点时可能会发现，民俗学的表演理论并不是把'语境'当作一种固定不变的、可精确描述的、外在的信息，而是一种生成中的、偶发的、互动中的关系"[①]。忽视"语境"未成性和动态生成性，也许正是当前"泛语境化"问题的根源所在。"语境"的未成性和动态生成性特点决定了其在学术表达中绝不应是可有可无的状态，也不是随便进行结构性描述就可以将其意义全部呈现，而需要与作为文本的民俗事象或民俗事件进行互释。换言之，民俗既是"语境"中的"文本"，又是"文本"中的"语境"，文本与语境之间应该是一种交融状态和互释关系。

本书认为，在具体学术表达中，将民俗仅仅看作一种研究对象，本身就是人为的、强制将其剥离日常生活的过程。比如在关注村落仪式方面，不少学者将关注视角置于仪式本身的结构上，并以此为立足点，分析社会关系或其他问题。在这种思路中，日常生活难免会被"悬置"起来，因为将仪式活动作为研究对象，本身就包含了其不属于"日常生活"的预设前提。而事实是，这些看起来占据了特定时空的村落仪式活动，其意义往往是弥散于日常生活之中的，尤其是其中所关涉的地方性知识，更是隐匿于村民的日常生活实践中，研究者很难在日常生活之外，从一两次具体仪式活动中捕捉到这些意义和知识。

将民俗事象从日常生活中剥离出来进行抽象解析，以及为某种学术装饰需要而强制性地置"语境"于文前的做法，使得学术论文中出现"语

[①] 王杰文：《"语境主义者"重返"文本"》，《青海社会科学》2013年第3期。

境"与"民俗"两层皮的现象也就不足为奇了。学术研究中将民俗仅仅看作研究对象或"文本"的做法,某种意义上说本身就是"反日常生活"的。

村落生活中蕴含着村民的喜怒哀乐和村民赋予行动的社会意义。村落社会正是在村民的日常生活中实现了生生不息的再生产,从而超越了村民个体生命长度,在更广泛的时空里存续和变迁。民俗学关注村落生活,需要从这个角度去理解社会的再生产过程以及村民赋予生活的意义。有鉴于此,本书认为,在民俗学研究中,在对待"语境"与"民俗"关系时,应该引入日常生活整体研究的视角。具体而言,研究者需要将"语境"和"文本"看成一种动态的生成过程。作为研究策略,研究者可以对"语境"和"文本"进行结构上的解析,但从研究理念上,需要重新审视过去或多或少轻视日常生活"过程—事件"分析的做法。就村落研究来说,民俗学的日常生活整体研究视角是指研究者从整体上把握村落生活,将仪式、节日、人生礼仪、饮食等民俗事象看作村落生活的具体表达,并以此为起点去探究村民生活的意义和逻辑。

总体来说,研究者需要真正从"眼光向下"转到"眼光向前",以平视的姿态去观察和体验民众的现代生活,并从中发现现代生活的意义和民间文化的光晕。

(三) 小结

在社会转型时期,作为现代之学的民俗学必须养成学术反思思维,从"眼光向下"转向"眼光平视",从关注奇风异俗或深含浪漫主义倾向地寻找"遗失的美好"转向当下生活,正如周星在一篇论文中指出的那样,"民俗学是当代学,但它并非只研究当代社会里温存的那些'传统'。民俗主义现象全面渗透到当代中国民众日常生活的方方面面,它甚至就是生活本身"①。因此,现代民俗学在关注日常生活时,也应破除其潜在的面向"过去"的学术倾向,而转向对现代生活文化进行关注,并在具体研究中探索构建本学科的理论范式和知识体系。从民俗事象或事件的关注转向对村落生活整体研究,正是这样一种探索。它既是民俗学研究对象的扩展,又是其贴近现实社会的路径。关注村落生活,把村落中的人、行动、文化传统、惯习等视为整体进行"深描",并以此为基础理解村落运行逻

---

① 周星:《民俗主义、学科反思与民俗学的实践性》,《民俗研究》2016 年第 3 期。

辑和村落生活的意义,为民俗学研究村落社会提供了一种可能的理论视角。

三 理论视角:道义的理性与村民生计选择

长久以来,学界对于农民行为选择问题进行了广泛的讨论,并从总体上形成了大体相呼应的两种倾向:一种倾向认为,农民的行为是为满足生存需要,并不总是遵循市场理性,在生产中追求利润最大化;另一种倾向认为,农民的行为是合乎经济理性的,是以追求经济效益最大化为行为选择的根据的。到20世纪70年代,出现了影响广泛的围绕"道义经济"还是"经济理性"的"斯科特—波普金"之争,更是将这一研究课题推向了新的高度。

尽管学界围绕着农民的道义与理性之争在20世纪前半叶已经有所讨论,但从整个研究旨趣上对农民及关于农村社会变迁的研究并没有引发太大的浪潮,直到20世纪60年代,出现了农民学(peasantology)这一学术术语,农民及其所处的社会才正式引起各个学科的特别注意,国内学者注意到,20世纪60—70年代之交,国际上出现了所谓的"农民学辉煌的十年",有人甚至说这一时期农民研究领域取得了划时代进展,可与物理学领域牛顿定律的发展相比拟。[①] 也许这种说法有夸大其词之处,但作为一门多学科参与的学科,农民学所取得的成就是毋庸置疑的。在解读农民行为选择问题上,斯科特通过对东南亚小农社会的分析,强调村落存在着共同的道义价值观。农民们在"安全第一"的原则下,在作出行为选择时遵循生存伦理,并在此基础上,人们构建出一种传统的社会机制,用以保护穷困的农民免于生存危机。[②] 波普金在《理性的小农》[③]中表达了自己截然不同的看法,他同样以东南亚小农社会为研究对象,也关注了界定地方经济与政治安排的性质,又关注了小农大规模反抗与起义的集体行动,他认为小农行为选择的直接动机是其个人福利或家庭福利得以最大化,他

---

① [美]米格代尔:《农民、政治与革命:第三世界政治与社会变革的压力》,李玉琪、袁宁译,中央编译出版社1996年版,"农民学丛书"总序,第2页。

② [美]詹姆斯·C.斯科特:《农民的道义经济学:东南亚的反叛与生存》,程立显、刘建等译,译林出版社2001年版。

③ Samuel L. Popkin, *The Rational Peasant: The Political Economy of Rural Society in Vietnam*, University of California Press, 1979.

们"主要出于家庭福利的考虑而不是被群体利益或道义价值观所驱使"①。

(一)"道义"与"经济"在思想脉络上的分歧

从思想脉络上来看,农民行为选择中的"道义经济"理念,最早或许是来自俄罗斯学者恰亚诺夫,他在《农民经济组织》中指出:"在其他条件相同的情况下,农民劳动者受其家庭需求的驱使而从事劳作,并随着这种需求压力的增强而开发更大的生产能力。自我开发的程度极大地取决于劳动者承受的来自于家庭消费需求的压力有多大。"② 在他看来,基于家庭需求而不是追求利润最大化,促使农民作出生产行为选择。受其影响,卡尔·波兰尼在研究中也注意到"只有饥饿的惩罚而不是高工资的诱惑才创造了有效运行的劳动力市场"的问题。他进而分析到,"因为工资越高,对土著人而言,卖力工作的驱动力就越小。他们不像白人,他们的文化标准并不能驱动他们尽力挣更多的钱"③。在他看来,经济行为是嵌入社会关系之中的,人们的行为选择在很大程度上是受其所处的社会关系与文化系统中的地位决定的。斯科特沿着这条路线进行分析,最终提出"安全第一"的生存伦理观念,并形成"道义经济学"观点。

而农民在行动选择中会遵循一种类似于市场的"经济理性"的观点,其理论渊源最早或许可以追溯到西奥多·舒尔茨,他在《改造传统农业》中提出,"在传统农业中,生产要素配置效率低下的情况是比较少见的"④,他认为传统农业的改造可以依靠为追求利润而进行技术创新和生产要素合理配置的农民。波普金对这一理论进行了阐发,并认为无论是从生产行为、政治行为,还是社会交往方面,农民都在追求"利润最大化",他们的行为具有明显的市场投资性特点。⑤

(二)"道义"与"经济"在"中国经验"下的统一

本书认为,从小农的理性选择方面来看,斯科特与波普金并没有根本的分歧,二人都承认小农的行为选择是基于理性的,不同的是,二人强调

---

① [美]李丹:《理解农民中国:社会科学哲学的案例研究》,张天虹、张洪云、张胜波译,江苏人民出版社2008年版,第35页。
② [俄]A.恰亚诺夫:《农民经济组织》,萧正洪译,中央编译出版社1996年版,第49页。
③ [英]卡尔·波兰尼:《大转型:我们时代的政治与经济起源》,冯钢、刘阳译,浙江人民出版社2007年版,第142页。
④ [美]西奥多·舒尔茨:《改造传统农业》,梁小民译,商务印书馆2006年版,第33页。
⑤ Samuel L. Popkin, *The Rational Peasant: The Political Economy of Rural Society in Vietnam*, University of California Press, 1979.

的重点不同，斯科特强调的是小农作出选择时，主要考虑的是道义理性，或者是道德理性，即小农的理性选择来自于其所处的村落社区的规范与准则；而波普金则强调了经济理性对于小农行为选择的影响。斯科特与波普金之间的分歧在一定程度上与其选择的研究地点有关。斯科特研究的村落相对而言远离城市，并且现代化程度不高，村落原有社会规范与传统的约定俗成仍在发挥着比较重要的影响；而波普金选择的村落则是靠近城市，现代化程度较高，村民与外界联系比较频繁，原有的村落社会规范与传统的约束力量已经遭到市场化和现代化的冲击。

斯科特指出，"把生存作为目的的农民，在规避经济灾难而不愿冒险追逐平均收入最大化方面很有代表性"①。问题在于，当农民的生存状况已经大大好转，并且在可预见的未来中，不会轻易遭受生存上的威胁的情况下，他们的行为是否从安全、可靠性转变到了"长远的利润"上了呢？如果真是这样，那么他们的选择对于村落团结和生活共同体的巩固来说，是一种聚合力，还是一种拉伸力？现有的田野资料，让我至少作出了如下的判断：生活在城边村的村民在选择社会行为时，的确更多地考虑了一种长远的或未来的获益问题，也就是说，他们将自己许多社会行动看成一种投资行为，甚至在一定条件下是一种投机行为。在这种情况下，追求利润最大化成为他们社会交往的重要目标，根据社会资本流动的原理，为了获得更多社会资源的人们往往会选择与比自己拥有更多社会资本的人交往，这样整个村落社会交往，就从一个闭合的圆圈，变成了无数条呈放射状的单行线，线的一端在村落里，而另一端早已突破村落范围，通向了更广阔的世界中去了。在这种情况下，就会出现一个问题。原来村落社会中呈现圆圈状的社会关系，能够实现一种心理上的平衡感，尤其是在集体参与的仪式或其他活动上，有钱人多出钱，有力者多出力，既没钱又没力的，可以出谋划策，正如过去江湖卖艺者常说的那样，"有钱的捧个钱场，没钱的捧个人场"，在这种社会机制下，村子里最贫穷的人往往也会得到救助，整个圆圈大体上会将所有的成员包含在内。呈放射状的直线式社会关系，则将那些缺少社会资本的人放逐了，他们凭借自己的能力难以获得生存必需品，同时也没有了可以获得救助的邻里关系资源，他们中一部分人

---

① [美]斯科特：《农民的道义经济学：东南亚的反叛与生存》，程立显等译，译林出版社2001年版，前言。

变成了"社会动荡因素",另一部分人则继续在极度贫困中挣扎。

然而,即便是在传统的约束力量已经遭受市场化和现代化冲击的相对开放的村落里,波普金的理论仍然有其局限性,主要表现在他选用的是公共物品供给的理论来解释小农的行为选择,不免过分强调了经济理性,他虽然部分解释了村落社会中"搭便车""囚徒困境"等现象,但忽视了在一定条件下,村落社会仍然会发生集体行动,另外对于人情、面子、关系等现象仍然无法解释。

实际上,无论斯科特的"道义经济"也好,还是波普金的"经济理性"也好,在华北地区农村社会农民的具体行动中,都能发现其身影,在农民的日常生活世界中,这两种理性不仅没有出现抵触,反而很好地混融在了农民的日常行动之中。正如杜赞奇所说,"研究表明,他们二人中任何一位的理论都不完全符合华北农民的行为特征,但他们各自强调的不同因素在华北乡村中似乎相处得十分融洽。"① 黄宗智在具体研究中也注意到了这一点,他认为传统的中国小农既是一个追求利润者,又是维持生计的生产者,当然更是受剥削的耕作者。②

美国学者米格代尔在研究第三世界国家的农民的政治行为时,特别注意到农村与它所处的社会政治环境间的互动关系,认为"农民的行为和农民的制度至少在某种程度上是对来自外部世界的压力所作出的反应"③。无疑他的看法为我们进一步研究农民行为提供了可供借鉴的分析视角,对农民行为的分析必须放在其特定的、具体的生存境遇、制度安排和社会变迁的背景中进行,农民的行为选择大都是在特定的社会语境与社会制度安排下对某种外来的压力作出的策略性回应。当然,我们分析农民的行为选择时,也不能不看到外部环境在很大程度上只是一种必要条件,真正促使村民作出某种行为选择的机制,恐怕还是来自其个体与家庭的内部生活需要。

正如我们常常看到的那样,农民所面临的一个旷日持久的问题就在于外部的索要与家户生计的紧张对立关系。在这一问题面前,农民往往会作

---

① [美]杜赞奇:《文化、权力与国家——1900—1942年的华北农村》,王福明译,江苏人民出版社1996年版,第249页。

② [美]黄宗智:《华北的小农经济与社会变迁》,中华书局2000年版,第1页。

③ [美]米格代尔:《农民、政治与革命:第三世界政治与社会变革的压力》,李玉琪、袁宁译,中央编译出版社1996年版,第9页。

出两种选择，也或者是两个生存性策略，一个是来自家庭内部，他们会不断地增加劳动投入以获取收入不断的增长，甚至出现恰亚诺夫意义上的"自我剥削"①或黄宗智所谓的"内卷化"生产②；或者他们也会采取一种更为消极的办法，即"勒紧裤腰带"模式，他们会减少整个家庭的生活预算和开支以期渡过难关。另一个策略来自对外部社会的直接反抗，他们也许会运用"弱者的武器"③，在面对不期而至的额外索取时，采取不合作、逃走，甚至小范围的轻微暴力；他们有时也会将"弱者的身份"变成"武器"④，采取极端行为以扩大影响，然后借助身份上的"优势"博取社会同情，以达到预期效果。

如果我们据此就完全肯定斯科特"安全第一"的道义经济学原理，那么我们将有可能错过这样一个事实：如果农民与外部之间的关系发生了置换，不再是外部环境对农民进行索取，甚至有可能造成后者生存上的难以为继，而是"给予"，那么农民在行为选择时将会采取何种策略呢？如果单纯遵循道义经济学原理，他们在生存需要之外，获取额外收益，应该会选择服从上级政府或组织安排，等待收益的到来。可是事实并非如此，正如本书所讲述的京村村民的故事那样，来自外部的"给予"（或仅仅是一种口头承诺或预期）并没有让村民的生活质量得到更好提高，人们的集体观念也没有得以加强，相反，他们在如何获取更多额外"给予"方面采取了相应的策略。这些策略无不显示出其理性计算，尤其是经济理性的一面。比如，京村村民听说村子将要面临"拆迁"，而在城镇化语境下，"拆迁"在很大程度上就意味着"高额补偿"，为了获得更多的补偿，村民纷纷选择扩建或翻建家庭原有住房，一方面可以借机增加土地上附着物面积（按照相关规定，拆迁需要对于地表附着物进行作价赔偿），另一方面即使短时间内不拆迁，也可以将多余房屋改造成"出租房"以赚取房租收入，这种"旱涝保收"的经济行为，就很难说是基于一种生存需要而为，更明显地突出了其充分计算风险和回报的"投资"行为。

---

① ［俄］A.恰亚诺夫：《农民经济组织》，萧正洪译，中央编译出版社1996年版，第47页。
② ［美］黄宗智：《长江三角洲小农家庭与乡村发展》，中华书局2000年版。
③ ［美］詹姆斯·C.斯科特：《弱者的武器》，郑广怀、张敏、何江穗译，译林出版社2001年版。
④ 董海军：《"作为武器的弱者身份"：农民维权抗争的底层政治》，《社会》2008年第4期。

(三) 道义的经济理性：中国农民的行动逻辑

就村民的具体生活实践来看，实际上，并不应该以是否"经济"来判断有无"理性"，许多时候，正如本书所展现的那样，农民在选择某种行为时，并不总是首先考虑经济效益，而是建立在对于维系其生活需要的一切社会资源的综合考量之上，这些社会资源除了物质形式（金钱）以外，还包括社会地位、名誉等声望形式（面子）以及政治形式（权力）等。

从京村本村村民与外来流动人口的生计策略选择来看，应该说，农民的社会行动与选择是具有理性的，不同于现代"经济人"的是，农民在为某种选择做判断时，首先考虑的往往不是能够获得额外的收益，而是如何保持既有的资源，以维持个人或家庭的基本生存生活需要。换句话说，农民判断某种选择是否为最优的选择，实际上是以个体或家庭生活是否能够维持运行为评判标准。要想更好地理解这种不以经济扩张为基本判断标准的社会行动选择，也许引入社会资本理论是可行的。

社会资本理论是 20 世纪 70 年代产生的用以分析社会结构与社会行动的理论体系，法国学者布迪厄在《文化资本与炼金术》中首先提出了"社会资本"概念，认为人们所拥有的资本可以分为三类，即经济资本、文化资本与社会资本。在他看来，特定的行动者占有的社会资本的数量，依赖于行动者可以有效加以运用的联系网络的规模的大小，依赖于和他有联系的每个人以自己的权力所占有的（经济的、文化的、象征的）资本数量的多少。①

后来美国学者格兰诺维特受到波兰尼的"嵌入"理论的影响，在研究社会资本时，特别强调了社会网络的概念，他在研究中着重分析了社会网络中的嵌入性资源②。林南借鉴了社会网络的概念，并进一步明确社会资本就是行动者在行动中获取和使用嵌入在社会网络中的社会资源，在其后的一系列著述中，他不断地对这一概念进行完善，最终提出社会资本就是嵌入在社会关系和社会地位中的社会资源，并认为个人或群体行动的基本动机主要有两个，一个是工具性行动，主要是为了获取更多的社会资

---

① ［法］布迪厄：《文化资本与社会炼金术——布尔迪厄访谈录》，包亚明译，上海人民出版社 1997 年版，第 202 页。

② ［美］马克·格兰诺维特：《镶嵌：社会网与经济行动》，罗家德译，社会科学文献出版社 2007 年版。

本；一个是表达性行动，主要是为了维持已有的社会资本，并指出，"表达性行为是指促进具有相似特征与生活方式的个体之间的横向联系的社会互动类型。这些行为增强了社会群体的团结与稳定"[①]。

本书借鉴社会资本理论主要是立足于其"嵌入性社会资源"的概念，认为农民的行动理性很大程度上来自对这些社会资源的评估。他们的社会行动与生计策略的选择，也正是围绕着如何获取或者维持社会资源而进行的，需要再次提及的是，这些社会资源并不总是表现为物质经济资源，还包括个人的社会地位、声望与政治权力等。如果说获取物质经济资源为经济理性的话，那么为获取社会地位、声望与权力而作出的行动选择则主要表现为社会理性，或者说前者对应的更像是生存理性，而后者表现为生活理性。

本书所强调的理性，是指人们的行动是可以理解的，并且有可供推理的逻辑性，以及行动者对这样的行动有自洽的解释。无论什么情况下，人们作出社会行动都是受一定的理性支配，因为所有的社会行动都包含着目的和预期，其实施过程也是被计划或者至少是被预判过的。需要提及的是，社会行动的实际结果与预期可能不同，甚至大相径庭，但这并不妨碍已经发生的社会行动作为一个既定社会事实所包含的理性。

我在京村进行田野调查时，不少村民强调这样一个问题，"我们为什么那么干，还不是为了活着？""活着"成为一个底线，在这个底线中又生发出其他的诸如如何"活着"，如何"活得更好"，甚至将"活着"抽象化。这里的"活着"，我认为或许可以用"生计"这样一个概念去理解和解读。生计并不仅仅是物质层面的诉求，正如"活着"一样，它是一个包含有更丰富社会内涵的词汇，它是弥散于日常生活之中和村落社会结构之中的。无论是过去的贫困年代，还是已经逐渐富裕起来的现代，村民匆忙之间，大都基于"为生计奔波"的逻辑。实际上，我们知道，如果将生计仅仅看作吃饭或者穿衣等这样具体的生活，毗邻北京的城边村村民早已解决了这样的困扰，那么为什么他们还要说自己的劳碌是为生计奔波呢？这就说明，人们赋予生计的内涵要远大于我们从字面上对于这个概念的理解。生计是一种生活状态，或者说是一种生活底线。

[①] [美]林南：《社会资本——关于社会结构与行动的理论》，张磊译，上海人民出版社2005年版，第238页。

换句话说，村民在判断自己的行为时，首先考虑的是是否符合基于生计理性形成的对自己最有利的预判，而不是利己还是利他的问题。后者往往是一种结果性判断，即从行动者的行为事实和结果来判断该行为是利己还是利他性质。当深入村民的日常生活实践时，我们不难发现，村民的行动既包括对于个体利益最大化的经济理性的考量，又包括基于村落生活共同体和传统惯习而带来的道德约束力，亦即道德理性。

在面对来自外部的生存压力时，正如本书所论述的那样，京村村民这一不同身份的群体会形成一种类似于利益共同体的非制度性松散组织。当外来政策（比如驱散流动人口的相关政策）影响到他们的生计时，村民、外来流动人口以及村干部都会站在自己利益的角度上，作出消极的回应，而这种消极的回应在某种程度上，彼此之间获得了响应，从而在形式上三者之间形成了默契，彼此成为一种盟友关系。

从本质上来看，村落是一种社会组织，它为生活于其中的农民们提供了获得生存需要的社会资源的机制。在外人看来，农民的很多行为是不可理解的，甚至是稀奇古怪的，但我们一旦进入村落社会，进入农民的生活世界，我们就会发现，他们所施为的一切社会行为都是有意义的，而且大多数情况下，这些行为都是基于生计而作出的生计选择。

比如，村子里总会有一些红白喜事，或者其他的仪式活动。这些活动或者是以集体名义举办，或者是以个体名义举办，形式上都是一种群体行为，这些行为者参与这样的活动，是带有强烈的现实诉求的。对于这一点，我在京村调查时，深有体会。对于京村这样的城边村村民来说，城市生活方式的持续渗透，使得这些人的许多生活观念发生了改变，与传统的远离城市的农村不同，这里的人们更强调一些现代社会观念，我访谈的好几个人都提到了这一点，"大家都挺忙的，谁没事来凑这热闹啊"。这实际上已经包含了一种观念，即他们来参加这样的活动是为了某种"事"，很多时候，这种"事"并不能具体化为某一次行为或者举动，而是一种"社会意义"。也就是说，村民来参加活动是有目的的，而根据相沿成习的传统来看，这些目的会在这样的场合实现。于是，他们在一个具体事由（比如婚丧嫁娶）的引领下，聚到一起实现了相互间的交往与互动，彼此所拥有的社会资本得以分享。

不过，在城边村，现代化、城市化以及商品化等现代生活方式已经明显地削弱了传统的小农社会结构的纽带，人们开始关注更广泛的社会关系，并试图从外界获取更多的嵌入性资源，相对来说，村落社会关系所嵌入的社会资源已大不如从前，尤其对于年轻人来说，村落里早已消失的集体性活动的传统（约定俗成），使得他们对于村落社会的认同并不以为然，因为从他们的角度看，并不能保证从村落集体活动获取生活需要的社会资源，即使能够获得，也难以满足个体的具体需求了。

无论是从村落社会内部获取资源，还是寻求从外部组织获取更广泛的社会资源，无论是被动失去土地还是主动离开土地，农民的选择都是在一定的理性支配下进行的。只不过，农民的理性与其他社会群体，尤其是现代商人相比，更具有自己的特色。很多时候，农民的理性并不是从教科书上习得的，而是在年复一年日复一日的生活传统中积累下来的，而且正如学者徐勇所说的那样，"所谓农民理性，是指农民在长期农业生产活动中形成的意识、态度和看法，它们不仅来自于本人感性经验，还是长期传统的积淀"[①]。这些积淀正是农民在生活实践中形成的智慧。

（四）小结

农民日常行动和生计策略选择，必须综合考虑各种因素而作出判断，单纯地以"道义经济"或者"经济理性"作为判断标准，将其标签化，可能在实际研究中会遭遇尴尬。郭于华说，"农民在生存困境的长久煎熬中世代积累传承下来使其家系宗祧绵延不绝的岂止是理性，那应该称为生存的智慧。"[②] 本书十分赞同她所提出的"生存的智慧"的说法，而"生存性智慧"本来也是本书所特别借助的一个重要概念，用来平衡斯科特"道义经济学"与波普金"经济理性的小农"之间的过渡地带，但郭认为"生存的智慧"是与"理性"相对应的，这便有了可以商榷的空间。本书认为，"生存性智慧"本身也是一种理性，只是这种理性并不总是以市场上的"投入—产出"为主要考核标准，也即这种理性并不总是表现为经济理性，其对于道德和传统的实践，也都贯穿了理性，比如"随份子"所反映出来的"人情"的投资等。

"生存性智慧"作为学术上的分析视角，最早大概是邓正来提出的。他将这个概念用于对"中国模式"进行"实践导向"的解读，并将之视

[①] 徐勇：《农民理性的扩张："中国奇迹"的创造主体分析——对既有理论的挑战及新的分析进路的提出》，《中国社会科学》2010年第1期。

[②] 郭于华：《"道义经济"还是"理性小农"——重读农民学经典论题》，《读书》2002年第5期。

为一种可行的路径。他将"生存性智慧"解释为"人们在生活实践中习得的、应对生活世界各种生存挑战的'智慧'"①。他提出生存性智慧实际上是与迈克尔·波兰尼、哈耶克等提出的"实践知识"或"默会知识"进行对话,并认为此概念可以"在很大程度上否弃那种唯'知识导向'的研究,并将开启'智慧导向'的智性探究"②。从叙述话语讨论来看,这种提法也许对于既有理论是一种推进,但将此概念用于解释或解读农民具体行为时,本书认为"生存性智慧"与"默会知识"之间并没有明显分野。如果一定要做区分的话,也许村民选择一些看起来并不总是奏效或者并不是效果最优的策略时,选择运用看起来更为中性的"默会知识"这个概念更为恰切一些,所以在行文过程中,本书有时仍然会使用"默会知识"这种说法,但总体而言,本书还是倾向于选择运用"生存性智慧"来解读村民的行为选择与言语表达背后的经验逻辑。

四 研究方法：民俗志与个体叙事

（一）田野作业

田野作业是民俗学、人类学的经典方法,正如拉比诺所说,"田野作业曾经是、现在仍是界定人类学这一学科的标志"③。一般来说,田野作业是指研究者到研究现场与当地人共同生活一个时段,以参与观察、深度访谈等方法获取相关资料,并在此基础上对材料进行解读阐释或者概括抽象的过程。虽然田野作业直到现在仍然是人类学、民俗学的重要研究方法,但其从马林诺夫斯基以来,就一直处于不断被反思的过程之中。

最近几十年来,人们开始意识到学者的田野作业实际上并不是研究者个人的事情,而是与被研究者共同完成的,甚至在很大程度上,学者所获取的资料已经被研究者转译了。④ 于是,学者们开始反思"田野过程",甚至将其田野历程以学术成果的形式呈现出来,比如拉比诺《摩洛哥田野作

---

① 邓正来：《"生存性智慧"与中国发展研究论纲》，《中国农业大学学报》（社会科学版）2010年第4期。
② 邓正来：《"生存性智慧"与中国发展研究论纲》，《中国农业大学学报》（社会科学版）2010年第4期。
③ ［美］保罗·拉比诺：《摩洛哥田野作业反思》，高丙中、康敏译，商务印书馆2008年版，第1页。
④ ［美］保罗·拉比诺：《摩洛哥田野作业反思》，高丙中、康敏译，商务印书馆2008年版，第147页。

业反思》、奈吉尔·巴利的《天真的人类学家》，他们在这些著述中开始注意讨论学者与被研究者的关系，并且讨论对田野资料的解读与阐释。格尔茨提出"迈向深描的人类学"，在他看来，"我们称之为资料的东西，实际上是我们自己对于其他人以及他们的同胞正在做的事的解释之解释"①。

本书正是在这种研究和反思的背景下，运用田野作业的方法，深入北京城郊村京村的日常生活中，尝试通过对村民的生活场域和日常行动进行"深描"，凭借切身的感受与体验，去理解他们对于生活意义的理解。

（二）民俗志

民俗志既是民俗学田野作业获取资料的文本呈现，又是一种研究方法。民俗志撰写本身就是民俗学知识生产的过程。民俗志研究一定程度上借鉴了人类学的"民族志"理念，但又有本学科的独特视角。正如王杰文所说，"民俗志作为一种研究方式，主要的思想灵感来自于民族志"②。国内民俗学界，刘铁梁较早对民俗志撰写范式和理论进行了探讨，他指出，"民俗志之所以不单纯是资料基础而且还进一步作为本学科体系中的基本研究方式，这是与民俗志研究者深化了对民俗本质的认识和增强了推进学科发展的问题意识密切相关的"③。张士闪使用"凝固幻象"和"流动的想象"两个概念，反思了以往民俗志"总是以'客观描述'人类生活、规避自身主观倾向而自许，习惯于将民众知识理解为一个趋于静止、稳定的系统"④。论及乡民艺术特征与民俗志写作关系时，他指出，"就本质而言，乡民艺术并不具有结构的永久稳固性，而是徘徊于传承与再造之间，在知识的不断发明与增长的过程中自我更新"⑤。本书认为，作为田野文本的民俗志撰写，一方面应有问题意识，另一方面也应有"当地人"视角，毕竟我们是在书写当地人文化和阐释他们对于生活的理解。同时，我们也应看到，民俗志文本虽然是将当地人的生活场域以文字形式固化下来，但我们不应将那些生活看作凝固的。在进行民俗志书写时，我们有必要借鉴格尔茨提出的"深描"，不仅要描述人们的行动及选择的表象，还

---

① ［美］格尔茨：《文化的解释》，韩莉译，译林出版社1999年版，第11页。
② 王杰文：《民俗志对于民俗学意味着什么》，《广西民族研究》2008年第1期。
③ 刘铁梁：《民俗志研究方式与问题意识》，《北京师范大学学报》（社会科学版）1998年第6期。
④ 张士闪：《乡民艺术民族志书写中主体意识的现代转变》，《思想战线》2011年第2期。
⑤ 张士闪：《乡民艺术民族志书写中主体意识的现代转变》，《思想战线》2011年第2期。

要通过他们的话语去理解深藏于表象内部的意义。

民俗志文本撰写，需要有的问题意识不是拯救什么，而是呈现什么。这种呈现带着学者的自我理解，呈现的内容是当地人的生活状态和意义表达。他们的行动是日常生活的一部分，无论其行动方式如何让人觉得不可思议，无论这些行动在外人看来多么荒诞和愚蠢，其中也都被赋予了丰富的社会意义。我们要对当地人的生活与文化进行"共情式"理解①，需要我们参与当地人的生活实践与生活世界。我们还要在生活中，去体会和把握那些难以言表却在实践中实在存在的默会知识。只有这样，才能建立起"共情"，即"共同体验的感情""共同的经历"，比如我们对于流动人口的研究，如果没有体验过流动人口那种心理上的流浪感，就难以真正理解他们处理自己与外部世界的种种行为。

（三）个体叙事

我在进行田野作业时，曾听到作为信息提供人的拉面馆老板娘说，"你能看到的不一定都是真相，你顶多看到了百分之五，其余的百分之九十五你必须要通过和别人聊天，才能获得"。事实是，她后来的讲述对于我理解村里发生的事件以及事件背后错综复杂的社会关系，的确起到了非常关键的作用。由此，我意识到，研究者在进行田野研究时，必须重视民众的个体生活叙事，因为个体生活叙事不仅是各种信息的载体，也是理解民众生活意义的重要途径。② 同时，近十多年来，民俗学界有意或无意地避谈"主位/客位"分析，仿佛"赋予民众以主体地位"已不再是需要进行讨论的学术常识。但在学术实践中，研究者并不总是能实现"平视"的姿态，真正将民众视为研究主体而非研究对象。本书认为，真正赋予民

---

① 所谓"共情式"理解，就是要求研究者参与到具体生活实践中，与当地人处于同一生活现场，并以个人感受和体验为基础对当地人的文化和生活意义进行解读的过程。在本书看来，"共情式"理解与"移情式"理解稍有不同，前者更强调研究者对于同一生活状态的体验或感受，并不一定与"当地人"具有相同的理解；而后者强调的是研究者刻意将自己的感受隐藏在文本之外，而试图通过"换位思考"理解当地人的生活状态和生活意义。在我看来，日常生活的魅力本身就存在于其不断生成的动态过程中，在过程中把握其意义，很难真正做到"移情式"理解，毕竟无论学者如何努力适应当地生活，也不可能实现与当地人共享一整套民俗知识，从而也就不可能真正做到所谓"移情式"理解。不过，就此而言，"共情式"理解则要容易实现得多，只要我们参与到当地人日常生活的生产过程中，就不难获得对这种生活状态及其意义的感受，而这种感受本身也是一种文化和意义的解释。

② 刘铁梁：《个人叙事与交流式民俗志：关于实践民俗学的一些思考》，《民俗研究》2019年第1期。

众主体地位的基本要求之一即研究者需重视田野中的生活叙事。① 就感官特征而言，听到什么内容，多数情况下并不完全取决于研究者，而是取决于民众说了什么（尽管在学术表达中研究者经常会进行有选择的呈现）；但看到什么，却几乎完全取决于研究者现场视角的取舍。换言之，在研究场域中，对于民众而言，生活叙事的表达更具主体性。②

如前所述，受多种因素影响，很长时间里民俗学的核心研究对象都被定位于民间文学（或口头文学、口头传统）上，如周星所言，"虽然中国民俗学号称拥有宽泛的研究领域，却始终是以民间文学研究为核心，为数众多的民俗学者的教育背景和职业训练以文学为主"③。直到20世纪90年代中期，随着"生活世界"与"日常生活"的"被发现"，民俗学者才开始注意村落生活。④ 随后，村落社会、社会生活以及作为行动主体的村民引起了越来越多的民俗学学者的关注，并出现了一批较有成效的研究成果。⑤ 民俗学学者对村民日常生活的关注，除能够观察到的和亲身经历所获得的感受和体验外，大多数行动的意义并不能直接获得，而迈向"深描"的民族志，又要求研究者在描述表象的基础上深挖隐藏在更深层次的社会意涵。于是，在参与观察之外，研究者还需要借助叙事分析来进行研究。⑥

不同场合，根据不同需要，村民表达意义的策略和方式并不相同，但

---

① 某种意义上，本书所言指的"生活叙事"相对于'"语境"而言，具有某些"文本"特征。叙事是民众讲述的文本。叙事文本是民众主体性行动的体现。研究者在田野中，无论是参与观察本身，还是将参与观察获取的田野资料转变成文字的过程，都更倾向于研究者的主体性行动。从这个意义上说，理解民众日常生活的意义，必须严肃对待和分析民众的生活叙事。生活叙事讲述尽管不一定是最完美的，但一定是最贴近民众"这一时刻"最真实生活状态的表达。

② 李向振：《重回叙事传统：当代民俗研究的生活实践转向》，《民俗研究》2019年第1期。

③ 周星：《民俗主义、学科反思与民俗学的实践性》，《民俗研究》2016年第3期。

④ 刘铁梁：《村落是民俗传承的生活空间》，《北京师范大学学报》（社会科学版）1996年第6期。

⑤ 如安德明关于天水地区祈雨禳灾习俗的研究（安德明：《天人之际的非常对话——甘肃天水地区的农事禳灾研究》，中国社会科学出版社2003年版），岳永逸对华北梨区庙会研究（岳永逸：《行好——乡土的逻辑与庙会》，浙江大学出版社2014年版），王杰文对晋西"伞头"秧歌的研究（王杰文：《仪式、歌舞与文化展演——陕北·晋西的伞头秧歌研究》，中国传媒大学出版社2006年版），张士闪对于山东小章竹马的研究（张士闪：《乡民艺术的文化解读——鲁中四村考察》，山东人民出版社2006年版）等，都强调在"语境"中解读具体的民俗事象。

⑥ 李向振：《重回叙事传统：当代民俗研究的生活实践转向》，《民俗研究》2019年第1期。

总体来说主要包括两种叙事方式：一是口头叙事；二是身体叙事。研究者需要在参与观察的基础上，倾听行动主体的讲述，并对其话语进行解读和分析，以此来达到理解日常行动所蕴含意义的目的。近几十年来，叙事学受到包括历史学、人类学、民俗学等越来越多社会科学的关注，如美国人类学家流心所言：

> 在我看来，人类学家可以借助人们所讲的故事，来理解他们如何感知自我与整个社会……我认为，社会必须定义为一种关系，这使得特定历史文化情境下的自我得以表述为"我们自己"。这种关系是有意义的，但更重要的是，它本质上具有叙事性。①

作为讲述的文本呈现，"叙事"对于村民的日常生活具有重要意义，而在美国民俗学家舒曼（Amy Shuman）看来，比叙事内容更有意思的是叙事方式。② 村民日常叙事中，尤其是对过去生活状态进行回忆的讲述中，"故事化"是他们最常使用的叙事策略之一。③ 所谓"故事化"，就是将原本支离破碎的事件过程，通过增添细枝末节形成逻辑完整的故事的过程。通过"故事化"，过去曾经发生过的、碎片化的事件变成具有完整情节且蕴含着生活常识的故事，并通过口耳相传等方式使之成为村民的集体记忆。在日常生活中，村民将生活经历及生存智慧以故事形式表述出来。这些故事中蕴含着极为丰富的社会意义。正如杨美惠所说，这些故事的"历史、形成条件、明确的轮廓所提供的信息，不仅是在反映其参照性和关系实践，而且还反映产生出话语并赋予其重要意义的更大的社会力量"④。

当然，在学术研究中过多强调叙事"文本"所传达的内容和信息，

---

① ［美］流心：《自我的他性：当代中国的自我系谱》，常姝译，上海人民出版社2005年版，第4—5页。
② Amy Shuman, *Storytelling Rights: The Uses of Oral and Written Texts by Urban Adolescents*, Cambridge University Press, 1986.
③ 方慧容：《"无事件境"与生活世界中的"真实"——西村农民土地改革时期社会生活的记忆》，载杨念群《空间·记忆·社会转型——"新社会史"研究论文精选集》，上海人民出版社2001年版，第467—586页。
④ ［美］杨美惠：《礼物、关系学与国家：中国人际关系与主体性建构》，赵旭东、孙珉合译，江苏人民出版社2009年版，第6页。

并以此讨论叙事的意义，将会错过一些更为精彩的东西。叙事发生在特定语境中，语境是变动的生成过程。因此，叙事也是变动的生成过程。即使是同一件事或同一事象，在面对不同听众时，或不同时段内，讲述人也会选择不同的讲述文本。或者说，在新"语境"里，作为话语策略的叙事信息可能会展示出新的属性。① 因此，研究者需要在语境中理解叙事内容，同时也要通过叙事去理解语境对于讲述人的意义。张士闪在研究中强调了对"言说"的逻辑和方式进行分析的重要性："言说本身固然重要，但通过言说有所应对以及如何应对却是理解这种言说的关键。即便这种言说有时候只是为了一种想象中的应对，却依然是言说的动力与活力所在。"②

刘铁梁从身体民俗学角度对个体叙事给予关注，他指出，在研究村落生活时，应该重视凝结了个体经历和生活感受的叙事，"从身体民俗学的视角来看，这些个人叙事最能够揭示民俗作为需要亲身体验的生活知识的特质，因此民俗学对于个人叙事的重视就应该是一件不言而喻的事情"③。无论是故事的讲述，还是身体动作的表达，讲述人在传达叙事内容和信息时，所选择的话语策略往往并非无迹可寻。叙事之于讲述人并不只是一些碎片化的分离的事件或事象的简单串联。事件或事象只有被纳入符合已知行为范式的在场者（包括讲述者和听众）的特定关联方式，才能被处理成叙事。换言之，讲述人在进行叙事时，会尽可能采取能够与听众产生互动的方式展开，也即在同一叙事中所有在场者都被期待具有相同（或部分相同）的知识和规范体系。正如戴卫·赫尔曼所说，研究者需要把叙事看作一场"言语事件"。研究者"不仅要从形式和认知结构的角度研究叙述类型和叙事推断方式，而且必须把它们看作是具有丰富的语境化标记且处于可变环境中的言语事件的一部分"④。这样就不难理解，叙事只有在讲述者与听众协商对话的基础上，才能达到特定的交流目的，即表达一种生活的意义。而本书正是准备在讲述现场的语境中借助叙事文本将讲述

---

① ［美］戴卫·赫尔曼：《社会叙事学：分析自然语言叙事的新方法》，载［美］戴卫·赫尔曼主编《新叙事学》，马海良译，北京大学出版社2002年版，第149页。
② 张士闪：《乡民艺术民族志书写中主体意识的现代转变》，《思想战线》2011年第2期。
③ 刘铁梁：《身体民俗学视角下的个人叙事——以中国春节文化为例》，《民俗研究》2015年第2期。
④ ［美］戴卫·赫尔曼：《社会叙事学：分析自然语言叙事的新方法》，载［美］戴卫·赫尔曼主编《新叙事学》，马海良译，北京大学出版社2002年版，第170—171页。

者的生活变成文字，生成格尔茨意义上"深描"的民俗志文本。

五 田野过程：发现京村

在颇具隐喻意义的"田野"这个说法中，我们就像是耕耘在土地上的农夫一样，在那里洒下汗水和付出时间并获得自己的所需。不过，学术田野毕竟不是真正的土地，它并不总是天然摆在那里等待我们去耕耘，而更多是研究者的创造和发现。换句话说，研究者是带着问题意识发现了"田野"。田野是有边界的空间。① 边界意味着生活上的权属，作为"闯入者"，我们进入田野并不总是天经地义。正如杨美惠所说，"在这里，田野工作可在一个可确认的社区进行，对互相之间有长久关系的人进行访谈和交流"②。

我个人曾在北京求学多年，由于一些原因，2006 年到 2008 年间，曾长期生活在北京昌平区南村。那时我就意识到作为北京的城郊村，南村与我所生活过二十多年的冀东南农村有太多不同。不过，当时尚未经过民俗学学术训练，对看起来"新奇"的事物并未做深入探讨。然而，那一段生活经历，却成为我理解北京城郊村最原初的生活经验和身体感受。在确定了研究主题为城镇化过程中城郊村日常生活与村落社会结构和秩序重构后，我立即想到距离南村不远的另一个村子——京村。我曾去过该村多次，并在 2013 年 10 月 1 日到 7 日进行了一次简单的田野预研究，获得不少平面资料和主观感受，也以此为基础逐渐形成了本书的研究思路。

京村，距离北京市区（德胜门）35 公里，位于昌平区东北，距离昌平区政府 1.5 公里，现隶属于昌平区某街道办事处。到 2014 年年初，我正式进入该村田野时，该村租房客已超过本村原有村民的数倍。③ 无论从地理意义上看，还是从社会意义上看，该村都属于典型的城郊村。作为城郊村，这里生活着失地的本村农民（包括部分居民）与离地的进城务工农民，还有部分租房住的附近院校学生，不同群体在同一生活空间里安排

---

① [美] 杨美惠：《礼物、关系学与国家：中国人际关系与主体性建构》，赵旭东、孙珉合译，江苏人民出版社 2009 年版，第 8 页。
② [美] 杨美惠：《礼物、关系学与国家：中国人际关系与主体性建构》，赵旭东、孙珉合译，江苏人民出版社 2009 年版，第 8 页。
③ 如无特别说明，本书中所有在田野调查中获得的数据资料，截止时间均为 2014 年 8 月。这些数据资料主要来源有两个：一是街道办或村委会提供；二是本人根据访谈资料进行的初步统计。

着并不相同的日常生活。

　　本书之所以选择京村作为田野点，主要基于两方面考虑：一方面，虽是个案研究，但本书还是想得出一些具有相对普遍性的结论，于是在选择田野点时，综合考虑了所选村落的特殊性与普遍性：首先，无论从地理意义上还是社会意义上，该村都属于典型的城郊村；其次，城镇化和市场化的影响在该村表现得比较明显，尤其是人口构成、生计方式、社会交往等方面；再次，该村的交通十分便利，而且有旅游景点，与外界交流频繁，村落方方面面受外界影响比较明显；此外，其他方面，比如村落政治方面正在探索"居村共建"模式，村落管理方面正在试行"村落改社区"模式等。京村的这些特点为本书研究"走出个案"① 提供了某种可能。另一个不言而喻的原因，就是我必须考虑田野进入的难易程度，之所以选择京村，是因为恰巧我的大学同学就是该村村民，这为我进入田野并建立良好的田野关系提供了很多便利。

　　如前所述，学术田野并非天然存在，而是研究者和当地人共同创造的。当地人原本生活在这里，无论生活得如何，他们的行动都发生在这个特定空间里。作为研究者，我实际上是个"闯入者"。在得到同学帮助后，我顺利地住进他们家的一间出租屋里。从房屋形式上看，我和其他房客并没有太大区别。不同的是，我不用交房租和其他水电杂费，同时我也经常得到同学奶奶的邀请，去她的房间里吃午饭或晚饭。②

　　最初的十几天里，就像其他民俗学者、人类学者一样③，我很失落。面对村民冷漠的目光，我甚至感到绝望。这样的田野该怎么进入，成为我不得不认真考虑的难题。焦躁过后，我意识到，也许我只能等，等到一个属于我的"幸运点"（Lucky Accident）的到来。④ 好在，在我来到这里大约十五天的时候，这样的"幸运点"出现了。有一次，在本村西北拉面馆吃饭时，小餐馆老板娘和我交谈了很久，虽然是第一次交谈，她所提供

---

　　① 卢晖临、李雪：《如何走出个案——从个案研究到扩展个案研究》，《中国社会科学》2007年第1期。

　　② 必须说明的是，这种身份让我有幸参加了多次家庭聚餐，让我近距离观察和体验本村人的家庭生活。

　　③ [美] 克利福德·格尔茨：《文化的解释》，韩莉译，译林出版社1999年版，第484—534页。

　　④ Herbert J. Gans, *The Urban Villagers: Group and Class in the Life of Italian-Americans*, London: Collier Macmillan Publishers, 1982, p.400.

的信息十分散乱，有些甚至都算不上是信息，却给我打开了思路，我想也许这就是我的"幸运时刻"。后来，事实也证实了这一点。我成为小餐馆的常客，而小餐馆也顺理成章地成了我的"据点"。在我所有的访谈对象中，小餐馆老板娘给予我的帮助最多，她甚至帮我询问来她家吃饭的顾客一些问题，而这些问题对我的论文极有帮助。为此，我有必要将一次田野笔记中的片段呈现出来。

> 老板娘记得每一位来光顾的食客，然后在下一次看到该客人时寒暄几句，这不仅给小餐馆带来许多回头客，更多的是通过这一两句带着浓重西北口音的寒暄，让这些打工在外的务工人员得到一点被认可的感觉。他们往往会聊更多，这些人渴望互相之间多交流。奇怪的是，我完全没有这个能力，仿佛我作为一个学者根本就不可能属于他们的群体。对，我是一个外人，一个闯入者。从这个角度上说，我得多么感谢老板娘，她允许我在她那里帮工，简直是收留了我。①

对于小餐馆的食客来说，大多时候我是一个单纯的观察者（observer）。虽然有小餐馆老板娘引荐，当我和他们打招呼时，大多数人会给以友好的回应，但更多时候，我发现他们仍对我心存戒备，而且这种戒备之心一直持续到我整个田野调查的结束。也许这种戒备并不一定是担心我会做什么不利于他们的事，而是一种不信任，我更愿意相信他们的表现是出于对陌生人的不信任。这些人大都是外来流动人口，很多都是从事流动性比较强的短暂工种，比如建筑或室内装修等。在他们看来，在这短短十几天最多个把月的工作时间内花费心思去接触一个陌生人，并不总是经济的事情。这些人中午来吃饭时，往往比较匆忙，他们很少喝酒，最多要一大瓶可乐，主食也是简单的拉面或炒饼。他们告诉我，下午还要干活儿，不能喝酒，喝酒误事儿。到晚上就会稍微放松一点，三五人一桌，点上几个菜，每人喝几瓶啤酒或几杯白酒。我试图在这个时候与他们交谈，但仍不断遭遇失败。他们只是和我稍微寒暄两句，对于我的提问也大都搪塞过去。在努力了几次之后，我最终选择了放弃，在这些人面前，我就老老实

---

① 这是 2014 年 4 月 7 日我在离开京村前往北京城区的地铁上所做的田野笔记中的一部分。

实当起了观察者。我在那里听他们说，悄悄地录了音。①

当时觉得这些谈话都是散乱无章的。然而当我从田野回来，回到书桌旁，再回放这些录音时，我发现他们的谈话实际上既有条理又充满了意义，除能为我提供大量的基本信息外，更多的是，这些谈话能让我意识到，这是属于他们的叙事方式，这些叙事不断强化着他们的身份认同。

在进驻小餐馆差不多十天后，我终于告诉老板娘想找个客人深谈的意图。她告诉我，不要着急，要看机会。有天中午，她给我发短信说，下午可以来小餐馆，会有些客人在其他人都吃完午饭后才来。她说这些人有时间，也愿意倾诉。我听从她的建议，果然遇到一个愿意倾诉而且很有故事的"农民工"，关于他的故事，在后面的章节中我会专门呈现。

在田野调查的多半年时间里，村里几乎没有发生一件在人类学家或者民俗学家看起来是"文化事件"或"民俗事件"的事情，几乎所有的日子风平浪静。村里虽然有婚丧嫁娶，但与我在其他城郊村看到的几无差异，这些一度使我十分沮丧。然而，当我整理琐碎的田野资料时，发现表面上看起来风平浪静的生活中，其实一直暗流涌动。在表面平静的生活里，各种博弈无时无刻不在上演着，而这些博弈恰恰维持了村落的表面稳定和生活的表面平静。通过对这个村子日常生活的观察和体验，我越发觉到，大多数村民的基本生存逻辑是"多一事不如少一事"，而行动准则仍未脱离传统文化所确立的道德标准。只不过，随着城市化进程加快，城市生活方式迅速渗透到整个村庄，村里的传统道德标准已逐渐下沉成为不可触碰的底线。格莱德希尔认为，个体对变迁的反应部分是受到他们文化的约束，但是社会行动，或者说社会实践，修正了既存的规范模式，并产生了新的社会生活形式。②

田野中不可避免地会涉及研究者与当地人的关系问题。怀特说，"人们并不希望我和他们一模一样；事实上，只要我对他们很友好，感兴趣，人们见我和他们不一样，反而会感到很有意思，很高兴。因此，我不再努

---

① 需要说明的是，录音并没有得到这些人的明确许可，所以在行文中，我尽可能减少直接呈现根据这些录音整理的内容以及说话人的身份等。

② ［英］格莱德希尔：《权力及其伪装：关于政治的人类学视角》，赵旭东译，商务印书馆2011年版，第177页。

力完全融入到他们的生活中去"①。大体上我也经历了这样的心路历程。当意识到这个问题后,我干脆放下自以为是的研究者身份,同时放弃了刻意寻求融入当地人生活中去的尝试,而坦然地过起了"正常"生活,就像刚毕业的大学生一样,在村里租房住,每天的访谈与观察就像从事某种工作。时间长了,我发现村里人最初对我的抵触和提防竟慢慢消退了,甚至在某个黄昏时刻,他们看到我还会打个招呼或寒暄几句。事实是,对本书写作最有价值的田野资料和研究思路正是在这些寒暄中获得的。这些最为日常的叙述方式让我意识到,生活并不是静态的社会事实,而是不断生成的社会过程。

按照学术惯例,研究村落社会与生活,为了学理上看起来合法,我们似乎有必要强调自己的田野过程。我最初设想的是改革开放以来,城镇化过程中城郊村村民的生活策略选择与村落社会结构变迁。这不是个新话题,人类学、民俗学等对此问题的讨论,已经形成了不少民族志或民俗志文本。这些民族志或民俗志文本的理论性与可读性深深地吸引了我。事实是,我正是追寻着学界大家的田野足迹,怀揣着田野梦想,准备在一个不费事的田野中完成一部出色的民俗志撰写。然而,无情的现实很快把我叫醒,事实并不尽如人意。

田野并不总是那么浪漫。事实上,即便是那些著名的人类学家没有欺骗我们,他们在最终的民族志书写中也省略或部分隐藏了田野过程的痛苦,也许正是这些痛苦激发了他们的理论创设和对被研究者行动意义的解读。

我愿意分享在田野调查中的尴尬与痛苦。它们连同最后的民俗志文本,将构成我全部的田野作业成果。如前所述,本书是关于城郊村京村的个案民俗志,因此,我不能宣称论文所指涉的问题可以适用所有的村落社区。而且,我也不能保证所选择的村庄比其他村庄更具有典型性。然而,正如下文将提及的,本书所讨论的一些问题仍然具有相当的普遍性。比如,关于村落维持稳定的力量分析,村民的具体行动及策略选择,村民赋予日常生活的意义等方面。话又说回来,尽管我选择的村庄不一定最具典型性,但它在一定程度上的确符合本书所要讨论的所有主题,除从宏观层

---

① [美]威廉·富特·怀特:《街角社会——一个意大利人贫民区的社会结构》,黄育馥译,商务印书馆2006年版,第392页。

面符合城郊村这种特殊的村落形态外，从其他方面也具有自己的特点，这些特点并不都是独有，相反，它所具有的这些特点在北京其他城郊村也可能存在，比如人口倒挂现象、交通便利、拆迁、占地频繁等，而京村的学术潜力在于其几乎聚合了学界关注的快速城市化进程中的城郊村所有的要素，同时也呈现出几乎所有相似面向的研究论题。

实际上，同其他经典村落民俗志相比，京村实在没有太多特别突出的地方，以至在田野调查时，我经常会遇到这样的询问："为什么选择京村？""京村有啥可研究的？"等等。我明白其中的潜台词，人们并非真要得到确定的答案，而是一种反问，他们实际上要说的是京村并没什么特别，因此并不值得研究。在我调查期间，甚至有当地人热心地帮我介绍周边的在他们看起来更具有特色的村子，比如以小产权房、集体经营甚至形成发展模式的"香村"，或是以自建厂区房招商引资促进村庄整体经济发展的"西村"，或是以种植苹果知名的"真村"等。在京村村民看来，这些村子各有特色，而"没有一点特点"的京村实在不值得研究。在最开始研究时，我也的确被此问题困扰过，但后来随着田野作业的深入，我发现正是在这个"没有特色的村庄"，村民生产出了最丰富的生活意义。在村民的意识中，京村早已不仅仅是一种地理空间意义上的地方，它更是一种生活方式，是毫无特色、年复一年、机械琐碎的日常生活的落脚地。事实也是如此。在交谈中，村民总是不经意间将对京村的认同表达出来，比如"我们京村治安算是比较好的，风气也好"。这类话语里明显地表现出在和"有特色"的村庄相比时产生的村落认同感和地方感。

如前所述，由于我放弃了所谓的研究者身份，因此，在大多数田野时间里，我都是流动人口的一员，我也需要像其他流动人口一样填写个人信息表。所不同的是，我的"他者身份"是多重的，在外来人员那里，我和他们一样都属于流动人口，因此他们并不是特别排斥我；而在本村村民那里，我是同学介绍去的，同学的奶奶（也就是我在书中多次提及的房东老太太）把我当成自己人对待，在一定程度上也有利于获得当地人认可；在村干部那里，我又是"上面"特别"嘱咐"过前来做研究的博士生[①]。实际上，在我调查了很久之后，当小餐馆老板娘说起这个问题时，

---

① 在这里，我要特别感谢时任街道办事处组织委员王先生，正是在他的帮助下，我才顺利地与村委会、居委会建立了正式的田野关系，并获得了非常宝贵的口述和文档资料。

我才意识到我个人身份的多重性，实际上已经构成了本研究主题的一部分。因此，在本书中，我将不避讳自己的"在场"。我自己的田野生活，也是研究对象之一。我也会和其他外来人口喝酒吃饭，也会参与当地人的各种礼俗活动，等等。至少在田野调查的那段时间里，我参与了整个村庄日常生活的再生产。

我的田野过程基本可以分为三个阶段：

第一阶段是2013年4月1—15日，我来这个村子参加同学的婚礼，经过十多天的考察，最终选定这个村子作为田野点。

第二阶段是2014年2—7月，我在这个村子的一间出租屋里住了下来，除少数几次有事情去北京市里和回学校外，大多数时间我都是在这个村子度过的。这期间，我基本以村里西北拉面馆为主要"据点"，先后同数十位外来流动人口进行了深度访谈，倾听了他们的故事。虽然限于研究主题和篇幅，这些故事并没有完全呈现在本书中，但它们已牢牢地刻在了我的记忆深处。除在拉面馆"蹲点"外，在徘徊了多次之后，我也敲开了十多位当地人家的大门，并在得到他们允许的情况下，进行了多次交谈。在此期间，我愉快地全程参与了同学孩子"满月酒"的仪式，这让我有机会以"过程—事件"的视角分析村子里的"人情"和"面子"的生产和运作机制。除与村民交流外，我还多次前往村委会，在那里得到了居委会支部书记姚先生的热情帮助，他毫不吝啬地提供给我尽可能多的有关京村的资料，他是个很爱思考的人，特别爱谈论国家大事，这大概是北京人的一个优秀的"通病"。另外，我每次坐出租车，"的哥"都会聊时事——有时候，我不得不佩服他们对于一些问题的见解是相当独到且很有深度的。与姚先生聊天很愉快，我们共同见证了本村村民到村委会"泼粪"的事件，事后，他向我分享了很多对于此事的看法，这些看法给了我很大的启发。

第三个阶段是2015年10—12月，我断断续续回村里做补充调查。由于到美国俄亥俄州立大学进行联合培养，一年多时间，我没有到过村子。当再次踏进这个村子时，我发现一切都没变，尤其是当我经过那些曾经做过访谈的小店铺时，老板或者伙计仍会热情向我打招呼，我的忐忑感顿时减少了不少——我原本以为他们已经把我忘记了。最感动的是，当我再次走进曾长期驻点的西北拉面馆时，老板简直要跳起来，他打电话给他的妻子，大声地说，李博士回来了。他还记得我爱吃他做的炒饼，尽管当时正值下午三点左右，根本不是饭点，他还是执意要做给我吃。在熟悉的黑黢黢的小厨房里，我俩配合着做好了炒饼，还炒了两个菜。在我俩的推杯换盏中，他告诉我这个村子一年里发生的故事，我也告诉他我的故事。最后，他说，村里最近下了通知，要遣散"低端行业"从业人口了，他们准备回老家了。[①]

本书所呈现的正是这些看似平常却又充满意义的生活故事。

六　本书结构

通过这本民俗志，我希望以对北京城郊村京村居住民（包括本村村民和外来务工人员）日常生活的描述，来揭示民众日常生计策略选择的内在逻辑，同时呈现这种生计策略及日常生活安排参与地方结构与社会秩序构建的过程。具体如下。

第一章主要是通过白描的形式，呈现京村静态的生活结构和动态的社会变迁。其中，静态的生活结构包括村落边界、社会空间、房屋建筑、商业、交通和人口结构等。村落边界和社会空间是村落社会结构与村民身份认同形成的维度，房屋建筑、商业、交通及人口结构等是本书讨论居住民生计策略选择与日常生活安排的重要切入点。动态的社会变迁主要是以1949年以来京村人地关系的数次变动为主线，讨论不同时段土地关系变动的内外和主客观因素，以及这些变动对京村村民的影响等。

在第一章基础上，第二章继续讨论在社会变迁与人地关系变动的大背景下，京村村民的生活记忆及生计选择，对于村民行动选择及日常生活经营而言，这些既是历史经验又是现实基础。同时，本部分还对外来务工人员进驻京村的大体情形进行了描述和分析。某种意义上说，外来务工人员的进驻是改变京村原有社会结构和社会秩序的最重要的因素。本书所要讨论的京村社会结构和社会秩序构建问题，正是立足于居住于本村两个不同身份群体的日常互动展开的。

一般来说，地方社会结构和社会秩序是由各种各样的社会关系聚合而成。按照韦伯所说，"'社会关系'概念的基本特征，在于行动者和他人

[①] 事实是，那次我们喝完酒聊完天没多久，他和他妻子还有女儿们就回家乡兰州了，那里有他们用多年积蓄购买的楼房。最近通过微信交流，我才知道，几年过去了，他们一直没有再回京村，一如我。

间存在着某种最低限度的相互关联,它的内容或许十分分歧:冲突、敌对、爱情、友谊、忠诚或市场的交换等,它也可以是对于协议的履行、规避或破坏,是经济上、性欲上或其他形式的'竞争',是身份的、民族的或阶级的共同体"①。尽管社会关系具体指涉庞杂,但在具体到地方社会结构与社会秩序等问题时,我们或许可以采取某种权宜之计,即按照个体社会关系的圈层结构展开讨论。对于生活在村落社会的居住民而言,他们的社会关系大体可以概括为四个层次:第一是个体关系;第二是家庭关系;第三是邻里(村落)关系;第四是个体与国家的关系。因此,自第三章开始,我将分别从"个体关系""家庭关系""邻里关系""个体—国家关系"四个方面展开讨论。

第三章主要讨论村民个体的身份问题。其中既包括拥有京村户口的村民身份转变的介绍,又有对外来务工人员身份阈限问题的讨论。第四章主要讨论外来务工人员的家庭模式选择及其内在逻辑,限于田野资料,关于京村村民家庭关系的讨论则被置于本书结论部分;第五章主要介绍村落内部的邻里关系构建问题,其中既包括京村村民的社交活动及关系网络构建,又包括居住在京村的外来务工人员经营"老乡圈子"的行动选择;第六章则是通过一个具体案例,讨论村落政治运作及村庄治理问题,并呈现在社会变迁与人地关系变动的时代背景下,村民在与国家进行互动时采取的行动策略及其产生的各种社会影响。

作为北京城郊村的一个缩影,京村社会生活正在发生变化,社会结构和社会秩序也在不断生成过程中。结论这一章,主要从三个方面进行总结和讨论:一是讨论村民日常生计策略中的"道义"与"经济"问题,以回应本书所引入的理论视角;二是将村民的生计选择和生活安排视为"生存性智慧"的实践,从经验意义上重审学界关于小农行动逻辑的"道义"和"理性"之争,指出对于村民生计选择而言,"道义"和"理性"并非硬币的两个面,而是跷跷板的两端,村民总是会找到最为合适的平衡点;三是从最普遍意义上反思了田野民俗志与民众生活意义之间的关系,意在为民俗学更好地观照现实社会生活探索一种可能的进路。

---

① [德]韦伯:《社会学的基本概念》,顾忠华译,广西师范大学出版社2005年版,第35页。

第一章

白描：灰白相间的村落图景

作为老北京内城九门之一的德胜门，在今天并不如位于朝阳区的建国门或位于西城区的西直门繁华。不过，这个区域内保留着最为传统的老北京建筑及生活方式。市场化、商业化对这个区域的影响并不如其他地方明显，聚居在这里的外来流动人口也不多。然而正是这个地方，每天都会有成百上千甚至更多的人前来，除观光旅游的外地游客，这些人中绝大多数都不会在此多作停留，他们要匆匆忙忙地赶到北京城的其他地区，比如银行林立的金融街，或充斥着高楼大厦的国贸。历经数百年的古老城门每天都看着这些往来穿梭的城市白领从这里进城又从这里回家。这一切都与德胜门附近的交通枢纽有关，就在距德胜门不足千米的地方有地铁2号线积水潭站，旁边还有个规模颇大的德胜门外公交车站。

像其他几个内城城门公交车枢纽站一样，德胜门外公交车站担负着远途公交车的职能。从公交车站始发的公交车大都通往昌平、延庆等京北远郊区县。456快速公交车①在这里始发，终点站便是京村。中间有很长一段要走京承（北京—承德）高速，因此不到一个小时就能走完整条长达35公里的路线。456快速公交车发车频次较多，平均不到3分钟一辆，这极大地方便了来往于德胜门外与京村的通勤白领或蓝领们。每天早晨，许多寄住在京村及周边村落的通勤白领通过这辆公交车赶往位于北京城区的工作场所，晚上再乘坐此公交车返回住处。

除了通勤白领，京村其他村民并没有很强的流动性，对他们来说，在京村就可以很好地安排和经营日常生活。对于其中的很多人来说，工作、子女教育、社会关系、节日活动、结婚生子，甚至丧葬可以全部在村里完

---

① 为保护隐私，文中公交车路线已进行了技术处理，请勿按图索骥。

成。尤其对老年人来说，他们大多数日常时间都在村子里度过。人们通常有事时会去趟县城（即昌平区）。对于许多土生土长的京村人来说，虽然交通便利，但去一趟北京城区，仍是比较麻烦的，没有特别的事情，他们一般不会去北京城区。从日常表达上，他们仍沿袭过去的说法，叫作"进北京"或"上北京"，他们也会说"进趟城"，但这是指县城。

与其他设有连接北京城区与远郊区县的公交车终点站的村落相比，京村实在算不上特殊的地方，这里没有特别明显的经济分层，也没有特别突出的标志性民俗事象。像其他围绕在北京远郊城区周边的村落一样，从表面看京村显得十分平淡无奇。但这个村子对生活于其中的村民来说是独一无二的，这里有人们在长期生活中积累起来的各种社会关系以及从祖辈那里传承下来的地方知识和生存智慧。各种维持社会秩序的力量在这里博弈，并形成了平衡和稳定的社会结构。近十几年来，村里人口结构发生了巨大的变化，外来流动人口的大量涌入，一定程度上改变了原有的社会结构，但是这种改变是渐进的、不明显的。现在整个村子早已形成了不同以往的生活秩序。村民的日常行动和叙事表达给予这个村子以活力，村落生活的意义也由此而生。

虽然，京村生活看起来很普通，与其他村落没有太大的差异，但其具体的生活表达与村民地方感的独特体验，显然并不能在其他村子中精确地找到。京村所有的一切，都被生活在这里的人们赋予了独一无二的意义，我们的故事就从这里说起。

第一节　边界、空间与意义的生产

近几十年来，随着城市化进程加快，作为首都的北京也在快速地向周边地区扩张。越来越多的原属于近郊区的乡村被划入城区版图，越来越多的远郊村被划入了近郊区版图。京村只是整个版图扩张中很小的一部分，现在这个城郊村隶属于昌平区城北街道办事处。无论何时走进村子，给人的第一感觉都是整个村子静悄悄的，没有盛大的传统节日，也没有大量人口聚集带来的应有的喧嚣，一切都是静悄悄的。整个村子就像静止一般，偶尔有几辆载物的大货车从村中最主要的街道呼啸而过，伫立门口闲聊的村民会对扬起的灰尘皱皱眉或嘟囔着骂上一两句，一切又都恢复平静。然而，正是这幅看起来相对静止的图轴里，孕育着丰富多彩的日常生活。

对于村落来说，边界是个很复杂的概念。边界既意味着地理空间上的界线，又意味着社会意义上的区隔。前者往往有明确的标的物作标志，比如界碑、某条小河或者某座山头，后者往往是社会和文化意义的建构。边界往往是人们认知世界的重要方式和途径。我们关注村落生活，不能忽视边界的地理学意义与社会学意义。正如历史学家罗什所说的那样，"研究日常生活的现代民族学取代了地区研究和全面研究的地理传统，促进了我们知识的更新。这些更新将使沉默开口说话，揭示个人与群体如何组织自己的领域，如何标志其象征性边界，臆想出内部与外部的界线"①。

一 京村的村落边界

从行政意义的边界来看，京村位于北京市北边的昌平区内，456 路公交车到北京德胜门外公交总站大约 35 公里。从历史上看，1948 年以前昌平县隶属察哈尔省，1948 年后归河北通县管辖，直到 1956 年才正式成为北京城郊区，称为昌平区。后来行政规划改变，撤昌平区复设昌平县，随着北京城市的扩张，1999 年再一次由县变区。②

本来昌平和通州、房山、朝阳等一样，是作为北京城的卫星郊区而存在的。改革开放以来，尤其是近二十年来，北京市区域规划与经济发展的大方向是向东北方向扩建。从区位上看，昌平位于北京北边处于重点发展的新区之内。于是，随着北京市城区的北扩，昌平的城市功能日益齐全，区域内有中国政法大学、中国石油大学、北京化工大学等多所著名大学。2010 年前后地铁昌平线开通，终点站是位于昌平区南部的南邵镇。我在 2014 年田野调查时，正在修建从南邵站到市区内的地铁线路。③

京村隶属昌平区城北街道办事处管辖，距离市区不足 1.5 公里。从街道办事处到京村有一条柏油路相通，同时有若干条公交线路通过。2013 年，该村开始尝试村庄社区化管理模式，进村的几条主路路口都设有伸缩门，伸缩门旁边盖有门亭，里面有人值班看守。不过不知道为何，我从东

---

① ［法］达尼埃尔·罗什：《平常的事情的历史——消费自传统社会中的诞生（17 世纪初—19 世纪初）》，吴鼐译，百花文艺出版社 2005 年版，第 97 页。
② 《昌平县志》编纂委员会编：《昌平县志》，北京出版社 2007 年版。
③ 通往昌平县城的地铁已经于 2015 年 12 月 20 日前后开通，距离京村最近的站到村（居）委会不足 500 米。

南边进入该村时，发现伸缩门早已被弃用，门亭里也没看守人员。京村村东边是军都山的一部分，以山为界，与崔镇毗邻。北部紧邻十三陵水库，西北亦是山区，南边有条铁路经过。整个村落呈现出西北高东南低的走势。

从地理意义上看，京村位于北京北部军都山山脉龙山、凤山山区，村子北边和西边都是山脉。村子依山而建，整体走势是东南西北呈不规则四边形分布。村东北处是十三陵水库，这座建于20世纪50年代的人工水库，曾经因毛泽东、周恩来、朱德、刘少奇等国家领导人的前来而声名显赫。现在十三陵水库旁边还修建有水库纪念馆，据说前几年仍对外开放，纪念馆里张挂着历任国家领导人题字和修建水库时使用的工具等。不过受近些年降水减少等因素影响，十三陵水库的蓄水功能已经大为下降。

村东边是条比较宽阔的柏油路，呈西南东北走向，直接连通昌平城区与明十三陵景区。村民告诉我，这条柏油路也随着历史的变迁几经改修，最早是修建水库时为方便领导人前来视察而整修的宽阔土路，当时周围还都是耕地。大概在20世纪70年代或80年代，土路被铺上沥青，成为柏油路，不过当时也就两三米宽。2001年北京申办第28届奥运会成功，奥委会决定在十三陵水库举办"铁人三项"等赛事，为便于运动员和观众前来，政府对原有的柏油路进行加宽改造，形成了现在大约十几米宽的规模。在天气不太冷时，柏油路上经常会有"骑友"在此骑行，尤其是四五月，天气转暖，许多"驴友"会结伴来水库踏青或游览。沿马路往西南走，十多分钟就能走到京村路东头。四月时，这条路的路边会有许多卖草莓的商贩，他们打着本地兴村产的草莓的牌子，售价十元一盒。

村南边是一条铁路。该铁路修建于1906年，百余年来，一直承载着从北京到包头以及沿线的客货运输。直到现在，每天仍会有火车从这里经过。铁路成为村落与外界的界线。铁路南边是昌平松村（现已改为松村小区）。据说，过去京村居民的住房距离铁路并不近，随着人口规模的扩张，现在居民住房已经直逼铁路线。

村北边和东边都是山脉，这是村落与外界的天然界线。村里别墅小区北边的小山是京村的公共墓地。按照村委会相关规定，拥有本村户籍的人去世后可免费葬入该墓地。墓地内长满了青松绿柏，很是庄严肃穆，走在里面感觉有点阴森。20世纪80年代初，村委会对墓地进行过统一分配，每个家族都分得一块区域。别墅小区与其他村民居住的房屋隔着一条小水沟,也许是多年水流不通的缘故,现在已变成一条臭水沟,水沟两岸堆满了垃圾。水沟将村子与别墅区分割开来。从地理位置上,村民说起别墅区时,尽管没有直接提及那个地方的尊贵,但言谈举止中还是赋予别墅小区较高的社会地位。不过,别墅小区的居民大多是外地人,平时与本村人交往不多,村民并不了解这些人的生活情况。

小河以东是村落主体,村子内部是鳞次栉比的房屋,小平房夹杂在小楼房之中,连接这些房屋的是一条条宽不过两米的石灰路。京村行政中心是村(居)委会,位于该村商业街街头,该商业街也是村民进行娱乐和日常商贸活动的中心。

从村落布局来看,一栋栋小楼房将本来不算宽敞的小路挤压得更加狭窄,一些小路甚至被两边楼房外加的二三层遮掩得"暗无天日"了,正如蓝宇蕴形容广州市区城中村时所描述的那样,"这些城中村往往被充满都市气息的各种建筑物严严实实地从四周包围着,中间由大则数千栋,小则也有成百乃至数百栋的大小不一、高低不齐的独立式住宅汇聚而成。若从高空往下俯视,在栉比鳞次与低矮杂乱的巨大反差中,这些住宅群落犹如乐谱中一个个不和谐的音符散落在大都市的画面上,奏出一曲曲失调与刺耳的乐章"[①]。

村落边界也是一种文化的建构。村民在长期的生活中,形成了对村落边界的认识。村落边界又是村民构建身份认同的空间存在。村民在这样的边界内部,小心地经营着自己的生活,经营着类似于生活共同体的社会秩序。可以说,看起来静静的乡村图景,实际上每个人造物都体现了村民的生存智慧。

京村是在生成过程中的。几十年来,它由传统走向现代,由边远村落走向城郊村。也许随着城镇化进一步发展,京村会像其他消失在现代都市街道中的村落一样,消失得无影无踪,或者只留下一些片段式的记忆。尽管有外力干预,但不可否认,归根结底还是生活在村里的村民将村子变成了现在的样子。

随着城市版图的扩张和城市交通的发展,越来越多的外来流动人口来到京村,同时京村原来的耕地也被别墅区、绿化带和其他建筑设施取代。

[①] 蓝宇蕴:《都市里的村庄:一个"新村社共同体"的实地研究》,生活·读书·新知三联书店2005年版,第3页。

失去土地的村民接纳了离开土地的流动人口，离开土地的流动人口也养活了失去土地的原有村民。在这种互惠互利中，两者形成了暂时的利益共同体。不过，从某种意义上说，外来流动人口并没有和原有村民形成生活共同体。相反，两者更像是生活在一种貌合神离的状态中，就像我在田野调查中，从某务工人员那里听到的，他们大多数时候是"井水不犯河水"。

一定程度上，城市化与现代化正在不断地瓦解着京村原有的村落传统，村落凝聚力也正面临着个体化带来的挑战。在这种情况下，对"村落共同体"概念进行反思就显得十分必要，尽管已有不少学者对此问题进行了深入讨论①，我们还是有必要弄清楚，这个概念到底在什么背景下提出的，其内涵是什么，又在多大程度上具有适用性？现代村落社会是事实上的共同体，还是学者的想象和建构？尽管我们不能否认村落社会具有较强的凝聚力，同时也有集体行动的村落传统，但是否意味着村落社会没有权力竞争或利益冲突等足以解体原有村落感情和观念的因素？实际上，在我的田野调查中，至少在京村这样的城郊村，内在冲突和竞争是广泛存在的，它们存在于同一家族内部，或不同家族之间，或邻里之间，或村民与村干部之间，或本村人与外来户之间，等等。正如李怀印所说，"这是一个既有合作又有激烈竞争的农民世界"②。对此，我们也许不能将之简单地称为传统意义上的"共同体"，那么它们就完全是松散的沙盘了吗？当然也不是，它们更像是拼图游戏，虽然各板块都具有相对独立性，但彼此间又相互联系，只有拼接在一起，才能生产出更广泛和深刻的社会意义。

二 公共空间与私人空间

空间为人们的生活提供了最合适的场所。根据生活领域的不同，空间大体上可区分为私人生活空间和公共生活空间。人们对待两种生活空间的不同态度，构成了村落与城市最为直观的区别。在罗什看来，"如果说农

---

① 如刘玉照：《村落共同体、基层市场共同体与基层生产共同体——中国乡村社会结构及其变迁》，《社会科学战线》2002 年第 5 期；李国庆：《关于中国村落共同体的论战——以"戒能—平野论战"为核心》，《社会学研究》2005 年第 6 期；毛丹：《村落共同体的当代命运：四个观察维度》，《社会学研究》2010 年第 1 期；蔡磊：《中国传统村落共同体研究》，《学术界》2016 年第 7 期，等等。

② [美]李怀印：《华北村治——晚晴和民国时期的国家与乡村》，岁有生、王士皓译，中华书局 2008 年版，第 302 页。

村空间通常和城市截然不同，这并不是因为两者之间有什么严格的界限，而是因为城市的居住密度较大，尤其是因为农村空间和城市的作用不同"①。

传统农村生活空间的公共性与私人性是合二为一的。在农村地区，属于纯粹私人领域的空间极少存在，村民生活空间从院墙内延续到院墙外，院墙的意义不在于从公共空间隔离出私人生活空间，而是防止牲畜、坏人来搞破坏。对日常生活而言，院墙只是一家的范围的象征，并不影响人们的交往。甚至许多时候，公共生活也会在院墙内的院落中发生。城市生活空间相对来说私密得多，城市设计者通过种种方式将生活区域与其他空间区隔开来，在生活空间中，又通过各种"门"来限制其他不属于该区域的人们进入，小区有小区的伸缩门，家户有家户的防盗门。尽管这些"门"的设置初衷也是维护住户与家户不被坏人破坏，但从日常生活来看，这些门阻隔了邻里间的日常交往。人们无论下班回来，还是遛弯、买菜回来，偶尔碰到邻里象征性地打个招呼后，就将厚厚的铁质防盗门关上，人与人之间就这样被区隔开来。

作为城郊村的京村正处于两种情形的过渡状态中。一方面，没有盖起"鸽子楼"②的，仍保留着院落的村民之间会利用有限的空间，安排一些有限的公共生活；已经将住所完全改建成"鸽子楼"的村民，随着院落空间的消失，公共生活也随之消失。事实上，在十几年前或者更早时，京村还是个很普通的小山村。当时外来流动人口很少，整个村子的空间布局还没有经历太大改变。不用追溯更远的历史，从村中最年长村民的口述中，就不难发现，整个村子从20世纪50年代直到90年代，在长达四十多年的时间里，除因人口增加造成房屋需求增加而使村落向周围扩大外，整个村子的内部空间布局是相对稳定的。村子的空间可以明显地区分为公共空间和私人空间，私人空间以院落和大门为界，而公共空间可以是院落外的任何地点，或大门外，或水井旁，或小卖部前的空地，甚至村委会大院都可以是村民的公共生活空间。

现在京村中，私人空间与公共空间仍然比较分明。不过，由于该村到

---

① ［法］达尼埃尔·罗什：《平常的事情的历史——消费自传统社会中的诞生（17世纪初—19世纪初）》，吴鼐译，百花文艺出版社2005年版，第15页。

② "鸽子楼""鸽子房""鸽子窝"都是京村村民对于自家出租房的戏称，在他们看来那些被隔成一间一间房屋的楼房很像过去人们养鸽子的笼子。

处都是租房的外来人员，他们的私人领域并不以家院而以住宿房间为单位。现在仍保留着院落的住户，数家合租人会将屋前的小院落作为公共空间，平时就在院子里拉上几根绳子，晾晒衣服和被子。傍晚时分，妇女坐在一起择菜、淘米、聊天，稍大点的孩子在一旁打闹嬉戏。男人的公共活动较少，他们下班回来往往坐在出租屋里，或玩电脑或看电视。还有前来帮助子女看孩子的老人，会坐在一起看孩子、聊天，因此许多小院里都能听到操着各种方言的交谈声。

已经翻建成楼房的家庭，则失去了这样的公共空间。租房客回到家后，经常是一头扎进出租屋，玩电脑、看电视，基本不与其他住户交流。本村老人往往会在茶余饭后，在门口或树下找个空地，坐上半天，有人时就聊聊天，没人时就闭目养神。

村（居）委会大院东边路南有处空地，安置着十几个健身器材，还有个乒乓球案。傍晚时，经常有人在这里锻炼，他们大都是外来的中老年人。村里有处名为"爱地老人颐养中心"的敬老院。该村还有处洗浴中心，据说拥有本村户籍的村民能享受到"澡票"，凭票免费洗浴，外来务工人员也可以去洗，不过需要收费。

京村东边有处占地约50亩的停车场。该停车场建于2010年前后，系昌平区十三陵水库移民扶持项目，该停车场由村委会建设，供本村居民在此停车。也许是离村子较远的缘故，我去调查时，那里并没有停放太多车辆。村干部告诉我，该停车场现在雇请一位本村老人看守大门，每月工资1000元，经费由村集体出。村民在此停车需办理停车证。该停车场以前是片农田，由本村张姓村民在此租借，从事猪、牛、羊等饲养工作，后来建设十三陵水库移民项目，按规划将该耕地征收建成停车场，村委会从项目资金中取出十万余元补贴该张姓村民。现在该张姓村民已将所饲养的家畜搬迁至昌平南边的一个村子。

在商业街中间偏西的地方，有数棵老槐树，这是村子的标志。在外面打出租或"黑的"，告诉司机去京村大槐树，多数情况下，他们都能选择最短距离将客人送到目的地。在华北许多农村地区，槐树都被赋予不同于其他树种的社会意义，也许是受到山西洪洞县大槐树移民传说的影响。①

---

① 赵世瑜：《祖先记忆、家园象征与族群历史——山西洪洞大槐树传说解析》，《历史研究》2006年第1期。

京村槐树很粗壮，每天都会有十几辆私家车停在这里。只要天气好，每棵树下都摆上小案子，几个村民在这里打扑克，旁边经常有三五人围观，他们都是在这里"趴活儿"的村民。大槐树旁边是个规模颇大的菜市场。据说多年前，村小学就在这里。后来小学合并到县城，这个地方也被改建成了菜市场。虽说是菜市场，但从来没有人卖过菜，一直作为村落公共场地被使用，主要用来举办各种酒席。村民告诉我，只有本村村民才有权利使用此场地，而且花费也不高。

菜市场旁边是个公共厕所，公共厕所旁边是个小浴室。很多外来流动人员为省钱，租住的往往是没有厨卫的简易房间，因此公共厕所和公共浴室就成为他们日常生活中必不可少的公共空间。距离此公共厕所不远的地方还有个建设得比较"豪华"的公共厕所。与菜市场后的公共厕所相比，豪华的公共厕所更像间门面房。实际上，这个厕所更像个摆设，某种程度上代表着村落的面子。

伴随着公共空间的式微，村落内共同遵守的传统价值观念被打破，而又没有合适的场合生产出新的共同认可的价值观念，正如鲍曼分析的那样，"一个被剥夺了公共空间的地方是没有机会来讨论标准，来通过辩论和协商形成价值观的"[1]。公共空间，既是人们分享各种知识的地方，同时也是达成共识的地方，后者往往会成为地方知识的一部分。地方知识的自主性也在这里体现：人们在公共空间的协商与讨论中，形成了这样的共识。人们对这些知识既有发明权，也有享用权。来到这里的外来人员，想要融入这些地方，需要掌握和适应这些知识，直到他们有足够的机会参与到公共空间的讨论中来。不过现代化和城市化的扩张，将一切变成泡影。随着瓦片经济的兴起，村内公共空间变成了私人属地，而网络等现代传媒技术的发展，迅速而有效地为失去公共空间的人们填补了空虚。虚拟空间的出现，使得原有公共空间的消失看起来不再令人感到失落，反而让一些人产生了其所参与的世界变得更为广阔的错觉。

公共空间的减少，还直接导致原有的地方知识形成机制发生变化，沉浸在现代网络社会体系中的人们没有时间和空间来进行面对面的讨论和协商。那些能维系地方社会团结和共同体的知识体系不但没有得到完善反而

---

[1] ［英］齐格蒙特·鲍曼：《全球化：人类的后果》，郭国良、徐建华译，商务印书馆2013年版，第24页。

不断地遭到遗弃,这使得地方不再具有原来的意义,而成为现代都市的有机边缘。村庄失去了自主性,生活在其中的人们却浑然不知。现在生活在城郊村的人们,所遵循的地方性知识,已经失去了"地方"的意义,而正在和其他地方不断趋同,他们的知识体系不再是自主协商的结果,而是不可触摸的外来知识的侵入。在这种环境里,外来者要想融入这个共同体,已经变得更加吃力,毕竟这样的共同体正在不断推进的现代性中迷失自己。

三 京村的房屋与居所

在传统农村地区,村民往往将房屋居所和"家"联系起来。对许多村民来说,房屋是一种承载历史的时间和空间的凝结。房屋与居所是大多数村落私人生活的中心,诚如罗什所说,"如果说房屋是所有人生活的中心的话,还必须区分住所与居住环境,前者是人类社会有意义的要素,后者涉及城乡房屋的多种习俗和用途,它是家庭生活和社会关系的处所,是权力的象征"①。

实际上,在京村,房屋建筑与"户"的观念更为紧密。在华北农村地区,"户"是个十分复杂的概念。"户"与"家庭"不完全重合,前者强调住房和居住空间,后者更强调文化意义上的人的再生产的基本单位。在20世纪50年代户籍管理条例带来的"户口制"实行以来,"户"与国家权力产生了更深刻的联系。②

在京村,"分家"意味着"单独立户"。过去,村里年轻男子结婚,其父母会为其准备新房,用作婚房,家境比较贫困盖不起新房的人家也会将老房子收拾妥当,作为婚房。结婚后,他们大都会面临着"分家"的问题。"分家"实际上并不是将家庭分开,而是单独"立户"。从行政意义上讲,是指新婚夫妇从此以后可以单独办理户口本。按照村集体土地使用办法规定,单独立户后就有权利在村中申请宅基地,用以盖建新居所。目前,在京村,审批宅基地与"立户"挂钩的政策成为村干部或街道办事处惩罚村民"违建"的重要行政手段。街道办事处对违法翻建房屋的

---

① [法]达尼埃尔·罗什:《平常的事情的历史——消费自传统社会中的诞生(17世纪初—19世纪初)》,吴鼐译,百花文艺出版社2005年版,第100页。

② [加]朱爱岚:《中国北方村落的社会性别与权力》,胡玉坤译,江苏人民出版社2004年版,第135页。

居民给予最重的惩罚措施，就是不再给予涉事家庭"单独立户"的指标，也就是无论该家庭婚嫁与否，都不再审批新的宅基地，同时无论人口多少，都被认为是"一户"，那些以"户"为单位分配的社会福利，也只能享受一份。

房屋建筑材料也是个值得关注的问题。在很长一段时间里，房屋的建筑材料都是等级差距的表现。目前京村几乎所有的住房都是砖瓦结构。按照村民的说法，在20世纪50年代以前，整个村子的房屋大多都是泥屋，只有很少的比较富裕的人家住"青砖小瓦房"。集体农业时代，各地出现大量砖瓦窑，这是国家致力于改善人们居住环境作出的努力，同时也是国家将政治渗透人们物质生活的表现。当前各地砖瓦窑的衰败，一方面说明新的替代性建筑材料越发引起人们的注意，生活水平的提高也使得人们能消费得起更为持久耐用的建筑材料；另一方面也说明国家退出私人生活领域后，带有集体性质和政策强制性的生活方式被打破，人们选择生活方式的自由度有所提高。可以说，集体时代的生活方式随市场化渗入社会各个角落以及国家退出私人生活领域而发生极大变化，而以这种生活方式为基础的习俗、传统也随之发生不可逆转的改变。

建筑是时间和空间结合的产物。在这段时间里，在这个空间里，各种生活故事与社会关系得以进行和生产。大概在20世纪70年代末到80年代中期，京村泥瓦房逐渐被砖瓦房取代，这时出现了"一阵风似的盖新房热"，许多逐渐富裕起来的家庭都翻盖了新砖瓦房。村干部介绍，恰在此时，由于出售609亩土地给昌平某公司，村集体获得了二百余万补偿款。村委会决定用这笔在当时看起来绝对算得上是"巨款"的钱修建楼房，供村民居住。当时计划从村北山麓开始修建，"拆到谁家谁上楼，直到全部上楼"，结果刚搬进30余户时，主要村干部因经济问题被调查，所有上马项目也都停滞下来。当时有的搬楼户平房已拆，有的住上了新楼房平房还未来得及拆，这造成有住户占有集体盖的二层楼房的同时还保留着自家老平房的情况。关于这个问题，下文还会具体阐述。

李友梅等学者指出，20世纪80年代初期的盖房热实际上是家庭结构变化的表现，"20世纪80年代初，在温饱线上挣扎多年的中国农民在手里有钱后，似乎急需改善自己的物质条件，于是，这一时期的中国农村出现了盖房热，这被当时城里的知识分子讥笑为愚昧落后的农民意识。但实际上，盖房热的背后呈现的却是家庭结构变化的需求"①。20世纪80年代前，农村地区大都处于集体农业时期，家庭的概念在人们的日常生活中被严重弱化。与家庭相关的"分家"问题也被遮掩，许多家庭都是父母子媳等一起生活。京村村民李天来告诉我，20世纪六七十年代京村几乎没有分家过日子的，"分什么家啊，穷的叮当响，什么也没有，再说了年轻人都分出去，老人老了，没法挣工分了，谁来养？"② 20世纪80年代初，集体农业时代结束，集体生产生活解散，村民获得收入的来源日益多元化。很多家庭快速富裕起来，与此同时，围绕家庭经济问题，扩大的家庭开始出现各种各样的矛盾，其中最为突出的便是被调侃为"世界上最难调和"的婆媳矛盾。当然这种现象的出现还与生活方式的剧烈变迁有关，许多年轻夫妇很快适应新式生活方式，已经或即将步入老年行列的父母却很难适应。在这种情况下，父母与子媳的矛盾往往容易凸显或激化。因此，这一时期，许多农村家庭开始张罗"分家"。单独"过日子"最重要的物质条件就是要有独立住房，所以家庭结构的变迁某种程度上也是促成"盖房热"的社会原因。

当然，这一阶段村民翻建新房，除用以改善住宿条件外，也是为社会声誉的提升，当时翻盖新房已成为富裕的象征。改革开放后，致富成为村民个体的事情，"富裕"成为经营有道、努力苦干的标志。在这种风气下，许多家庭尽管还不是很富裕，仍借债翻盖新房。正如许烺光所说，"从这一点来看，住宅本身是激烈竞争的代表物。房屋住宅与其说是众家庭成员用以栖身的舒适之地，还不如说是整个家庭——包括死去的、活着的、未来的家庭成员——社会威望的象征"③。

京村几乎所有的院落都是坐北朝南，院落布局也是传统四合院式建筑，包括北房、南房和东西厢房，其中大门往往设置在南房的西边或东边。在传统社会，这样的四合院设置可以区分家族内长幼尊卑秩序，北房是最年长、最有权威的家长居住，其次是东西厢房，南房往往是后辈子女

---

① 李友梅等：《中国社会生活的变迁》，中国大百科全书出版社2008年版，第167页。

② 讲述人：李天来，京村村民，为居民户口，20世纪80年代中期从农民转成了居民，同时被招进公交公司上班，现已退休，在京村大槐树下开"黑车"趴活儿。讲述时间：2014年3月8日，讲述地点：京村大槐树下。

③ [美]许烺光：《祖荫下：中国乡村的亲属·人格与社会流动》，王芃、徐隆德译，台北南天书局有限公司2001年版，第31—33页。

居住。在自来水安装之前，几乎每个院落都有水井，多数人家还在院落栽种枣树或槐树。20世纪90年代后，村里开始有人翻建平房，建造二层楼。随后，越来越多的红墙灰瓦房被贴着白瓷砖的二层楼所取代。再到后来，随着"瓦片经济"的出现，村子的院落也不复存在，取而代之的是林林总总的小楼房，村民的生活居所彻底发生改变。随着居所改变的还有村民的社会关系与交际网络。

当然并非所有平房都被翻建。村中较为年迈的老人，多数没有余钱进行房屋翻建，因此他们仍守候着年轻时建造的四合院院落，尽管这些四合院已经被最大限度地改成了出租房。翻建房屋的一般都是青壮年村民，他们将房屋改建后，一方面可收取租金，另一方面他们也会外出打工。这些人大都出生在20世纪五六十年代，在七八十年代开始"闯社会"。随着市场化渗入社会各个角落，这些人生活轨迹随之跌宕起伏，比他们的长辈更注重金钱的意义，在"鼓励一部分人先富起来"的年代，他们中部分人通过各种办法富裕起来，而更多人并未能迅速积累起大量财富，村落社会分层开始变得明显。贫富差距带来的不平衡感，使得他们更愿意为"金钱"放弃传统的价值观念，比如公共生活与公共精神。这种情况，折射到居所上表现为，他们没有太多的"乡愁"，尽管老房子凝结着他们童年的记忆，也难逃被拆除的命运。毕竟拆除这些旧房子翻盖新楼房可以为他们带来可观的财富。

在财富成为衡量成功与否的标准的社会里，原有的用于生活的空间，变成经济资本，房屋功能发生极大改变。房屋满足的不仅仅是房屋主人的住宿需要，而更多是面向外来流动人员。整个住房空间的社会意义发生极大改变，同时改变的还有那些凝结在这些建筑物中的时间与记忆。

四　商业街与小卖部

京村商业街是一条东北西南走向的柏油路。这条路大概只有十米宽，但它是唯一一条直接连接京村与昌平城区的通道，所以相对比较繁华。由于经常有载重较大的货车经过，柏油路早已变得坑坑洼洼。然而即使这样，仍然不能掩盖整条商业街的热闹。商业街上往来的车辆较多，经常出现堵车问题，为此，村里专门花钱请几个本村村民作为交通协管员，这些袖子上别着"协管"字样的村民各有管辖范围，每天都会按时负责管辖路段的交通秩序。

在京村，商业街就是村子的大动脉所在，许多社交活动在这里发生。为方便统一管理，2012年春天，村（居）委会投资十余万元，把商业街所有店铺都换成了统一的蓝色招牌。这些招牌的材质和形状并不一样，但颜色和图案都差不多，比如在招牌字号下面都印着"京村社区"字样和"旭日东升"图。虽然各店铺的房子有大有小，而且排列也不整齐，但这些统一形制和颜色的招牌的确能带给人以秩序和整洁的感觉。

商业街两旁，往来的车辆和行人影响了村民的非正式交往。尽管如此，对大多数居住在商业街两旁的人来说，无论是热闹的商业街还是幽静的小巷，都是彼此间可以交流的场所。到了傍晚，骑着三轮车的流动小贩开始吆喝，在城里（北京城区或昌平城区）工作的蓝领和白领们，都回到这个作为栖息地的村子。男人们往往会聚到小餐馆点上一两个小菜，喝上一两瓶啤酒。如果天气不算太坏，女人们还会到流动菜摊上买条鱼或买点蔬菜。她们买了菜后，年轻的就直接回家了，稍微年长的或老年妇女会聚在小商贩车前七嘴八舌地交流。偶尔也会有些打扮得花枝招展的女孩子，来到麻辣烫摊前，吃几串麻辣烫，或打包带走。每次她们走过，都会有中老年妇女指指点点。在这里待一段时间后，我才知道，这些打扮时髦的女孩子中有一些是性工作者。

整条商业街有三家经营日用百货的超市，其中两家老板是温州人，一家是河北人。这些超市商品从日用百货到蔬菜蛋奶应有尽有，房间装修也漂亮、宽敞，逢年过节也会有打折优惠活动。除超市外，还有数家专营五金或蔬菜的小店，经营者也都是外地人，以山东、河北两省人居多。街上还有两个理发馆，虽然与北京城区或昌平城区一样，这两家理发馆都把巨幅的流行发型照立在门口，理发师也大都穿着奇异，理着时髦的发型或染着显眼的亮色，但据我观察，前来理发馆的大都是外来务工人员，他们很少美发，大多是稍微修剪一下或干脆剃光头。另外，在这里理发也相对便宜，如果不做发型，洗剪吹是七块到十块，这与城区动辄十五块、二十块，甚至几十块相比还是便宜了不少。除超市、商店和理发店外，整条街上最多的就是小餐馆了，由于外来流动人口来源地比较复杂，小餐馆主营的食物也从云南过桥米线到东北水饺，从兰州拉面到鲁菜，不一而足。我的主要田野点西北拉面馆就位于商业街中间靠近大槐树的地方。

与商业街的繁荣景象相比，村里原有的小卖部就显得相形见绌了。小卖部隐藏在弯弯曲曲的小巷子里，店铺比较狭窄，采光也不太好，经营商品品种也较少,给人的总体感觉是灰暗。或者,也许这种色调可以被看作沧桑。这几家小卖部已经开办了几十年,都是由本村人经营。小卖部见证了新中国成立以来几十年的社会变迁。京村村民告诉我,在集体农业时代小卖部被叫作"代销点"。虽然由个人专门打理,但属于村集体财产,主要是到镇上供销社或县里百货商店购进老百姓日常生活所需的柴米油盐糖等,然后卖给老百姓,卖完就去进货,卖不掉就退给供销社或百货大楼,所以叫作"代销点",是代为销售的意思。当时由于物资较为匮乏,各村级代销点的商品都实行配给制。

改革开放后,村里原有的代销点承包给了村民,基本不再实行统购统销,而成为自负盈亏的小商店。在之后近二十年时间里,小卖部都是村里最重要的商贸据点,也是村里最重要的公共空间。晚饭后,男人们会聚到这里聊天或打牌。20世纪90年代末以后,随着外来流动人口的增多,商业街慢慢形成规模,规模较大、商品更丰富的超市开始进入京村,小卖部的顾客日益稀少,同时经营小卖部的村民也大都上了年纪,根本无力重新翻修店铺,于是越发破败。说起村里的小卖部,许多村民都摇头,在他们看来,这些老人去世后,这种载满几代人记忆的农村副业经营形式也就永远消失了。

五 公路与公共交通

在京村田野调查时,经常听村民戏谑地说,京村就是"坐在公交车上的村子"。交通对于塑造京村的生活图景有重大意义。交通是一个城市向外扩张的最主要动力,也是最主要的表征。2003年前后,13号轻轨建成通车。这条连通京北昌平区与西城、东城、海淀区的地铁线路,助力北京城市向北扩展了许多。作为昔日的远郊区,昌平也逐渐被纳入北京城区版图。许多白领阶层开始在昌平城区购买房屋,没过几年,13号地铁线沿途设立站点的昌平回龙观、天通苑等小区就已变成著名的"睡城"①。

伴随白领阶层的到来,许多原来寄居在这些地区的相对贫穷的进城务工农民不得不外迁。他们的工作地点大都在这些地区周围,因此外迁时,

---

① 睡城,是一种戏称,是指那些白领聚居住宿的地方。白天白领们要去市区打工谋生活,晚上赶回这里休息,所以被戏称为专门提供睡觉的城区,简称"睡城"。在北京周围有好几处著名的睡城,大都是地铁能延伸到的地方,这些地方共同的显著特点是有大量外来人口聚居,出现"人口倒挂"现象。

他们选择"睡城"外围的城郊村。后来，随着交通的扩展与城市版图的继续扩张，越来越多的城郊村变成现代化住宅小区或商贸区，进城务工农民不得不再次外迁。在这种外力的推动下，进城务工农民群体最终大规模聚居在昌平区沙河镇、东小口镇一带，形成了颇为有名的"城中村"。流动人口大量聚居，加上疏于管理，越来越多的社会问题凸显出来。

近几年，北京市区和昌平城区开始综合治理沙河外来流动人口问题。这些聚居了十几年的外来流动人口再次面临外迁的境地。2007年，贯穿北京城区南北的地铁5号线开通，在一定程度上缓解了昌平区北部的人口压力（因为一部分白领开始南迁）。2010年，地铁昌平线修通，部分白领进一步北迁，"农民工"也随之北迁。加上沙河一带的整治，许多像京村一样的城郊村涌入越来越多的外来流动人口，从而改变了这些地区原有的社会结构和生活方式。

这些都是交通带来大环境的变化而引起城郊村的变化。需要指出的是，并不是所有的城郊村都发生了同样的变化，距离京村不远的真村就几乎没有外来流动人口，社会结构也没发生太剧烈的变迁。根据访谈资料可知，京村人口结构的变化与社会生活的变迁，可以追溯到20世纪90年代末期。当时有些在昌平城区收废品或从事其他小商品经营的外地人开始在这里租住房子。后来受北京城区近郊寄居的"农民工"被迫外迁的影响，在京村租房住的人慢慢变多。我的访谈对象中，有好几个个体经营户以前都在沙河一带寄居，后来才逐步搬至京村。

如前所述，2001年北京"申奥"成功后，确定十三陵水库及周边地区作为"铁人三项"比赛赛场，为方便运动员及观众前来，北京市区与昌平城区扩建了穿过京村村东部的柏油路，并专门开辟了一条直达北京城区德胜门的快速公交路线，即456快公交路线。由于当时修建目的是便于运送参赛运动员与观众，所以该线路沿途所设站点较少，且有一段经过高速公路，其运输效率相对较高。于是，自2007年456路公交车开通以来，越来越多的在城区工作的"农民工"或收入不高的白领来到京村寄居，这个昔日不过千多人的小村子，在短短几年时间里，人口便暴涨至六千余人，人口结构的变化使得京村生活方式彻底发生了变化。按照北京市和昌平区的道路规划，2015年底，地铁昌平线二期工程竣工通车，该线路有一站就设在距离京村不足五百米的地方，也许伴随着这条铁路的修通，京村人口结构会再次发生变化。①

六 京村的人口

作为城郊村,京村呈现出明显的"人口倒挂"结构特征,即外来流动人口远超过本村原有村民。本村人口的结构也十分复杂。从户口上看,本村人口分为农业人口和非农业人口。"京村现有户籍人口1400余人,其中农业户籍545人,非农业户籍900余人。自然院落300余座。姓氏以姚、张、袁、马为主,均为汉族。截至上半年(2014年)共登记流动人口近4000人。"② 实际上,该村流动人口可能会更多,但我没有去做详细的统计。接下来,我将简单介绍京村人口结构问题。

首先是原住民。一般来说,"原住民"是指20世纪50年代初"土改"前就已在此落户的村民,他们大多在"土改"时获得了土地,并在20世纪50年代后期的户籍认定中,获得了该村户口。现在本村村民主体即为这些人及其后裔。另外,1953年前后,国家决定修建十三陵水库,而水库规划区有5个村子400多口人,这些人就近搬迁到周边村子,其中部分搬迁至京村,并在此落户,成为"原住民"。据《昌平文史资料》记载:

> 1958年建成的十三陵水库大坝横亘在蟒山和汗包山之间的东山口。库区内的东山口、裕陵园、瓜园、工部厂及龙母庄五个村的400多户村民,在施工之前已经陆续搬出,被当地政府分别安排在附近的官高、京村、胡庄、石牌坊等村的农户里暂时居住。这些村的农户发扬了团结协作、互相帮助的精神,把困难留给自己,腾出房子让给十三陵水库移民。五个村子共有三百九十七户人家,合计两千多人,有的搬到东山口外的京村,有的向西移到石牌坊。③

由于当时人少地多,加上人们的觉悟比较高,移民来到村子后没有受到太多排挤。相反,据曾长期担任村干部的姚德合老人讲述,当时京村村

---

① 当我2015年回访时,地铁昌平线二期工程已经竣工,但由于刚开通不久,京村人口结构与社会生活尚未受到太多影响。
② 京村村委会、居委会编制:《昌平区城北街道京村简介》(内部资料),2014年版。
③ 刘德明主编:《昌平文史资料(第二辑)》(内部资料),2002年,第222页。

民对移民还都挺友好，人们普遍认为这些移民为国家作出了贡献：

> （当时你们是怎么对待这些移民的呢？）当时那个什么呢，人家抛家舍业的，为国家作了贡献了，再说了，当时县里也找我们几个村干部去开会，我们那时候积极啊，向毛主席表决心，一定把移民安顿好。等我们开会回来呢，再开村民大会，大家都积极，一致举手通过。那时候人们觉悟高，当然也不尽是觉悟高，主要是谁要反对，那时候有大帽子啊，说你是反革命，当场就要批斗的，谁受得了，是吧。就这么着，这些移民来的时候呢，俺们村还组织了一个秧歌队欢迎。等他们都住下，很快就编到小队去了。①

因京村大队部数次搬迁，大部分相关资料已经丢失，现在已很难统计到底有多少户属于当时的水库移民了。不过，据村干部估计，至少有三四十户是当时的移民家庭或后代。

其次是外来流动人口。这是村委会及官方资料的称呼，实际上本村村民大多称其为"外来户"，而他们也自称"外来户"或"打工的"。现在京村外来流动人口有数千人之多，早已超过村里的原住民数量。村民介绍，外来流动人口大规模进驻京村是在2007年之后，当时村里开通了456路公交车，许多在城里上班的或务工的人开始大量涌入京村，尽管在此之前也有外来流动人口居住在该村，不过数目很少。我在田野调查中，就遇到一位以"收售破烂儿"谋生的妇女，她大概在20世纪80年代初从湖南来到京村，到我进行田野调查时，已经在此生活了三十余年，"我来的时候二十多岁，现在都快六十了，来的时候我还没结婚，现在孙子都好几岁了"②。尽管她在京村居住的时间较长，但迄今为止，除她的女儿嫁给当地人入了北京籍外，其他的家人仍然都是湖南籍，享受不到各种针对北京户籍的福利和社会保障。

---

① 讲述人：姚德合，87岁，男，京村村民，农民户口，集体农业时代曾长期担任大队会计一职。讲述时间：2014年5月7日，讲述地点：京村姚德合家中。

② 讲述人：王秀女，59岁，女，湖南人，在京村附近及昌平县城"收售破烂儿"为生，20世纪90年代中期来京村，现已居住超过二十年。讲述时间：2014年3月29日，访谈地点：京村大槐树下。

第二节 有土无地的村庄：人地关系的变迁

土地对农民来说弥足珍贵，它不仅意味着家庭生存必需品的主要来源，更是文化和记忆的载体。正如孟德拉斯所说，"对农业劳动者来说，土地这个词同时意味着他耕种的田地，几代人以来养活着他全家的经营作物，以及他所从事的职业。"①"即便是在农业劳动者以理性的和经济的方式对待土地资本的时候，他依然对土地保持着深厚的情感，在内心把土地和他的家庭以及职业视为一体，也就是把土地和他自己视为一体。"② 过去的几十年里，中国农民参与社会的主要方式也是主动或被动地卷入到各种围绕土地而展开的社会运动中。判断失去土地或离开土地对村民来说意味着什么，并不总是一个抽象的问题，也不可简单化约为统计学意义上的数字问题。很多时候，村民判断土地的重要性是基于生活感受和个体身体经验，他们往往不只是精确计算金钱利益得失，而更多的是基于对眼前生活与未来生活状态的预判。能否在失去土地后的可预见的时间内维持生存需要，是其作出判断的重要依据。诚如郝亚明所指出的，"土地是村民建构村落生活的主线，即村民围绕着土地以一种理性的生活策略参与村落生活"③。从村民日常生活感受来分析人地关系问题，正是本书的关切点之一。

在城镇化进程中，介于城市与乡村之间的城郊村的土地制度和人地关系总是最容易发生变化。土地制度和人地关系的变化，又会最大限度地影响村民行动选择与日常生活安排，这既影响到村民个体的生活方式，又影响到村落整体的社会结构。基于此，本部分将着重分析在土地制度和人地关系变化带来的社会生活与社会结构变迁过程中，城郊村不同户籍身份的村民所作出的生计策略选择以及这些选择背后所蕴含的生活意义。

一 土地关系的几次变动

土地是传统中国农民的命根子，土地关系是农民处理一切关系的根

---

① ［法］孟德拉斯：《农民的终结》，李培林译，社会科学文献出版社2010年版，第43页。
② ［法］孟德拉斯：《农民的终结》，李培林译，社会科学文献出版社2010年版，第44页。
③ 郝亚明：《村落生活：理性行动的建构》，《青海民族研究》2005年第4期。

本。土地关系的变迁直接导致村落结构与社会生活的变迁。在土地关系变迁的历史过程中,农民既不是旁观者,也不是被动的接受者,而是积极主动地参与创造这一段历史的主体。正如董国礼所言,"土地产权制度安排,进而所有权制度安排仍是牵动国家与社会关系的一根主线,它规定着国家与社会力量对比的变化"①。数十年来,在大环境的影响下,京村的土地产权制度发生了多次改变,而且每次转变都给村落结构和社会生活带来极大影响。村民在难以抗拒的制度背景下,总是适时地调整生计模式,寻求最为合适和相对最有安全感的生活方式。

从历史阶段来看,1949年以来,中国农村地区土地关系大体上发生了四次变革:第一次是根据1947年《解放区土地法大纲》,将没收的地主土地分发给农民,此时土地归农民个体所有;第二次是根据1953年过渡时期总路线,农业社会主义改造实现了土地集体化,此时土地归集体所有;第三次是20世纪80年代初,京村实行家庭联产承包责任制与统分经营的双层经营体制,包产到户使得土地再一次分发到农民手中,不过,这一次农民并没有获得土地所有权;②第四次土地关系变革实际上与第三次同步进行,不过这次变革是在城镇化进程中缓慢地、渐进式地发生,尽管如此,这次变革却比以前的土地关系调整更为彻底,许多农民变成了居民,他们离开了土地,意味着数百年甚至更长时间段内形成的建立在农耕生产基础上的生计模式被彻底改变,随之改变的还有生活方式、生活观念和社会结构。

(一) 土改与划定成分

纵观几千年来的农民起义或斗争史,农民与土地的关系始终是农村社会问题的关键所在。总体来说,20世纪50年代农业集体化体系建立以前,中国农村的土地一直奉行私有制,也正是在土地私有的情况下,出现了阶段性和周期性土地兼并问题,土地兼并引起土地过度集中,又直接导致许多农民极端贫困。在这种历史循环体系中,实现"耕者有其田"始终是历代历次农民起义的主要口号。

很早就已认识到土地之于农民具有极端重要意义的共产党人,在号召

---

① 董国礼:《中国土地产权制度变迁:1949—1998》,《中国社会科学季刊》2000年秋季号(总第30期),第3—17页。

② 之后,经过几次大规模"占地",重新分配耕地后,为避免"麻烦",京村村委会将土地重新收归集体所有,不再按户分配土地,而实行租种制和集体劳作相结合的模式。

和发动农民运动时,即明确提出"打土豪,分田地"等口号,极大调动了农民参与革命的积极性。正如柯鲁克夫妇所说的那样,"共产党人着手改变中国旧的传统土地关系之日,也就是开始改造整个中国社会之时"①。经过数十年革命及局部地区的乡村建设,中国共产党逐渐摸索出可以在更广泛范围内推行的土改政策。② 从1947年9月开始,中国共产党开始在解放区实行土地制度改革,并出台《中国土地法大纲》,其中第一条即规定:"废除封建性及半封建性剥削的土地制度,实行耕者有其田的土地制度"。随后,全国各地解放区都纷纷进行土地改革。对于土地改革的过程,国内外许多学者从各个角度进行了研究和分析。此阶段土地改革仍是在土地私有前提下进行的全国范围内土地的重新调整与分配。

根据史料记载,昌平县③县城于1948年12月12日全境解放,隶属于县城的京村也随之解放。1948年1月,当时的昌顺联合县开始进行土地改革运动,历时三个多月,到4月8日基本结束。村民原来的"田房兰契"一律当众烧毁,然后由行署颁发土地证。④ 六十多年过去,村里已经很少人能记清当时的具体情景,而村子原始档案,也随着大队部多次搬迁与数次社会运动而丢失殆尽。1950年8月8日,在北京市第二届第三次各界人民代表大会上,时任郊委主任柴泽民作的《北京市人民政府郊区工作委员会关于土地改革、农业生产、生产救灾工作的报告》中提到:

……土地改革开始时,群众较普遍的要求是"先出气,后分地"。的确,恶霸地主不斗倒,土地改革是无法进行的。甚至土地改革已开始后还有个别地主威胁农民说:"你要分我地,我便打死你"。所以凡是有恶霸的村庄,一般都是先反了恶霸然后才分地的。三期土

---

① [加]伊莎白·柯鲁克、[英]大卫·柯鲁克:《十里店:中国一个村庄的群众运动》,安强、高建译,上海人民出版社2007年版,第1页。
② 孙晓忠、高明:《延安乡村建设资料》,上海大学出版社2012年版。
③ 根据县志记载,1948年12月昌平解放以后,县行政机构即进驻昌平县城;1949年4月,原来的昌顺联合县撤销,重设昌平县,隶属于察哈尔省南口专署;1949年8月,属河北省通县专区;1956年1月,昌平县划归北京市,撤县设立昌平区;1960年1月,撤区重新设县,行政机构驻地昌平镇;1999年9月撤县设立昌平区至今。由于昌平区先后隶属于三个省份,其域内土地改革、人民公社化运动等所遵行的有关条例和规定也不尽相同,文中已经注意并尽可能提及这一点。
④ 《昌平县志》编纂委员会编:《昌平县志》,北京出版社2007年版,第18页。

地改革中先后在六十六个村子里一共斗了一百三十名恶霸。其中有四十名大恶霸交法院处理,其他小恶霸在其向群众低头后,即不予追究。在四十名大恶霸中,判处死刑者七名,无期徒刑者一名,有期徒刑者二十六名,尚未处理者六名。这些恶霸真是血债如山。据我们调查,仅仅二十五名恶霸就有人命案一百零八条,强奸妇女五十六人,霸占房屋三十六起。所以农民对他们恨之入骨。在镇压大恶霸以后,当地人民皆大欢喜,他们说:"人民政府可给咱除害了。"小恶霸则感激政府的宽大政策,如辛庄伪乡长李永清、李永成说:"要不是共产党的宽大政策,咱俩早就见阎王了。"一般地主也都不敢明目张胆地轻视农民、抵抗土地改革了,如小红门地主刘正曾讽刺他的雇工说:"你们天天开会,还是给我干活,刘老爷还是吃肉喝酒。"但反恶霸后,他自动向雇工道歉,并且说:"不做好事也要跟他(恶霸)一样。"①

"土改"既是个社会事实,同时又是个社会过程。根据史料记载,"土改"运动从1950年底开始,到1952年底,差不多两年的时间,在全国范围内基本完成。土地改革完成以后,贫农、中农占有的耕地占全部耕地的90%以上,原来的地主和富农占有全部耕地的8%左右。② "土改"时期,昌平县归河北省管辖,隶属于通州地区,其所进行的土地改革依据颁行于1950年11月10日的《城市郊区土地改革条例》进行,该条例第九条规定:

> 城市郊区所有没收和征收得来的农业土地,一律归国家所有,由市人民政府管理,连同国家在郊区所有的其他可分的农业土地,交由乡农民协会按照土地改革法第十一条及十二条规定的原则,统一地、公平合理地分配给无地少地的农民耕种使用。所有没收得来的农具、耕畜、粮食等生产资料,由乡农民协会接收,统一地、公平合理地分配给缺乏这些生产资料的贫苦农民所有,以解决农民生产资金的困

---

① 这是1950年8月8日在北京市第二届第三次各界人民代表大会上,时任郊委主任柴泽民作的《北京市人民政府郊区工作委员会关于土地改革、农业生产、生产救灾工作的报告》。参见北京市档案馆编《国民经济恢复时期的北京》,北京出版社1995年版,第413—414页。

② 国家统计局编:《伟大的十年》,人民出版社1959年版,第29页。

难。所有没收得来的房产，除大建筑及风景区的别墅等不适合于农民居住的房屋应留作公用外，其余均应分配给农民所有，以解决贫苦农民住房缺乏的困难。①

按照这种分配机制，到1950年春，昌平县农村土地改革就已基本完成，"15万贫苦农民分得土地38万多亩。有了自己的耕地，农民们迸发出极大的劳动生产热情"②。从政治过程来看，"土改"是国家政治权力向农村社会生活下渗的过程。"土改作为一个跨地方的事件发生，意味着在许多原本不可比较的事件之间建立可比较的关系，同时，作为一个涉及到每一个村民生活的事件（划成分），它又意味着对村民个人生活的重组和重分"③。

"划定成分"是"土改"的重要内容，同时也是确定"敌对对象"的重要策略。如前所述，京村大多数村民对划定成分的记忆已相当模糊，在他们看来那似乎就是件自然而然的事情。然而对于新生政权来说，这是一项十分重要并将会产生长远影响的政治技术和动员策略。当我问起此事时，村民已经难以回忆起更多细节，"当时就是村干部到我们家，拿出一张表格，让我们填，我家是贫农"，"也没什么，就是村干部给我们读一张表格，让我说，大概也就是几口人啊，多少财产什么的，我们家穷，什么都没有，贫农"。

实际上，有不少村民在回忆不起来时，曾给我"支招儿"："你去找找姚德合，划定成分的时候，他是大队会计，他应该知道这件事，他都87啦，也不知道还记不记得这些陈谷子烂芝麻的事儿。"④ 当找到姚德合老人时，我问他当时的表格现在在何处，他摆摆手：

---

① 刘国光、王明哲主编：《中华人民共和国经济档案资料选编（1949—1952）：农村经济体制卷》，北京教育出版社1999年版，第298页。
② 邢连刚：《昌平第一个农业社——"东光社"》，《昌平文史资料（第4辑）》，中国文史出版社2006年，75—79页。
③ 方慧容：《"无事件境"与生活世界中的"真实"——西村农民土地改革时期社会生活的记忆》，载杨念群主编《空间·记忆·社会转型——"新社会史"研究论文精选集》，上海人民出版社2001年版，第469页。
④ 讲述人：姚德合，男，京村村民，农民户口，1927年生人，先后担任京村大队会计、村委会主任、村支书多年，讲述时间：2014年5月8日，讲述地点：京村（居）委会。

甭费事了，找不到了，早先还在大队部放着，现在大队改成村委会都多少年了，光搬家都好几回了，这些东西谁还能放着啊，找不到了。我就听说一个笑话，说什么呢，说当时村子里划定成分，那时候村干部到老乡家去填表格，老乡大都不认字啊，他们就念，念到"姓名"，老乡一听，说，"俺不姓名，俺姓李"；村干部一听乐了，说不是说你姓名，是问你叫什么，"哦哦，俺叫李二锤"。当念到成分一栏时，村干部说，"成分"，老乡一听愣了，咋还问这个？村干部又问了一遍，"成分"，老乡说，"用筐"。这下村干部愣了，成分你怎么说用筐啊，老乡说，盛粪可不就用筐嘛。你说可乐不可乐……①

尽管"政治挂帅"的年代，某种程度上说，政治气氛比较浓厚，并且某个人会因为政治不正确而遭到各种物质和精神的惩罚，但人们在划分阶级成分时，仍然充分发挥了"能动性"或"策略性"。

我在京村调查时，有村民告诉我，划定成分时，平日里"人缘好"的人，即使家里的地多点，人们也帮其隐瞒了过去，让本应该判为富农的变成中农，而平时人缘不太好的，则没那么走运，甚至还遭到恶意打击。在划定成分过程中，平日关系不错的家庭或邻里间也互相照顾，甚至联合起来"对付"公社派来的"工作组"。② 马德森在研究中也注意到这一点，"例如地主将财产'赠送'给亲友或将财产隐匿起来，以使自己看上去更像穷人；再如，贫农们说，他们有些日子过得稍好一些的邻居实际上比表面上更富有，等等"③。

(二) 从土改到互助组

如前所述，1952 年土改基本完成，不过这种以国家"组织大规模群

---

① 讲述人：张瑞，男，京村村民，居民户口，生于 1980 年，高中学历，京村居民委员会委员，讲述时间：2014 年 5 月 8 日，讲述地点：京村（居）委会。

② 对于这一点，韩丁在《翻身：中国一个村庄的革命纪实》中提供了更多富有戏剧性的事例（参见 [美] 韩丁《翻身：中国一个村庄的革命纪实》，韩倞等译，北京出版社 1980 年版，第 509—518 页）。

③ [美] 理查德·马德森：《共产主义统治下的农村》，载 [美] 麦克法夸尔、费正清编《剑桥中华人民共和国史：中国革命内部的革命（1966—1982 年）》，俞金尧等，中国社会科学出版社 1998 年版，第 641 页。

众斗争直接重新分配原有土地产权"① 的土地分配形式的弊端很快显现出来。经过土地改革获得土地的农民很快发现,虽然拥有了土地,但土地并未能立即变成改善生活的生产资料。原因主要有两个:第一,农户分散经营的生产方式极大限制了农业发展,普遍处于贫困线以下的农民很难凭一己之力购得牲畜和其他农业生产物资。第二,农村传统信贷体系的崩溃也迫使农民不得不采取办法实施"自救"。村里的富裕户和地主被打倒,他们的土地和钱物被分配给无地或少地的农民。村民之间基本实现了土地和钱物的均等化,村民贫富差距几乎被抹平。尽管土地改革过程中,仍有不少富裕户通过各种形式囤积了部分钱物,但在"划定成分"作为重组农村社会关系主要手段的情况下,"露富"的风险很大。原来以富裕户或地主为主要放贷方、以贫雇农为主要借贷方的传统信贷体系就此瓦解。正如习仲勋在一份报告中所说的那样:

> 土地改革解决了农民生产的主要条件,即土地和一部分主要的生产资料,但是并未解决农民所有的生产问题。这里有一个材料,长安县高家湾村调查,全村167户农民,土地改革后,8户雇农还全无牲口;107户贫农只有36户有牲口,还有71户没有牲口,52户中农也有5户缺少牲口。大车、水车都很缺,雇农两样都没有;贫农107户只有两辆大车、三辆水车;中农也是52户才有四辆大车、四辆小车。其他农具,贫农还缺的不少,中农也有缺的,雇农缺的更多。很明白,组织互助来解决生产困难已经成为农民的迫切需要了。②

因此,尽管土地改革后农民获得了土地,但生活并不富裕,在自然灾害比较多的地区,农民甚至变得更加贫困。③ 在这种情况下,部分农民开

---

① 董国礼:《中国土地产权制度的变迁:1949—1998》,《中国社会科学季刊》秋季号(总第30期),2000年。
② 这是习仲勋同志在1952年6月6日所作的报告《关于西北地区农业互助合作运动——一九五二年六月六日在中共中央西北局农业互助合作工作会议上的总结报告》中的一部分,原载于《人民日报》1952年8月17日第2版,转自于"中国共产党新闻网",http://dangshi.people.com.cn/GB/232052/233953/233956/16166016.html。
③ [美]理查德·马德森:《共产主义统治下的农村》,载[美]R.麦克法夸尔、费正清编《剑桥中华人民共和国史:中国革命内部的革命(1966—1982年)》俞金尧等译,中国社会科学出版社1998年版,第644页。

始出现各种换工、搭伙形式的劳动互助。这种以人情关系为基础的农事互助，虽然在一定程度上缓解了分散经营带来的压力，但由于组织软弱涣散，很多社会问题也随之产生。① 为克服这些问题，不少地方农民开始成立具有初步组织形式的互助合作组。

> 那时候，我们普遍没有牲口，地主也被斗倒了，原来还能去地主家租借，现在也没有了，怎么办呢，我们没办法啊，就和着几个不错的，说大家碰钱买个驴什么的，就这么着，就建立了小组，我们那时候叫什么呢，叫"一伙儿"，就是关系不错的，（这些关系都包括哪些呢？）关系包括什么呢？就是原来一起在地主家扛过活，一起受过罪，关系不错的，还有什么呢，就是过去的邻里什么的，还有就是亲戚，对，家族，一家子的，就伙起来了，搭伙干呗。②

1950年11月中共昌平县委通报悼陵监村应士珍互助组和大东流村张风林互助组的经验，推广互助合作运动，按照《昌平县志》记载，是年底，昌平县全县互助组发展到2504个，参加人数为11727人，其中长期互助组36个，短期互助组2468个。③ 实践表明，互助组的确对改善农民生产生活发挥了积极作用。然而，随着实践的深入，这种建立在村民完全自愿基础上的自组织本身难以克服的问题日益暴露出来，比如公共物品供给中的"搭便车"行为、劳动力较少的农户入社难问题，等等。

认识到村民互助合作社的积极意义和存在的问题以后，国家改造并推广了这种合作组织。改造的着力点在于：（1）在村民互助组基础上成立独立核算组织；（2）实行"工分制"管理政策。这样既能保障"多劳动者多得食"，又能减少"搭便车"行为，同时在一定程度上保证了各农户无论劳动力多寡均能入组。为贯彻落实"工分制"，政府领导的村管会专门派人作为互助小组负责人，记录工分并按工分多寡分配劳动任务和分享劳动成果。这项改造措施，扩大了原来主要基于血缘关系或邻里关系的合作小组，为建立更大范围的合作社确立了制度基础。

---

① 邢连刚：《昌平第一个农业社——"东光社"》，《昌平文史资料（第四辑）》，中国文史出版社2006年版。
② 讲述人：姚德合，讲述时间：2014年5月7日，讲述地点：京村姚德合家中。
③ 《昌平县志》编纂委员编：《昌平县志》，北京出版社2007年版，第20页。

尽管如此,当村民互助组被扩大时,新的问题又随之而来,最主要的矛盾在于农业成果实行独立核算,即谁家的地还是归谁家所有,这样再分配任务时就难免会出现冲突。正如马德森所言,扩大互助组规模和功能的每一步变化都牵动着农村传统的生活架构,从而引起紧张和冲突。① 虽然扩大了的互助组存在这些问题,但有两种力量使它继续存在,甚至得以继续扩大。

第一种力量来自农民社会内部,互助组带来农业产出的增多对于尚未解决温饱问题的农民来说,极具诱惑力,正如韩丁所说,"尽管有这么多的意见,但是,大多数人还要求继续搞互助生产。他们羡慕仍然活动着的少数几个组所取得的成果"②。

第二种力量来自党和政府。对于刚刚建立政权的中国共产党来说,农民的互助组至少有两个优势:第一,节约行政成本,村民通过互助组实现了自我组织化,政府通过派驻组长方式即可将村民迅速有效地组织起来,有助于各种政策的实施。1951年中共中央颁布《关于农业互助合作的决议(草案)》,指出"党中央从来认为要克服很多农民在分散经营中所发生的困难,要使广大贫困的农民能够迅速地增加生产而走上丰衣足食的道路,要使国家得到比现在多得多的商品粮食及其他工业原料,同时也就提高农民的购买力,使国家的工业品得到广大的销场,就必须提倡'组织起来',按照自愿和互利的原则,发展农民劳动互助的积极性"③。第二,通过征收部分剩余农产品促进"以农哺工",为迅速建立完整的工业体系提供物质基础。为确保农产品最大限度地转化成社会财富,1953年10月16日,中共中央发出了《关于实行粮食的计划收购与计划供应的决议》,政府开始实行"统购统销"。该制度取消了农村中独立的粮食市场,粮价由国家统一制定,这为通过"剪刀差"实现"以农哺工"提供了制度依据。同时每个地方都分配有交售公粮的指标,逐级摊派,直至最基层的农村。对此,马德森分析道,"在农民们看来,互助组已成为社会控制的工

---

① [美]理查德·马德森:《共产主义统治下的农村》,载[美]R.麦克法夸尔、费正清编:《剑桥中华人民共和国史:中国革命内部的革命(1966—1982年)》,谢亮生、杨品泉、黄沫等译,中国社会科学出版社1998年版,第645页。

② [美]韩丁:《翻身:中国一个村庄的革命纪实》,韩倞等译,北京出版社1980年版,第622页。

③ 刘国光、王明哲:《中华人民共和国经济档案资料选编(1949—1952):农村经济体制卷》,北京教育出版社1999年版,第501页。

具，用以强化贯彻政府以极低价格获取农民辛劳所得粮食的意图"①。

在村民内部的拉力和政府推力的共同作用下，互助组进一步在农村地区推广开来，制度化的生产生活体系最终建立起来。此时，尽管土地仍属私人所有，但其公有性特征愈发显著。事实也正是如此，在中央政府的计划中，土地私有制本身就是过渡阶段，"这种劳动互助是建立在个体经济基础上（农民私有财产的基础上）的集体劳动，其发展前途就是农业集体化或社会主义化"②。

（三）从互助组到人民公社

如前所述，1952年之前，北京郊区相对较小，从农业生产来看，明显呈现出"大城市、小郊区"特点，城乡经济联系比较密切。③ 1952年后，经当时政务院批准，原属河北的昌平等10个县陆续划归北京，使北京郊区从空间上得到极大拓展，而兴起于1952年的北京农业合作化运动，也就包括了昌平县及其所辖区域农村。④

当互助组被普遍接受时，以此为基础的土地集体化随之出现。1953年12月，中共中央颁布《关于发展农业生产合作社的决议》指出，党在农村的根本任务就是促进农民联合起来，逐步实现农业的社会主义改造。从个体性的互助组到集体性的农业生产合作社，从形式上看是自然而然的事情。然而，对农民来说，这意味着农业生产合作社将家户所有的土地重新归并到合作社，土地变成集体所有制。土地性质的变化，一定程度上打击了追求"三十亩地一头牛，老婆孩子热炕头"的传统农民的积极性。尽管如此，合作社的成立将分散的小片土地重新整合起来，切实提高了土地利用效率，一些搞得比较好的合作社，在秋后分配粮食时社员获得了切实的实惠。这些实惠吸引了一些开始不愿入社或有所顾虑的农民。与此同时，政府也运用政策杠杆给予调整，主要表现就是鼓励农民入社，单干户则处于孤立地位。

---

① ［美］R. 麦克法夸尔、费正清编：《剑桥中华人民共和国史：中国革命内部的革命（1966—1982年）》，谢亮生、杨品泉、黄沫等译，中国社会科学出版社1992年版，第661页。

② 中共中央档案馆、中共中央文献研究室编：《中共中央文件选集（第七册）》，人民出版社2013年版，第422页。

③ 邓力群、马洪、武衡主编：《当代中国的北京（上）》，中国社会科学出版社1989年版，第92页。

④ 邓力群、马洪、武衡主编：《当代中国的北京（上）》，中国社会科学出版社1989年版，第94页。

在这种情况下，1954年到1955年北京郊区农村合作社得以进一步扩展。发展到1956年1月，北京郊区农村合作化运动进入新阶段，也即农村生产合作社由低级社过渡到"高级社"阶段。在高级社上面还成立了"联乡社"或"联盟社"。据村民介绍，京村高级社就以村为单位，整个村子为一个高级社，同时还设有3个小社。此时，所有村民几乎被划到各小社中，所有社员除"成分"差别外，基本实现了平等地位。每户都按照劳动量多寡进行农业生产成果分配。过去从互助组到合作社过渡时期，富农用于入股的生产资料，至此已经完全充公。

根据资料记载，1956年3月，昌平区①全域实现高级农业合作化，基本完成农业的社会主义改造，共建高级农业生产合作社122个，入社农户61610户，占总农户的99.7%。② 1958年8月23日，隶属于昌平区的沙河、平西府、回龙观、北七家、松兰堡、百善6个高级农业合作社合并，在七里渠村成立"红旗人民公社"，这成为京郊地区第一个人民公社，当时全社有77个村、14784户、60517人、229347亩耕地。9月6日，相继成立卫星（后改为十三陵，而京村属于该公社）、先锋、东风、前进等人民公社，全区实现人民公社化。③

1961年制定的《农村人民公社工作条例（草案）》和该年6月的修正草案，开始调整公社、生产大队和生产队三者之间的关系。1962年通过的《农村人民公社工作条例修正草案》正式确立了"三级所有，队为基础"的原则，并规定："生产队是人民公社的基本核算单位。他实行独立核算，自负盈亏，直接组织生产，组织收益的分配，这种制度定下来后，至少三十年不变。"④ 为将该政策贯彻落实到每个村庄，从1962年起，北京市委党校先后举办三期培训班，邀请各村庄主要大队干部以听课方式学习"中共中央关于改变农村人民公社基本核算单位问题的指示"，每班学习时间为一个月。以生产队为核算单位一定程度上克服了原来大队核算的一些弊端。有村民告诉我，当时村里大队核算就是搞平均风，"生

---

① 1956年昌平县划归为北京市以后，撤县设区，1960年重新恢复县制，1999年再次撤销昌平县复设昌平区至今。
② 《昌平县志》编纂委员会编：《昌平县志》，北京出版社2007年版，第24页。
③ 《昌平县志》编纂委员会编：《昌平县志》，北京出版社2007年版，第28页。
④ 中共中央文献研究室编：《建国以来重要文献选编（第十五册）》，中央文献出版社1992年版，第625页。

产队条件好的队给条件不好的队背啦,所以,那时候就有人说,干不干,三顿饭;分不分,三百斤。谁还有心思干活?"① 核算单位划归为小队后,农民积极性得到激发。

同时期,国家还要求城里干部下到农村去帮助指导农业生产,这与不断升温的"多快好省地建设社会主义"的口号同时进行,其实践方式就是在农闲时节,组织数以千计的农民修建堤坝、开挖河道等水利工程。这样,季节性农事活动被打乱,过去在春冬两闲时能休养生息,或搞些娱乐活动,或搞些副业的时间因此丧失。代之而起的是,村民要将大量的闲暇时间用于公共事业,这也是造成不少集体性传统文化活动或仪式活动消失的重要原因。到耕种时节,城里派下来的干部,会深入各生产小队去指导工作。这些干部有些受过教育,但大多数并没有农事经验也未接触过农业科学教育。而且他们到农村后,并不接受农民建议,而是根据自己的喜好或书本知识,直接要求村民按照他们所设想的方式进行耕种,因此产生了许多"外行指导内行"的瞎指挥问题。

从20世纪50年代末期到70年代末,近二十年时间里,在严格的计划经济体制引导下,京村围绕土地制度又进行了多次小规模调整。不过,这些调整并不能从根本上改变"吃大锅饭"带来的"搭便车"行为。由于得到集体农业经济的"庇护",村里的闲散人未得到实质惩罚,从整体上助长了村民的消极怠工情绪。村民张某告诉我,当时许多生产队员不断地想各种办法偷懒,尤其在20世纪70年代后期,长期处于低生活水平的村民,已经开始动摇集体农业能带来美好生活的幻想。另外,盛行的"工分"制度,基本都是按日工计算,即根据出工天数,而不是出工数量,结果越来越多的村民开始"磨洋工"。

> 那时候,队长敲钟,我们就去地头上等着,去得早了呢,就在地头上歇会儿,去得晚了,(人们)已经开工了,就少歇会儿。干两个小时,就歇会儿,唱唱歌什么的,完后,接着干。那阵儿,人们都学聪明了,地又不是一个人的事儿,能磨洋工就磨洋工,什么叫磨洋工

---

① 讲述人:姚宏志,男,京村居民户,20世纪80年代实现了户口转换,60岁左右,退休公交车司机,家里有三层楼,共23间房屋可用于出租,收入较多,讲述时间:2014年5月2日,讲述地点:京村大槐树下。

呢？不好好干，看着挺卖力地在那干活儿，实际上不出活儿，你要问他吧，他说他是在"精益求精"，队长也没办法……①

如前所述，中华人民共和国成立以后，国家完成了农村的社会主义改造。这次改造分两步进行：首先，通过土地改革实现土地重新分配，确保"耕者有其田"，获得农民对新生政权的信任和支持；其次，通过改造个体性的农民互助小组为集体性的农业生产合作社，完成农业社会主义改造，并在此基础上建立人民公社制度，从政治上和组织上适应改造后的农业生产。改造后的农村，无论是社会结构还是社会秩序都发生了极大改变，但这一阶段国家的总体目标是巩固新生政权，建立完整的工业体系，并重新在世界体系内获得话语权，以改造为基本特征的乡村建设仍然从属于其他领域的发展，而不具备真正的主体性。受其影响，直到20世纪70年代末，中国不少农村仍处于低水平发展状态，农业生产和农民生活水平不高，农村社会状况尚未实现完全改善。

(三) *短暂的承包到户*

北京郊区农村的改革从试点开始。1978年4月，昌平全县有489个生产队试行"包工到组，四定一奖"生产责任制，收到良好的预期效果后，于5月在全县农村普遍推行，京村也在此列。这种实质的物质鼓励一定程度上调动了村民的积极性，后来北京其他郊县区也逐渐推行这种能激发农民劳动积极性的土地经营方式。②

1981年春天，昌平全县农村推行"专业承包，联产到劳，联系纯收入计酬"的农业生产责任制。1981年秋后，京村也进行土地经营方式改革，按照农民户籍人数，将全村所有土地进行重新分配。

从气候上看，华北地区属于大陆性较强的温带季风气候，春季降水较少，加上经常遭遇蒙古西伯利亚冷高压带来的大风天气，土壤水分蒸发加剧，土地极易变得干燥。因此，对华北地区土地种植来说，灌溉始终是最重要的农事活动。为此，生产队干部将村里的土地按照距离水井或河流远近等灌溉的便利程度分为三等，距离水井或河流近，灌溉便利的为一等

---

① 讲述人：张某，京村村民，60岁左右，讲述时间：2014年5月6日，讲述地点：京村大槐树下。

② 邓力群、马洪、武衡主编：《当代中国的北京（上）》，中国社会科学出版社1989年版，第207页。

地，其次为二、三等地。所有等级的土地都按照村民人数平均分配。这样集体农业时期建立起来的整块土地都被分割成条状散块。为便于开展村集体活动，当时村里还预留了部分土地，名义是用于补贴村干部或其他基础设施建设支出，以及村里添丁进口再次进行土地分配等。村干部介绍，当时村里也和个体农户签订了土地承包合同。不过，由于土地所有权性质仍为集体所有，尽管京村土地包产到户，农民得到的却仅仅是土地使用权和收益权。在这种情况下，地方政府及村级大队（后来演变为村委会）仍然可以干预农户的农业种植结构和生产结构，以及土地数量的重新分配等。

实施"大包干"式的家庭联产承包责任制没多久，一些问题就浮出水面。首先是土地分散经营难以提高生产效率，虽然包产到户在一定程度上调动了农民的生产积极性，但是毕竟土地产出能力有限，尤其在20世纪80年代中期后，农民的个体能动性所带来的额外效益已发挥殆尽，此时土地农业产出进入瓶颈期，在大规模改变经营方式之前，再提高农业单产量已很难实现。其次是作为城郊村，很多村民种植结构发生极大变化，村民开始选择种植果木、大棚蔬菜等经济效益较好的农产品，以满足昌平县城镇乃至北京市城区的日常需求。而分散经营的劣势再次显现，由于经济作物尤其是大棚蔬菜、果木种植等需要大面积土地经营，过度分散的土地难以实现规模经营，从而限制了村民通过经济作物实现财富积累的现实路径。

另外，京村还存在着"征地"问题。20世纪80年代后，某房地产公司"征用"京村耕地609亩用于房地产开发，而规划范围并不完全在村集体预留地内，这就产生了村民让渡所承包土地使用权的问题。综合考虑后，当时的村级大队部决定将土地重新收回。尽管村民和村级大队部签订了土地承包合同，但合同书并未交给村民，因此，村集体宣布收回土地，只是走过场。土地再次集中后，以村集体的整块土地种植大棚蔬菜等经济作物，为村集体带来了可观收入。随后，越来越多的村民开始到城镇或北京城区的公司上班、进城务工或做小买卖，村里逐渐出现农业从业劳动力短缺的问题。在这种情况下，村里土地在1989年又重新承包到户。不过，很快又有几次较大规模的"征地"，为便于管理，1996年前后村里的土地再次集中到村集体。直到我去调研时，京村全部耕地仍然归村集体统一管理、经营，其收益以年终分红的形式分给拥有本村农业户口的村民。

（四）没人种的土地

从村南边的公交车站往村里走，经过几排平房后，就能看到大片被水泥柱围起来的耕地。村支书告诉我，现在京村可用耕地有500余亩。据我观察，正值华北其他农村地区灌溉种植时期的4、5月，京村的耕地仍然毫无动静。直到5月末才种上玉米，到6月时，玉米苗长出来了，很是稀疏，葱绿色的玉米苗甚至未能把地皮覆盖住。当我就此事问村民时，村民用一种有点复杂的眼神打量着我说，"你难道不知道？现在这个村子，稍微有点出息的都去外面挣钱了，没有外出的也靠房租收入，谁还种地啊？"村支书也表达类似的观点，他告诉我，现在村里的地基本上都是老人凭兴趣种一点。而按村里的规定，只有本村农民可以耕种土地，而且不需要支付任何费用，"不但如此，种地还给补贴呢，现在是一亩地100多块呢，就这样，还是没人种"①。可是，按照《土地管理条例》规定，耕地抛荒不能超过两年。于是村干部只好动员村民去种地，结果出现随意撒种的现象。外来流动人口也可以耕种村里土地，不过需要支付较高的租金，"你就高价租呗，一亩地一万块，前两年还好点，能在耕地上搞点别的经营，比如盖个简易饭店什么的，现在耕地不能挪作他用，谁还傻到租地种啊，别说给一万的租金了，你连地皮上的土都卖了，能卖一万块吗，一年？"②

二 "占地"与"租地"

在集体农业时代，同其他农村一样，被严格限制了流动的京村村民除种地收入外，很少有其他收入来源。在这种情况下，土地的意义就显得格外重要。不过，由于京村位于昌平县城边缘，土地被以各种名义占取的机会明显多于其他相对远离城镇的村子。根据村委会提供的一份表格显示，从20世纪50年代中期到2007年，先后被征用、占用或租用的土地将近1300亩。村干部介绍，现在村里的公共经济积累及收入主要是依靠土地资源，基本以过去"卖地"获得补偿款为主，以现有土地出租获得的地

---

① 讲述人：姚立昌，京村村民委员会支部书记，兼村委会主任，生于1964年，家中有二层楼房共计十多间房屋用于出租，讲述时间：2014年4月12日，讲述地点：京村村委会。

② 讲述人：姚立昌，讲述时间：2014年4月12日，讲述地点：京村村委会。

租收入作为补充。村里每逢节日发放给拥有农民户口村民的各种补助都从该资金抽调。

通过表1不难看出,从"征地"补贴形式来看,整个过程大体可分为三类:第一类,可称为"政治光荣"补贴,主要是20世纪50年代"征地"用以修建十三陵水库,除"政治光荣"的荣誉外,几乎没给村子任何经济补贴;第二类,可称为"身份转变"补贴,从1978年到2001年之间的"征地"中有数次是给予京村以"农转非"名额作为征地补贴①;第三类是现在比较流行以"土地出让金"和"租金形式"给京村村民经济赔偿,其中政府"租地"并以租金形式每年给予村集体的资金补贴,成为京村现在集体收入的重要组成部分。② 通过过去几十年里京村土地补偿形式类型的变化,大体上可以看出以土地为载体的国家和农民之间关系的微妙变化。

表1　　京村1978—2007年前征占和租赁集体土地基本情况　　单位:亩、元

征占时间	亩数	征地单位	补偿总额	每亩价格	农转居人数	备注说明
1978—1979	109	北京某石化集团	33153.46	304		建疗养院
1984	609	北京昌平某公司	2240000	3678		建现在的山庄
1989	32.2	昌平区某部门	0	0	78	建排洪沟,78个在校生转非
1985	7.4	某建材集团总公司	7500	1013		
1989	9.25	某建材集团总公司	54000	5838		
1991	9.6	某建材集团总公司	48000	5000		建研修中心
1991.10	6	某建材集团总公司	76800	8000		
1996	4.53	某建材集团总公司	286000	63135		

---

① 当然,政府或其他征地部门,在给予"农转非"名额补贴的同时,也少量给予了经济补贴,比如1999年征地将近25亩,给予京村73个"农转非"的名额,经济补贴仅8.6万元。

② 按照2012年村委会制作的一份"京村介绍"的说法,2006年该村集体租赁收入为60余万元,而2011年集体租赁收入达到了260余万元,其中很大部分收入来自2007年北京市委联合昌平区为租赁该村100亩地作为456路公交车停车场的租金(每年60万元,从2015年起租金已经涨至每年150万元)和2010年前后征用该村土地150余亩用于绿化工程的100多万元租金收入。

续表

征占时间	亩数	征地单位	补偿总额	每亩价格	农转居人数	备注说明
1992.8	39.2	北京市某管理局	117.78	30000		占地补偿中包括桃树、柿子树补偿金，现为培训中心
1994.2	6.29	北京市某管理局	503000	79968		
1992.12	38.5	昌平某策划公司	963000	25012		建设公交培训中心
1994.7	6	地下铁道总公司	480000	80000		
1993.7	0.3	北京市某集团	9000	3000		
1993.12	3.17	北京市某局	135000	42587		
1994.6	11.1	昌平某局	555000	50000		
1995	108	昌平城区某单位	0	0		此项目为公益事业，2008年已用租赁方式解决补偿款问题
1995	76.3	北京市某单位			173	
1999.11	24.9	北京市某公交公司			73	
2001	36.6	北京市某公交公司			111	
2007	100	北京市某公交公司				租金每年60万元，2015年后涨至每年150万元

注：该表根据京村村（居）委会提供的材料制成。

（一）"征地"与政治光荣

1949年，经过数十年的革命，跟共产党走向新中国的老百姓，开始了新生活。中华人民共和国成立后，面对物质的极度匮乏，政府决定提高底层老百姓的政治地位，并赋予政治地位以各种社会资源。在随后的二三十年里，中国大多数农村村民都是在追求"政治地位"的热情中，小心翼翼地营造着形式上属于集体的生计模式。

某种意义上说，通过革命建立的社会主义新中国，为普通村民构建了一种社会场景。在这个场景中，老百姓所面对的是"在权力和渗透性上远胜于中国的漫长的历史上的任何政府的当代国家"①。通过各项社会或政治运动，国家权力迅速渗透到老百姓日常生活中，村民的生活被有效地组织起来。过去的村落社会，被政治划定出边界，边界内的一切构成了村民的生活世界。无论从地域空间还是从社会心理上，村民都被牢牢地锁在了归属于村集体的土地上。在这个生活世界里，国家制定出一个高于生计的道德标准，即"政治光荣"。

在集体农业时代，除地主、富农外，其他任何村民都有权利追求"政治光荣"。在普遍贫穷的时代，"政治光荣"曾给予无数村民精神上的满足。当然政治光荣到一定境界确实能得到一些物质的回馈。就像路遥小说《平凡的世界》里热衷于村落集体事务和"国家大事"的孙玉亭和贺凤英夫妇，他们将生计选择全部建立在"政治先进"和"政治光荣"上。在生活中，他们可以借助政治上的身份（一个是贫管会主任，一个是妇女主任）而不参加集体劳作，同时还能享受到工分及其他形式的补贴。"政治光荣"对村民的吸引，除可见的物质待遇外，更多的是对社会声望、社会地位的改观。在京村调查时，有村民告诉我，当时要是在村里属于"政治先进"个体，就有可能去当兵，还有可能被推荐读大学，而当兵和读大学是当时为数不多的能离开农村走向外面世界的方式。

"政治挂帅、精神激励"在很长时间里，都是一种极为有效的动员方式。正如珀金斯等所分析的那样，20 世纪五六十年代，"在农村地区，政治态度在分配工分时，往往与所付出的劳动具有同样重要的影响"②。而从田野资料来看，这种判断很大程度上是正确的，只是在具体实践中，情况稍微复杂一点：更多时候，政治态度良好是合格公民的标志，除非有重大立功表现，否则村民不会得到额外鼓励；但若有村民被认定为政治态度不好或恶劣，主要村干部就有权剥夺其"工分"，让其一定时间的劳动化为乌有。显而易见，在京村"政治态度"往往是精神鼓励与物质惩罚的双重判定依据，而物质惩罚更为常见。

（二）"卖地"与土地补偿金

无论征占土地还是售让土地，都是村民被迫离开土地的实践方式。只

---

① ［美］杨美惠：《礼物、关系学与国家：中国人际关系与主体性建构》，赵旭东、孙珉合译，江苏人民出版社 2009 年版，第 291 页。

② ［美］R. 麦克法夸尔、费正清编：《剑桥中华人民共和国史：中国革命内部的革命（1966—1982 年）》，谢亮生、杨品泉、黄沫等译，中国社会科学出版社 1992 年版，第 564 页。

不过，征占土地与售让土地稍有不同：征占土地的主体是各级政府和通过政府或以政府名义获得土地使用权的企事业单位；而售让土地所针对的主要是以房地产开发为主的商业或企业部门。村民常说的"卖地"，实际上指的就是售让土地给房地产开发商或其他营利性企业的行为。

从表1可以看出，从1978年到2001年间，京村共计19次征占土地，征占京村耕地（包括部分林地）合计1137.34亩，获得补偿金724.21万元。这些土地补偿款大都是象征性的。根据资料显示，建排水沟和城市绿化带共征地140.28亩，征地单位是昌平某政府部门，其中1989年建排水沟给予的补偿是78个农转非名额，而1995年用于建设绿化带的土地却没有给予任何补偿。尽管其他征地部门也象征性地给了部分征地补偿款，部分商业企业和培训中心还曾口头许诺厂房建好后优先考虑雇佣京村村民等，但这些补偿要么远低于土地的市场价格，要么口头承诺未能予以兑现。

（三）租地与地租

随着土地市场的变化，2001年以后，村委会决定不再出让集体土地的所有权。所有征地部门可以租用的形式使用土地，每年按照合同向京村村委会缴纳租金，但无论如何也不能买断土地所有权。这样，无形中为村集体增加了持续性地租收入。如前所述，近十几年来，京村村集体的主要收入来源都是依靠出租土地，其中修建公交车站租地面积最大，按当时合同约定每年租金60万元。不过，随着土地价格的提升，村委会决定提高租金。[①] 一位村干部对提高租金并不乐观，在他看来，作为基层管理部门的村委会并没有太大的资本与政府谈条件。一方面，村民认为这些钱都被村干部"贪污"，所以并不热心此事，村干部得不到村民支持；另一方面，村干部的工资收入很大部分由基层政府发放，这使得村干部在谈判时处于被动地位。[②]

虽然在过去几十年里，征占或租赁土地所带来的补偿并不是特别多，但仍构成村集体最主要的收入来源。近十几年来，租赁土地带来比较稳定的地租收入，村集体在不动用以前积累资金的情况下，大体能保持收支平

---

① 姚金伟告诉我，经过艰难的谈判，该地段租金已经从2015年1月1日起上涨至每年150万元。

② 讲述人：姚金伟，讲述时间：2014年4月17日，讲述地点：京村村（居）委会。

衡。村里主要开支包括村干部年终补贴、各种村务支出以及村民补贴等。由于主要收入来源是集体土地的地租，因此逢年过节村委会都会给予本村农民各种实物或金钱补贴，比如端午节会补贴食用油、粽子，中秋节发放月饼，春节会发放米、油、面等，"六一"儿童节农民家中的小孩可得到一份儿童节"大礼包"（主要有彩笔、铅笔盒或小书包等）。另外，村里还给60岁以上的本村农业户口老人发放"老人钱"。按照岁数计算，1岁10块钱，60岁的人每月600元，年纪越大发放的补贴越多。不过，这些补贴并不发放给拥有居民户口的村民。在村委会看来，居民有社会保障，而且村集体主要收入依靠租赁土地或卖地，而按照规定，只有农民才有资格享有土地经营权和收益权。对于这一点，我调查时，经常听到居民抱怨，他们认为当年通过找关系、"走后门"办理的"农转非"，现在"亏大发了"。

不过，尽管村民已经不再从事土地经营，但绝不意味着他们已经放弃了土地权益。恰恰相反，随着城镇化进程的加快，城郊村将面临"拆迁"与土地征占，而这无疑会带来高昂的补偿款。尽管村民能拿到手的补偿款远不如土地的市场价格，但对大多数村民来说，数百万资金已足够吸引他们。因此，村民对"拆迁"充满了热情和期待。

当然，所谓"上有政策，下有对策"，村民为在未来拆迁中获得更多补偿款，他们在能够博弈的范围内使尽了"招数"。从京村实践来看，村民的博弈主要体现为在原有房屋基础上扩建或翻建，以增加房屋面积从而获得更多拆迁补偿。不过，从京村要被拆迁到我前往田野调查的近二十年时间里，"拆迁"始终只停留在口号阶段，并未真正实施。最初，为收回房屋成本，村民开始将翻建的房屋出租，收取租金。随着外来流动人口越来越多，对房屋租赁的需求越来越大，许多已收回成本的村民再次扩建了楼房，增加了出租房屋数量。此时，出租房屋已成为部分村民的主要收入来源。村民将盖楼出租称为"旱涝保收"，这大概就是村民基于长期生活实践作出的策略性生计选择。

如果说京村即将成为"失地"者，那么流动人口就属于"离地"者。这些流动人员大多数在家乡仍拥有土地。对于许多人来说，他们离开家乡到城市打工仅仅是一种谋生方式，尽管他们也向往城市生活，但大多数最终还是要回到家乡。在这种情况下，家乡的土地就成为"退可守"的基本保障。对流动人口来说，虽然在外打工，但家乡土地始终是难以割舍的重要资源。尽管他们会将土地转包给其他农民，但很少有人愿意放弃土地承包权。在他们看来，土地仍然是最重要的社会资源。

三 拆迁与补偿

在传统农业社会，土地对农民来说，意味着一切。他们在土地上耕耘，然后收获，以此获得个人和家庭的生活必需品。对于农民来说，在没有其他可替代性的收入来源时，或者没有其他可以获得收入的机会时，失去土地是非常可怕并危及家庭生存的严重问题。改革开放以来，经过几十年的发展，农民有了更多外出"打工"的机会，收入来源的扩展，使他们对土地的依赖程度有所降低，耕种已不再是生存资源的唯一来源。

现在，即使最边远的农村地区，也有许多农民走出村庄，到更大的城市寻找务工机会。虽然在城市中，他们还面临着种种问题，但相对于生存来说，这些外出机会已经从根本上改变了他们对待土地的态度。在距离城区较近的城郊村，农民的生存生活需要甚至已经完全脱离土地，即使有些依靠种植蔬菜或其他经济作物获得收入的农民，也将耕种作为"甘于冒险"的、以获得利润为目的的市场经济行为。可以说，土地早已不再是城郊村村民的"命根子"，仅仅是可用于投资的资本而已。因此，土地的原始意义，已变得不再重要，无论用于种植，还是用于商业建筑，村民所看重的是金钱性产出。这在城郊村表现得尤为明显。对村民来说，如果拆迁占地，将耕地变为商业或建筑用地能带来更多收入的话，那么他们会选择出让土地使用权（所有权归村集体所有），以换取补偿收入。

当外出打工收入逐渐成为稳定且安全的生活来源时，土地之于远郊村农民的价值也会进一步减小。在社会精英的浪漫主义想象中，好像农民就是为土地而生，农民离了土地，是件不能容忍的事情。事实是，京村旁边一些已经拆迁的村子，要么位于城市周边，距离城市很近，村民谋生方式多样，要么自身拥有丰富的文化资源或自然资源，旅游开发程度较高。这些村子的共同点是在拆迁前，土地经营收入已不再是大部分村民的唯一收入来源，而现在京村就是这个状况。在这种情况下，有没有土地经营权利，对村民来说已不是至关重要甚至威胁到生存安全的问题。"安全第一"原则告诉他们，这些损失相对短时间内获得高额土地补偿来说，完全可以容忍，甚至有所期待。

有人认为农民失去土地换来的补偿款总会花完，到时农民生存就没有了保障。按纯粹经济理性来看，这并非没有道理。严格来说，为换取高额补偿款而售让土地是一种透支行为。然而，大多数农民在获得高额补偿款后，并非立即将之挥霍一空。相反，他们大多数都会依据传统理财观念，通过"算计"，将这些财产进行分类，以确保生存安全和生活无虞。与纯粹投资行为不同，农民对这些财产的处理，并不总遵循利润最大化原则，而是趋于保守地将之用于能给生存和生活带来安全感的地方，比如拿出部分钱来为子女寻求更好的出路。事实是，当农民身份终止于他们时，土地的经营权之于其后辈来说，并没有多少实质意义。从村民的生活实践来看，那些认为农民由于短视而被政府和开发商欺骗的人，实际上是基于两个错误的观念：一是认为农民应该世世代代为农民，二是认为农民行为既无理性又无远见。

问题在于，在现行法律体系下，土地所有权归村集体所有，村民拥有的只是经营权。因此，即使土地在变更为建筑用地过程中能够产生巨大的利润空间，村民从中得到的分红也极其有限。正如吴毅所指出的，"农民是弱势，这种弱势不仅表现在自身的经济境遇以及由现行城乡二元结构所带给他们的不公正地位，而且还在更为根本的意义上表现为他们在实质上没有办法支配和拥有那本是作为他们赖以养家糊口根基的土地"①。所以，对于面临"征地"或"拆迁"的城郊村村民来说，他们可以据之获得额外收益的部分，仅限于包括住房在内的宅基地和失去土地经营权的补偿。相对于流向市场的地皮价格来说，这些收益并不特别高。

不过，大多数京村村民仍盼望着拆迁。漫长的传统农耕劳作积累的生活智慧和默会知识，告诉村民在做选择时，主要考虑的是最大限度地规避风险，而不是一味地追求利润最大化，"行为者有自己的持久的道义经济，用以继续解释自己的境遇"②。我在河北其他农村调查时，问及村民为何不争取更多利益时，村民告诉我，他们担心所要赔偿过多，会"吓跑"开发商，"到时候，人家不开发咱这里了，不就一点收入也没有了嘛"③。对许多村民来说，拆迁获得"高额"补偿款很可能是其依靠种植

---

① 吴毅：《记述村庄的政治》，湖北人民出版社2007年版，第114页。
② [美]詹姆斯·C.斯科特：《弱者的武器》，郑广怀、张敏、何江穗译，译林出版社2011年版，第40页。
③ 讲述人：王长存，冀东南高村村民，讲述时间：2013年2月11日，讲述地点：冀东南高村（我的家乡）。

积累数十年甚至数代人都难以达到的。既有研究表明，现阶段城镇化中的拆迁、征地补偿实际上是新一轮的"造富"运动①，许多贫困农民藉此获得相对其他农民来说的巨额财富。因此，对于失去土地，村民表现的并不如学者想象的那样痛心疾首，恰恰相反，他们所痛心疾首的往往是，拆迁为什么不早点来。

当然，尽管村民所能用来获得收益的土地有限，但其绝不是在最大限度争取利益的问题上毫无作为。事实是，村民会将手中的土地资源发挥到极致，甚至出现过度"剥削土地"的情况。比如，很多地方土地征用赔偿条例规定，耕地上的地标附着物（主要包括庄稼和果树等）都是能得到赔偿的，而村民经过计算，粮食作物补偿款额远低于果树。于是，很多地方在听到拆迁消息的第一时间，就会不惜各种代价，花很多时间在耕地上栽种密密麻麻的果树。我在河北调查时，曾听说有个将要拆迁的村子，村民连夜种了上万棵果木，按照当时补偿标准，每株已经开始结果实的果木，赔偿600元，上万棵果木赔偿额度高达六七百万元。后来经过协商，虽然农民作出了让步，但对每个家庭来说，还是获得了相当可观的补偿额。

这种情况在京村表现得并不明显。因为该村耕地现在并未按份承包给村民，耕地的一切收益都归集体所有，集体再按各种方法将获益进行二次分配。不过，尽管没有出现在耕地上大规模种植果木的行为，但同其他城郊村一样，村民在宅基地上下足了工夫。根据北京市拆迁占地补偿规定，补偿额度是按照地表附着的建筑面积和家庭人口数目进行核算。于是，村民开始翻建自家庭院，将原来的平房翻建成楼房，将原来的院子也盖上了房屋。村民有自己的"小算盘"，短时间能实现拆迁，可以获得大量收益，即使不能马上拆迁，也可将房屋出租以获取租金。实际上，村民翻建房屋费用极高，凭借出租，短时间内很难收回成本。对此，下文还会专门讨论。

有关苦难的体验和记忆，使得村民对于种地充满了畏惧。他们自认为是"受苦人"②，也绝不希望子孙继续当农民，他们会寻找一切能摆脱土

---

① 杨华：《农村征地拆迁中的利益博弈：空间、主体与策略——基于荆门市城郊农村的调查》，《西南大学学报》（社会科学版）2014年第5期。

② 郭于华：《作为历史见证的"受苦人"的讲述》，《社会学研究》2008年第1期。

地作为生存唯一来源的机会，积极抓住任何在他们看来是机会的事情，比如供子女读书，通过读书改变"当农民"的命运，或者参军，又或其他活动。退一步讲，他们宁可鼓励子女进城务工，也不愿意让他们被捆绑在土地上。事实证明，以上的途径，对大多数村民来说，并不经济，甚至代价还相当高，比如子女读书需要高昂的教育经费，子女外出打工会带来家庭撕裂的风险等。对许多村民来说，拆迁、占地所带来的高额补偿款，可能是其几十年甚至几代人努力都难以集聚起的巨额财富，财富所带来的安全感，远远超过失去土地所带来的生存威胁。更重要的，通过拆迁补偿，村民实现了身份转变，他们终于摆脱"受苦人"角色，至少其子女或许会改变这种角色。显而易见的是，那些急需用钱办事的村民，对拆迁补偿的渴望就更为强烈。

第二章

"失地"与"弃地":村落生计方式的变迁

现代化与城市化犹如一个幽灵,游荡在城郊村上空,生活在这里的人们时常感到压抑,却很难找寻到这种压抑的根源。正如赖特·米尔斯所说的那样,"又如果,最终,他们不知道什么是其珍视的价值,但却仍明显地觉察到威胁,那就是一种不安、焦虑的体验,如其具有相当的总体性,则会导致完全难以言明的心神不安"[①]。失去土地的集体最终走向解散。村落公共生活失去存在的土壤,以村落社区为单位的日常交往被撕裂开来:一部分退缩到家庭内部,与私人生活领域混融;一部分扩展到远离村落的城市社会。

传统村落的生活共同体属性正在不断式微,村落社会正在变成一具具空壳。传统村落最初解体是从人地关系的改变开始的。城市化、现代化渗入农村地区,深刻地改变了村落社会的原有生计方式。在传统生计方式中,对大多数农民来说,土地收入是根本甚至唯一的经济来源。当土地不再是唯一重要的收入来源时,人地关系就发生了根本改变。人地关系的根本改变又在很大程度上重塑了村落的劳作模式。当村落劳作模式成为集体记忆时,它本身就变成了村民构建认同、制作历史的文化资源。如前所述,当前居住于京村各种不同身份的村民生计方式多样,从人地关系上来看,尽管都脱离了土地,但从主体选择来看,流动人口与本村村民呈现出明显的差异:本村村民的耕地被征占或被租赁,他们已经失去了耕地,属于失地者的范畴;而流动人口大都来自边远或远离城市的乡村,耕地还在

---

① [美] C.赖特·米尔斯:《社会学的想象力》,陈强、王永强译,生活·读书·新知三联书店 2005 年版,第 10 页。

那里，只不过他们的生计方式与劳作模式发生了变化，他们属于离地者。

第一节 为苦难背书：传统生计的个体记忆

作为一种生命体验，苦难经常深藏在亲历者内心深处的记忆中，他们也许会讲述，也许不会，他们还可能选择遗忘。这其中既有个体记忆，又有集体记忆。在面对苦难记忆时，许多苦难经历者选择了沉默，他们不愿为苦难背书，不愿为苦难作证，而这些苦难原本不应该被忘记，"他们"或"我们"应该为其背书。对很多人来说，经历苦难都是生命中最难忘怀的体验。有的苦难是集体的，比如20世纪五六十年代的饥荒，而有的苦难是个体的，比如个人经历的任何意外事故。有的苦难是自然造成的，比如唐山大地震；有的苦难是人为的，如二战时期疯狂屠杀犹太人。这些苦难都不应该被遗忘，然而苦难的亲历者和见证人，往往选择沉默。

一 苦难叙事：关于饥荒的故事

当我在京村穿梭时，甚至没人注意到我的存在。一些上了年岁的老人坐在老旧的房前，晒着太阳，聊着天，不时地大笑几声。我走上前问好，他们立即止住谈话，将眼光投向我。从那敏锐的眼神中，我知道他们并没有到老迈昏庸的地步。我问他们关于苦难的记忆，关于三年困难时期的事情。他们并无敌意，摆摆手说，"那阵儿，太苦啦，别提了"。

在这之前，我在档案馆里查资料，了解到在那场灾难中，京村曾经饿死一个人，数十人得了"2号"病[①]。尽管没有被邀请，我还是在老人们旁边找了个空地坐下来。他们打量我一下，继续先前的话题。差不多过了一刻钟，我终于忍不住又问："当时人们吃什么啊？"有位老人有点气愤地说，"能吃什么啊，什么都吃！粮食吃完了，就吃树皮，树皮吃完了，就没吃的了，就饿着！"我知道他的愤愤不平并不是针对我的。他在说这些的时候，似乎是在搜寻一段已经快要被遗忘的记忆。我问："当时为什么挨饿？"这时，他们仿佛已经找到沉睡的记忆点。

---

① 实际上，在医学史上，2号病一般用以指称霍乱，但在20世纪60年代初，国家为了稳定社会情绪，将因饥饿造成肢体肿胀甚至死亡的症状，称之为2号病。

赫鲁晓夫要中国人还债，他难为中国人。他要猪尾巴，每条猪尾巴都要一般长，他还要苹果，每个苹果一般大，太大了不要，太小了也不要。当时运送这些物资的车或者船到了黑龙江，赫鲁晓夫就派人在那里验货，送去的东西大都不合格，运送物资的人请示周总理。为了显示中国人的气节，周总理下令将这些"不合格"的苹果悉数倒入了黑龙江。据说，一时间苹果和猪尾巴填满了黑龙江江面。赫鲁晓夫赶紧派人下河打捞这些苹果。①

这显然是个经不起推敲的故事。当时老百姓却相信，并且笃信这场苦难是赫鲁晓夫带来的。老人七嘴八舌地讲完这个故事后，甚至有点意犹未尽，还补充了赫鲁晓夫下令去河里捞苹果的窘样，仿佛那场苦难根本就不是落在中国老百姓头上，而是落在了赫鲁晓夫及其背后的苏联头上。等他们的讲述热情消退后，我说，"听说那几年村子里还饿死了人"。老人纷纷摇头，"当时就是饿，得了2号病，没听说过饿死人。哦，对了，张三是饿死的，也不能算是饿死吧，他原先就有病的"。苦难亲历者真的不愿意为苦难作证。在他们内心深处，也许并没有将其看作一场全民的苦难，而只是个人的暂时不幸罢了。这种不幸，又随着日益变好的生活，变得无足轻重。那场灾难本身却被精心制成公众记忆传承下来，就像故事所说的那样。

根据现有书面资料和口述资料，当时许多农村地区，尤其是西南地区、中原地区和华北地区，许多农民每天都挣扎在生死线上，生存受到严重威胁。按斯科特的观点，此时，农民应该在"生存伦理"指导下，自发组织起来，以抵御粮食危机带来的生存压力，越南农民的确因此发生了大大小小的很多次起义，甚至推翻当时的政权。然而，中国农民并没有发生大规模抵抗，而且已经集体化了的农民，也没有在大集体外，自行组织小集体。在老人的口述中，我所能了解的是，当时人们饿着肚子仍在讲政治、讲国家大义，他们根本就不会主动去怀疑政策的合理性。

另外，由于数量上的短缺，生存资料成为重要的社会资源。对这些稀有社会资源的分配权力，直接导致更加严密的科层制治理体系，从中央一

---

① 这个故事系根据老人们的讲述整理而成。

直深入到村里的小生产队。我的房东老太太刘国芳告诉我：

> 那时候人们谁想反抗毛主席啊，那还了得？还有什么呢，就是说，当时也饿啊，哪有力气反抗，是吧？再有一个，就是反抗的后果很严重，小队长都有权力不发给你粮食，不发给你粮食就意味着你得饿死，不止你一个饿死，有可能是全家都饿死。虽然我们这儿没饿死人，很多人，就说老人和小孩吧，得了浮肿，当时说什么呢，叫2号病。①

生活经验让我们相信，许多个体记忆遵循了这样的逻辑：当曾经苦难的经历和见证，变成今日的辉煌时，人们愿意眉飞色舞地将不堪回首的岁月或经历，制作成愉快的叙事。在他们口中，那些苦难简直是带着甜蜜的忧伤，只不过当时只品尝到忧伤而已。这样的苦难，他们愿意讲述，但不愿意作证。更多的是，过去苦难并没有变成今日辉煌，这些苦难便被当成下架的商品，随便置放或故意抛弃在记忆的某个角落里。对大多数人来说，最好这些永远都不要出来扰乱现在的生活，遗忘苦难是千百年来形成的生活智慧。

对于苦难的记忆，村民所不愿意做的仅仅是不想说吗？事实并非如此，在村民那里苦难本身被个体化了，他们所能讲述的都是自己的故事，或是业已形成公众记忆的集体叙事。记忆，是对过去的肯定。无论过去是苦难还是幸福，村民所肯定的都是作为事实的过去的存在。村民讲述关于集体苦难的记忆，可能是出于良知或正义，但更多应是无意识的表述，他们或许并不知道或者根本也不想知道这样的讲述的意义。正如村里的老人，他们讲述三年灾难，仿佛和他们之前的话题没有什么区别，都是打发时间而已。作为苦难见证人，好像苦难根本就不用作证。外界认为它是存在的，或者是不存在的，对于见证人来说，都不重要。

苦难见证承载的是被苦难和死亡所扭曲的人性。如果说在灾难发生时，个体害怕的是肉体的痛苦和被消灭，那么灾难后，集体应该担忧的则

---

① 讲述人：刘国芳，生于1941年，京村村民，我大学同学阿玉的妻子姚戈的奶奶，现居住在其儿媳妇翻建的二层楼里，除却她所居住的两间房外，其他约21间均用于出租，我在田野调查期间，就住在与她对门的房间里；讲述时间：2014年5月6日，讲述地点：京村刘国芳家中。

是人性和人存在价值的持续消亡。当那些历史和苦难的见证人不愿意为苦难作证时，作为旁观者的知识分子，也许能做的而且需要做的大概只能是唤醒他们的意识。让他们讲述，让他们参与历史制作。历史是个体记忆的真实存在。历史又是集体记忆的虚构叙事。但如果这种虚构叙事能够指向真实和正义，那么集体记忆的存在便有价值。

虽然苦难的见证者不愿意为苦难作证，但作为旁观者，我们也许可以做些什么，正如徐贲所说的，"是见证"的是那些因为曾在灾难现场，亲身经历灾难而见识过或了解灾难的人们。[①] "作见证"的则是用文字或行动来讲述灾难，并把灾难保存在公共记忆中的人们。很多时候，集体的苦难都以民众个体记忆的形式存在，我们所尝试的不过是唤醒这些人的个体记忆，并把它们变成文字讲述出来，为曾经的"苦难"背书。

二 集体的困境：政治觉悟与举债度日

集体农业时期，为迅速恢复国民经济，建立完善的工业体系，国家通过种种措施和政策，将农民土地所得取走，实行"以农哺工"。这使得农民大多数时候的劳动成果仅限于解决生存问题，甚至经常处于温饱线以下。在这种情况下，农村传统的借贷机制往往发挥了最大限度的功能。农民在遇到吃饭问题之外的事件时，比如生老病死、婚丧嫁娶等，不得不去暂时没有遇到这些问题的农户那里借钱，或者去村里的大队部借款。这种借款往往是无息的，也没有明确的还款期限。维持村民之间信用的并不是简单草就的借条，更多是依赖长期以来村里形成的制约机制。这些机制大都建立在共同认可的道德观念基础之上。违背这个道德体系，在比较封闭村落生活的个体及其家庭，将会在未来面临更大的生活风险，正如村民经常说的，"唾沫星子淹死人"。这种失德行为，不仅是颜面尽失，更重要的是嵌入颜面的社会资源也会随之消失，而后者往往是年景不定、生存没有稳定保障的村民所最看重也是最为担忧的事情。

京村村民告诉我，尽管城郊村村民可以利用就近之便，到城市里出售一点农产品，获得一些资金补助，但在整个集体农业时代，"背债"成为大多数村民的生活常态。"背债"过日子的时代终结于20世纪80年代初，农村实行家庭联产承包责任制，同时在粮食价格方面引入市场机制，此

---

① 徐贲：《人以什么理由来记忆》，吉林出版集团有限责任公司2008年版。

外，允许农民外出打工，或在原来的村办企业基础上发展乡镇企业或个体户，农民的收入来源不断扩大。有了积蓄的农民，开始着手还债。十几年后，村户再有年轻人与老人分家，分担债务的情况已经明显减少。二十多年后，村户分家时，已很少有分得债务的情况。现在年轻人分家已能从老人那里获得部分资金。根据我在京村调查的情况来看，虽然村民早已不再种地，但因为有其他收入来源，因生存或生活而"举债"的情况已经基本消失了。

如前所述，集体农业时代，村民主动或被动出让土地，获得"政治光荣"。政治光荣在普遍生存条件低下的年代，成为精神寄托，同时也会带来维持生存的额外的社会资源。集体农业时代结束后，市场化逐步渗透到国民经济的每个细胞，村民发现过去习以为常的自给自足的生活状态已成为历史，现在的生活中到处充斥着金钱的影子。在这种情况下，村民不得不将生活重心从粮食等产品获得转向金钱性收入，土地变成可以用来获利的商品。村民对土地增值保值的认识达到了前所未有的程度，每个通过多元收入来源维持生计，而不仅仅因种地遭致失败的农民，都意识到了这一点。因此，即使在较为难挨的年份，他们也会想方设法保住土地，进而土地的分散经营呈现出某种稳定状态。虽然产出并未明显增多，但随着城市版图扩大带来的建筑用地紧张，城郊村土地无疑变得越来越值钱。

当然，城郊村土地增值部分，很大程度上并没有被村民获得，除在土地用途改变带来溢价的初次分配时，开发商已拿走大部分所得之外，村民还要承担越来越高的生活消费，这种相对低收入高消费的生活状态，迫使城郊村民去寻找更多更广泛的收入途径，其中就有通过抗争获得较高额度的征地拆迁补偿，通过"违建"获得租房收入，或其他被斯科特称为"弱者的武器"的行为。

第二节 瓦片经济和黑出租

受地缘因素的影响，从 20 世纪 70 年代末 80 年代初开始的多次大规模征占土地行为[①]，使京村村民失去大量土地。这深刻地影响了村民的劳

---

① 实际上，如表 1 所示，京村土地第一次被征占是在 20 世纪 50 年代修建水库。

作模式和生计方式。有学者认为,在城市化过程中,失地农民原有的支撑着"农民工"劳动力再生产的农业家庭和乡土社区已经为城市所消化,失地农民群体经历着农业社会下的基本生存资源(土地)和基础结构(村庄)的双重损失,因此,农民失去土地后能否真正实现非农转化并融入城市生活的问题变得至关重要。① 这一点,在京村表现得并不明显,相反,对很多京村村民来说,不用再从事农业劳作,反倒是一种"解放"。

之所以学界会作出失去土地的村民将无所适从的判断,或许在很大程度上是由于不少研究者立场是"审视"农村,但他们忽视了村民能动性问题。实际上,如果真正站在村民立场上看待这个问题,不难发现,村民对土地的感情和依赖远高于我们的估计。

如前所述,20世纪80年代以来,土地被征占的前几年,当时的大队部(后改为村委会)利用土地补偿金,曾经开办了不少工厂,极大地解决了失去耕地带来的剩余劳动力问题,同时,也有些征占土地的企事业单位给予了本村村民一定数量的就业指标。还有些村民,趁着这一时期兴起的"下海潮"做起小生意,或随着"打工潮"到北京城区务工。到了20世纪90年代末期,本村开办的小工厂相继倒闭,加上相对更为边远地区的农民纷纷进城务工,相对低廉的劳动价格和年龄优势,将早期进城的城郊村村民"赶"回原籍。这样,村里出现了为数不少的"无业农民",一些社会问题也随之出现。进入21世纪后,随着北京城区版图的扩张和昌平地域经济的发展,像京村这样的城郊村集聚了越来越多的外来务工人员。大量务工者的涌入,催生出许多新的生计方式,在京村"种房"和开黑出租"趴活儿"表现得尤为突出。

一 从种地到"种房"

"种房"是京村村民戏谑的说法,他们在自家宅基地翻建房屋或修建楼房用于出租,并认为这和种地一样,也是一种劳作,都是从土地那里获得收入。

事实是,京村的劳作模式早就发生了改变。早在20世纪80年代,村里就不断有村民外出打工,或在征地补偿中被"安排了工作",还有些村

---

① 折晓叶、艾云:《城乡关系演变的制度逻辑和实践过程》,中国社会科学出版社2014年版,第182—183页。

民利用十三陵水库和九龙游乐园等旅游景点之便,做些零买零卖的小买卖或给游客照相,等等。可以说,京村村民在20世纪八九十年代收入来源就已经呈现出明显的多样性特征。虽然很多时候,许多村民仍依靠种植业获取最安全可靠和最有保障的收入,但越来越多的其他收入让村民摆脱了将土地作为唯一收入来源的境地。这为村民最大限度地容忍"征地""占地"等造成的失地提供了最基础的生存保障。

如前所述,从20世纪80年代以来的很长一段时间里,来村里寄居的外来务工人员只是寥寥几户,他们大多数拾荒或收售"破烂儿"。据村民介绍,大概从20世纪90年代开始,不断有更多外来人口进入该村从事经营性活动,他们主要在村里商业街上租赁门面,开设小餐馆、小旅馆,或其他提供有偿服务的店铺等,其消费人群主要是来十三陵水库和九龙游乐园的游客。

2001年北京获得第29届奥运会的主办权,北京市政府及相关机构确定了比赛场地,其中"铁人三项"设在十三陵水库。在官方宣传中,奥运场地的确定能为十三陵水库及其周边村落带来许多利益,尽管当时村民并不知道这些利益将会以什么方式到来。2007年前后,在比赛设置及道路建设接近尾声之际,为便于十三陵水库比赛场地与北京市内的奥运村沟通,北京市政府和交通部门,专门开通一趟公交车,起点是京村,终点是北京德胜门。

公交路线的开通,对京村来说,第一件事就是作为终点站,需要建设公交车停车场。经多方面协商,北京市交通局、昌平区政府与京村村委会最终达成协议,在村东边划出一块100亩的耕地,作为停车场场地建设用地。作为回报,政府部门每年需向京村提交一笔租赁费用。同时,还要给本村农民提供一些工作岗位,主要包括公交车司机、售票员以及公交车场管理员等。本村居民户[①]并不能享受这一优惠。

正当之前在土地征用过程中实现了"农转居"的村民愤愤不平时,新的收入来源已经走在路上了。前面已经说过,456路公交车连接了北京市区和京村,加上原有的数条沟通昌平城区与该村的公交线路,出行变得十分便利,这吸引了越来越多的外来务工人员向该村集聚。瞅准机会的村民开始了大规模的"种房"进程。正如折晓叶所说的,"事实上,在本土

---

① 关于户籍与身份问题,下文将会详细分析。

非农化压力、城市化暴力和工业私有化境况下，农民已经无法从土地的原始形态上讨生活，如果不能将失去的土地转换为其他形式的保障，哪怕是维持日常开支的保障，他们就会产生极不公正的感受"①。村民早期"种房"行为主要表现在将原来的平房翻建，建设成能用于出租的单间，另在院落中增建房屋，尽可能扩大住房面积和可用于租赁的房间数量。这种新型的生计方式使得许多村民尝到了"甜头"，于是他们继续在宅基地上翻建房屋。由于开始仅仅是翻建房屋，且基本没有小高楼，因此"种房"行为最初比较隐秘，同时大多数村干部也参与到这种"种房"行为中来，所以他们不会到基层政府那里汇报情况。等基层政府发现问题时，全村已有过半村民实施"种房"行为。当"种房"行为呈现出"燎原之势"时，尽管基层政府制定了一些制裁性或惩罚性措施，但对从中获利颇丰的村民而言，显然已难以顾及这些政策指令。

随后，越来越多的外来流动人口来到该村，原来用于出租的平房难以满足租赁市场的需要。大概在2010年，村里开始出现二层楼，同第一波"翻建风"一样，很快就有许多小有积蓄或能够想办法筹措到资金的村民盖起了二层楼。基层政府不得不再次重申"违建"的不合理性，并且加大制裁力度和惩罚力度。由于这是整个村落的集体行为，影响村民出租房屋获利的种种制裁性措施，很快就在村民声讨和抗争中自动终止了。京村村民凭借"种房"获得了极大的收益，生活水平有极大提高，眼看遏制无望的村委会和基层管理部门开始将之视为新型收入方式加以宣传，他们将之称为"瓦片经济"。

不可否认的是大量未经合理规划设计的密集小高楼，存在着许多安全隐患。基层管理部门对此不能坐视不管，但作为既得利益的村民，又不可能放弃利益配合基层政府工作。于是，基层政府在半妥协中，默许了二层小高楼的存在，并规定不能再接或盖更高层楼房。这种限定二层的小高楼维持了二三年后，在利益的驱使下，村民再次"不约而同"接高了一层，成为三层小高楼。基层管理部门再次作出让步，"默许"了三层高楼的存在，并告诫村委会，绝对不允许出现四层，否则将会采取严厉措施。到2013年，村里出现许多三层小高楼。我在田野调查时，发现仅2014年上半年，就新建了大约五个三层小高楼。

---

① 折晓叶：《合作与非对抗性抵制——弱者的"韧武器"》，《社会学研究》2008年第3期。

实际上，相对当地收入水平和生活水平来说，村民翻建小高楼成本并不低，同时也充满了各种不可预知的市场风险。我在京村所租住的是个二层楼，外面镶嵌着白色瓷砖，房子看起来整齐干净。房东是位70多岁的老太太，她告诉我，这栋房子翻盖于2010年。在这之前是个带有小院的平房。翻建的二层楼完全覆盖了以前的平房和院落，平面建筑面积大概有330平方米。由于带有半地下室，因此应该算是二层半或三层。当初翻建楼房花费70余万元，资金均由她儿子垫付。关于翻建这栋楼房，老太太多次提及：

> 前年的时候（2010年），邻居家的房子都翻建了，暂时没处去的邻居就要暂住到我们家，我就去和儿媳妇商量，儿媳妇打算让他们住进来。我说，要不我们也翻建，他们就不会住进来了。儿媳妇就呛白我，你就是看人家翻建楼房，你眼红，上哪弄这么多钱去？不过，到后来还是翻建了，都是儿子儿媳妇出的钱。①

由于翻建的初衷就是为了出租，所以楼房房间都按出租屋的形式隔开，每个房间大概有二十平方米，基本都是套间形制，即每个出租屋包含一个大约四平方米的厨房和一个约五平方米的卫生间（兼浴室，太阳能供暖）和一个十几平方米的小卧室。卧室里有一张床，外加一个床垫，还有一台电视，一张书桌，并且安装有WiFi。这栋楼房上下两层半，约有三十个类似的房间。房东告诉我，这样一个房间每月租金是500—600元，其他人家有条件好点的，出租价位会高一些，大概600—800元。房客除租金外，还要自行负担水电网费用，房东收取水费每月50元，电费根据电表流量计算，网络费用也是每月50元。冬天有专门锅炉供暖，房客需要每月另交取暖费200元。房东告诉我，她儿媳专门雇请了锅炉师傅，每年最冷的12、1、2三个月负责烧锅炉供暖，她们不给该锅炉师傅支付工资，而是免费供其居住在距锅炉房比较近的房间。不过，房东自认为有点吃亏，她认为锅炉师傅总共负责烧三个月的锅炉却要白住一年。尽管如此，由于楼房原本是她儿子儿媳出钱翻建，锅炉师傅是儿媳找来的，

---

① 讲述人：刘国芳，房东老太太；讲述时间：2014年3月7日，讲述地点：京村刘国芳家中。

她的不满也只是在嘴上说说。

在我调查期间，房东家楼房里共住着约 20 户租房客，他们大都是来北京打工的外地人，多是拖家带口，不过也有几个房间租给了刚毕业的大学生。为便于管理，房东在二楼楼梯口附近的墙上写着"严禁使用电炉子：凡在房间做饭的或用热水器，或其他用电的住户，请不要乱拉电线，有热水器的，洗澡时请先拔掉插头再洗，冬天用电褥子，请先检查是否漏电，不用时，请随时拔掉电源，如不遵守，出现事故责任自负。"除此之外，还贴着其他几张"告示"。房东说，"这些纸条，就是法，谁出了事谁负责。"

后来在与其他村民交谈中得知，村里用以出租的楼房大体都是这种情况。一份村委会提供的资料显示，现在村里自有房屋的住户有 297 户，已经翻盖或加层的大概有 260 户，这是个庞大的违建群，也是村里最重要的公众议题。想要改变或实施任何限制性政策，恐怕难度都非常大。

"违建"是个很复杂又暧昧的说法。所谓违建，就是违法建筑的简称，是未经政府管理部门批准，没有合法手续以及合理规划的建筑物，包括加盖的楼房或搭建的棚屋等。村干部告诉我，昌平区的违建在北京各个区县中位居第一。在京村，"违建"主要是村民未经地方管理部门批准私自翻盖楼房或在自有楼房上加层。对村民来说，"违建"并不是太坏的事情，尽管他们也认为这种行为不好。在他们看来，土地被占用，传统生计模式发生改变，人们只好寻求其他生计方式以确保生活无虞。对一些四五十岁乃至年龄更大点的村民来说，外出打工极不现实，依托地缘优势进行"种房"，倒是个很不错的主意。前面说过，"种房"需要很大成本，许多村民翻盖自家庭院变成出租屋所需的资金，很大部分来自借债或其他融资方法。一般情况下，通过房租收入，一栋楼大概需要四年到五年收回成本。村民"种房"后，家庭经济状况能维持，同时作为房东，也算是一份职业。这种简易出租房，由于省去很多其他成本（比如物业费等），所以租金相对城区来说，便宜很多，对租客来说，也是比较实惠的事情。租客中一部分是来自京村周边大学刚毕业或未毕业的大学生，还有一部分进城务工农民，或其他从事"低端行业"的务工人员。这些人收入相对较低，难以支付城区较高的公寓房租，而京村给他们提供的相对廉价的出租房，对于缓解其经济压力有很大帮助。

"种房"虽然能为村民带来不菲的收入，也能为外来流动人口提供较为便利和便宜的居所，但对于村（居）委会和基层管理部门来说，大规模"种房"本身是严重违法行为。基层管理人员和村干部不止一次告诉我"违建"的危害，诸如火灾、倒塌之类，但从村民提供的信息来看，他们还有深层考虑，那便是拆迁时的赔偿问题。作为城郊村，京村迟早要被纳入城市版图，这其中就涉及村民房屋的拆迁补偿问题。事实是，村民正意识到这一点才开始大规模翻建房屋。对于基层管理部门和土地开发商来说，一旦涉及拆迁，现在村落建筑势必会增加开发难度，无论按照什么补偿标准，村里陡然出现这么多住房面积无疑增加了潜在成本。当然，拆除"违建"，又涉及驱散租房人员时遇到的阻力问题。驱散租房人员所遭遇的阻力来自房东和房客两个群体：对房东来说，赶走租客相当于断他们的生计，他们一定不会答应；对房客来说，这是要剥夺其栖身之所，他们也难以接受。在这种情况下，房东和房客会结成暂时的利益共同体，以共同应对来自基层管理部门和土地开发商的压力。

为避免或趁早预防这类事情发生，基层管理部门和村委会通过各种措施，对"违建"户进行限制甚至惩罚。比如，对违建户，不允许其拆分户口。以我所租住的房屋来说，房东家"违建"已经很多年，而原来的房屋本是房东年轻时和其丈夫修建好给其儿子娶媳妇用的婚房。房东的几个女儿早已出嫁多年，按道理应将户口迁至婆家才对。结果，由于其"违建"，村委会不允许其早已出嫁的三个女儿将户口迁出京村。这样，房东的儿子儿媳想在村里其他地方谋求宅基地，也因为没有独立立户而难以实现。另外，作为基层管理部门的城北街道办事处各单位还会密切配合，比如村里某违建户电表不够用，需要扩容，街道办供电所就要求该住户提供无违建证明，而这份证明需要村（居）委会签证盖章，再由街道办盖章，这对村民来说基本不可能实现。因此，很多村民只好继续用电容较小的电表，而这又进一步埋下了安全隐患，事实是，我在田野调查期间，就发生过因电容较小电线老化而引起的火灾，所幸发现及时无人员伤亡，损失也不是很大。

虽然如此，村民还是顶着各种压力继续接高现有楼房。当我提起，以后拆迁补偿时，如果政府管理人员认为"违建"不在补偿范围之内，而不进行补偿怎么办时，许多村民都告诉我，那我们就去"闹事"。在他们看来，所谓"法不责众"，政府总不能与整个村子作对。如果将"种房"行为看作博弈场，那么村民、村干部与基层管理人员，就成为博弈场中的对决双方。① 他们各自有其"王牌",也各自有其弱点。正是这种势均力敌维系着村落的稳定,当然这也是村子几十年来拆迁只能停留在"口号"阶段的重要原因。

在当前整个社会语境中,村民往往被视为"弱势群体",而作为政府权力机构,基层管理部门天然被视为"强势"一方。然而,我在田野调查中,发现很多时候,村民的行为表现得往往更强势,甚至"逼迫"基层政府步步退让,这其中到底蕴含着什么样的逻辑?显然简单地给村民贴上"弱者"的标签或给政府部门贴上"强权"的标签并不能解释这个问题。对于这个问题,下文将会专门分析村民如何在日常生活中与国家进行博弈和互动,而国家又是如何通过日常生活实现对乡村社会的治理与规训。

二 "趴黑活儿"与开出租

天气好的时候,村里大槐树底下经常停靠着十几辆轿车。这些轿车价格大都在十几万二十多万元之间,经常有三五人在树下打牌,他们是"趴活儿"的。在京村,"趴活儿"这个说法似乎并没什么不妥,因为在村里无论是其他村民还是黑出租司机本人,都对这个说法不排斥。从"趴活儿的"的司机语气来看,似乎还有些自豪的成分。

村里没有了土地,村民生计方式发生变化。近些年来,京村几乎家家有出租房。不少村民用"种房"带来的收入,购置了汽车,而这些人中许多是过去的农民户,他们并没有其他职业,或从事的职业并不理想。因此,失去土地后,他们有一部分就选择用自家汽车进行"趴活儿"。村里现在有十个固定"趴活儿"司机,平时都集中在大槐树下等客人。他们车上都有个特殊标志,能让乘客一眼就看出这是"趴活儿"的车辆,比如他们会在后视镜外壳上贴着"出租"字样的纸片,或在其他显眼的地方写着同样内容的字。

姚春志是这十个中的"元老级"司机。本书中许多关于本村或其他地方"趴活儿"的情况,都是他告诉我的。他于2002年从原来单位辞职回到家中。当时村里土地已经被征占不少,而村里还没有出现大规模的

---

① 杨华:《农村征地拆迁中的利益博弈:空间、主体与策略——基于荆门市城郊农村的调查》,《西南大学学报》(社会科学版) 2014年第5期。

"种房"行为。他的下岗造成家庭经济来源出现严重问题。他和妻子曾合计承包村中土地搞蔬菜种植,但多年未从事农耕的他,在计划之初就打了退堂鼓。在家赋闲一个冬天之后,2003年2月,姚春志发现昌平城区有不少"黑车",在与司机闲聊中得知,私家车"趴活儿"也比较能挣钱,而他在原单位本职工作就是司机,"所以说,就像忽然找到北了的感觉"。在与妻子商量过后,他拿出家中积蓄并借了外债,购买了一辆"夏利"。他告诉我,在那时,司机用来"趴活儿"的汽车基本是"大发""松花江"等面包车,"夏利"算是比较高档的汽车。购买汽车后,姚春志开始在县城"趴活儿",成为职业"黑车"司机。后来,村里开始大规模房屋出租,许多村民开始进行房屋翻建,他也抓住时机,在2009年翻建了家中平房,盖起了二层楼,用于出租。收入有保障后,他也就不再去县城"趴活儿","在县城趴活儿,多危险啊,随时有城管什么的,不让拉(活)"。回到村里后,他开始在大槐树下"趴活儿"。2011年前后,原来的夏利出了严重问题,换了一辆新车,仍在大槐树下"趴活儿"。

> 怎么说呢?最开始吧,说趴活儿是为了玩儿,那纯属扯淡,当时是真没有收入,一天到晚累个臭死。还得东防西防的。这几年有了房租收入了,手头上也宽裕点了,换了个车,还在"趴活儿",我小五十了,是吧,还能干什么啊,就当养车了呗。你一年什么都不干,这车不也还得保养嘛,对不对。(趴活儿)挣钱不多,但也基本上能挣出车耗来,这不就行了嘛,是吧?①

前几年有几个村民看到姚春志"趴活儿"挣了不少钱,也纷纷效仿他。有的从原单位辞职,有的将承包的土地退回村委会,开始了这个活计。实际上,以他人作为决定自己生计方式是否改变的标准,不特是中国农民的传统惯习和独有观念,正如法国社会学家孟德拉斯发现的那样,在法国农村,"有影响的人走在一般人的前面,这是一个地方所具有的活力的象征和原动力,在落后的地区,大家都在或几乎都在一个水平线上,个人相互联系的机制促成了现状,由于进步而显得独特的人不能成为向导。

---

① 讲述人:姚春志,生于1964年,京村村民,农民户口,家中盖有三层楼房,可用于出租22间;讲述时间:2014年4月20日,讲述地点:京村大槐树下。

在进步的地区,一部分人的领先和另一部分人模仿他们的努力确保了活力的存在,这两部分人之间的距离越大,变化的节奏就越快"①。

目前村里大槐树下一共有十个"趴活儿"的村民。他们的"活儿"根据路程远近分为"小活儿"和"大活儿"。其中"小活儿"一般是将住在该村的流动务工人员或本村村民送到距离最近的地铁站口,往来大概有6公里路程,收费30元。姚春志告诉我,"活儿"多的话,一天大概能运送五六人,这样毛收入是150—180元。不过大多时候,仅仅是三四个人或更少。由于客户少,而在这里等着"趴活儿"的车辆多,他们之间也形成了竞争,而有竞争就经常有冲突。

> 就是这拉活儿的,也有一两个牛逼哄哄的,没人搭理他们,你像我们这几个都说的来的,我们平时关系就不错,哪个月也得聚聚,哪天也得(一起)呆会儿。今儿我,明儿他的。出去拉活儿的,跟谁都牛逼哄哄的,谁不知道谁什么样啊,对吧。(有些人)觉着他们跟这儿人多不是,牛逼哄哄。(也真有这样的人?)哎呦喂,牛逼大了,我刚开始拉活儿那会儿,那真欺负你,不知道你有没注意,就一个红色的车,那两口子,就过来过去的,骂骂咧咧。本村人都欺负,这一伙儿拉活儿的人里头,一个是红色的车,一个就是那个新换一"大众",跟那面包车相似的那个,还有一个970那个,这仨关系不远。开大众的那个跟那个开"赛拉图"的是叔叔和侄子的关系,那个就是外甥的关系,都是家族的人,这仨就挺牛逼的。要是你真牛逼啊,这年头,不能跟本村人使。②

当然,正如姚春志所讲述的那样,他们中有几个相互关系不错,"没活儿"时,就在大槐树下支起简易纸箱,打牌消遣。一般是三四人玩牌,赢钱的晚上请客,"说是打牌,实际上就是玩儿,谁赢了就请了客了,一般也剩不了多少"③。在多年相处中,几个人建立了比较稳定的朋友关系,彼此间谁家有点事,大家也都积极参与,提供力所能及的帮助。这些互帮

---

① [法]孟德拉斯:《农民的终结》,李培林译,社会科学文献出版社2010年版,第116页。
② 讲述人:姚春志,讲述时间:2014年4月20日,讲述地点:京村大槐树下。
③ 讲述人:姚春志,讲述时间:2014年4月20日,讲述地点:京村大槐树下。

互助，有两类值得注意：一是有谁在"拉活儿"的时候，车子坏在路上了，"一个电话，准有人来救你"；二是遇到与外村人因"抢活儿"而发生摩擦时，几个人也会毫不犹豫开车前往事发地点助阵。可以说，大多数情况下，这些"趴活儿"的村民，颇讲"江湖道义"。

> （我们）没去别的地方的，尤其是南邵（地铁站口）那儿，没去的，就是那不成文的规定，那是人家的地盘，他们那的人在那里趴活儿，就跟他的似的，人家拉了活儿来，也不可能上你这里待着，一个道理。你到这里卸完人你就走人，你要说，除非你刚停，就有人截你，这个就甭说了，你不能在这里停留，等活儿，那不行。反正都是干这活儿的，都懂这个，完了你说上人家盘子里夹菜吃去，嘛啊，不是纯粹找别扭吗，这不合适。有时道上截着我，我都不拉，那回上西集大槐树那个口儿，两人截我。截我，我就停边上去，一看呢，后边人家车上写着呢，"出租"，我就说，那什么，那边不是有车吗？我把你们拉走了，那不合适，我就走了，最后也没拉他们。我干嘛啊，是吧，弄不好还得冲突，说抢活儿了什么的，没必要。①

实际上，"趴活儿"并不是京村或这个区域所特有的行为，毋宁说这在北京城郊村是个普遍行为。对于乘客或政府管理部门来说，他们属于"黑车"，没有出租车牌照，也不接受出租车公司管理。从社会秩序和社会治安角度来看，这些车辆存在着潜在危险。尽管近些年总有新闻报道，部分黑车司机对乘客实施不法行为，但是作为"职业"，"趴活儿"并没有消失，反而随着北京市出租车起步价的升高而越来越多。

在我田野调查时，北京四五环外，距离城市中心较远的地方，每个地铁口前都会聚集着"趴活儿"的人。这些人有的是电动三轮摩托，有的是家用汽车，还有的是人力三轮车，等着从地铁里走出来的乘客。他们有很多从外地来京谋生，操着各种口音，不断询问着走出地铁口的乘客。我曾坐过几次"黑车"。一般外来人都是使用摩托车或三轮车，对他们而言，这是一种谋生手段。他们不少是边远农村的农民，耕地数量较少，种植业带来的收入远不能满足生活需要。对于身强力壮的年轻人来说，他们

---

① 讲述人：姚春志，讲述时间：2014年4月20日，讲述地点：京村大槐树下。

虽然没有太多技术，但可以凭借力气在建筑工地谋得挣钱的活计，而进城务工的女人或中老年男人，受身体状况限制，他们在城市谋生的机会相对稀少。在这种情况下，不少人开始干起"趴活儿"的营生。虽然同属于"趴活儿"，但外来人员与本地人有根本区别。在本地人的评价中，外来人员是更为落后的象征，而且也是秩序的潜在破坏者。在姚春志看来，这些人不但不应该得到同情，反而应该被取缔：

> 这些人，骑着三轮摩托，好家伙，在路上穿过来穿过去，还倍儿快，你开着车一个不注意，就得出事儿。所以，我说，他们应该被取缔，你政府干嘛去了，不规范规范他们。①

正如斯科特所说的那样，在传统农村社会，对于农民来说，追求利润最大化，远不如追求生存上的安全感更为重要。② 换言之，对传统农民来说，他们宁愿在温饱线上挣扎，也不愿轻易冒险去改变生活方式。不过，在城镇化和市场化直接将农民最为稀缺却最为重要的土地资源拿走时，没有土地资源的农民，所面临的是生存的难以为继，于是他们被迫放弃原有劳作模式。米格代尔认为迫使农民放弃原有生产生活方式的主要原因是来自传统的力量和外部的制度性压力。③ 当村民因改变劳作模式而带来经济上的富裕和生活水平的提高时，产生示范效应，便会引发周边村村民效仿，这样，本来是被迫离开土地的情形，随即变成主动抛弃土地行为。

第三节 进城务工：外来人的生计选择

> 我是一朵流浪的云
> 漂泊在异乡的天空
> 两手空空
> 握不住拂过的每一丝风

---

① 讲述人：姚春志，讲述时间：2014 年 4 月 20 日，讲述地点：京村大槐树下。
② [美] 詹姆斯·C.斯科特：《农民的道义经济学：东南亚的反叛与生存》，程立显、刘建等译，译林出版社 2001 年版。
③ [美] 米格代尔：《农民、政治与革命：第三世界政治与社会变革的压力》，李玉琪、袁宁译，中央编译出版社 1996 年版，第 3 页。

> 我是一朵流浪的云
> 漂泊在异乡的天空
> 风干了我的眼泪
> 却干不了
> 我湿漉漉的心①

这是名叫周启早的"打工诗人"所写的诗,他是深圳富士康流水线上的一名普通员工,他用诗歌表达着对其所生存社会的感受。他是百千万进城务工人员中的一员。幸运的是,他找到这样一种表达方式,让更多人看到他们辛勤汗水背后的生活感受。某种意义上说,他替无数"农民工"表达了心迹,他们就是这样一群"漂泊"的人。无论基于心理感受,还是基于外部环境和政策压力,他们都不属于打工城市。城市于他们而言,不过是落脚地。现在进城务工农民的生活之所以仍处于漂泊状态,很大程度上是受到了政策的限制和城市居民的排斥。

过去几十年里,随着改革开放的深入,中国社会结构发生了急剧的变化,农村社会结构和社会生活也随之发生转变,主要表现为从传统的封闭的农耕社会,开始向现代的开放的多元化社会转变。作为城乡社会频繁流动的主体,进城务工农民群体形成所谓的"民工潮",而这些从乡土社会来到大城市打工的农民,也逐渐被贴上"农民工"标签。

从学术研究上看,对进城务工农民群体的研究可谓卷帙浩繁,研究视角从社会分层与流动、社会冲突与失范、社会网络、社会融入、国家与社会关系等以至宏观身份构建与认同等方面,不一而足。然而正如郭星华等人所指出的那样,这些著述在研究策略上大多秉持"客位"立场,"大多是从外在的制度、社会或经济层面来对农民工的社会认同进行审视,忽视了农民工生活实践的主体性、能动性;看到的更多是农民工在结构下的被钳制,忽视了在被钳制状况下他们的生活智慧和生存策略"②。沿着日常生活路径,进入外来务工人员的生活世界,同时坚持"主位"研究立场,让这些人自己站出来说话,成为叙事、表达的实践主体,而作为研究者,

---

① 周启早:《我是一朵流浪的云》,"城郊村网站"(http://www.chengbiancun.com/2014/1008/43173.html),2014年10月8日。

② 郭星华等:《漂泊与寻根——流动人口的社会认同研究》,中国人民大学出版社2011年版,第152页。

我的任务是通过亲身体验，来理解他们的话语和行动背后的意义。

从农村来到城市打工的农民，营生方式各式各样，但从其流动频度和收入来源来看，大体可以分为三种情况：一是在寄居地做小买卖，成为个体户；二是在寄居地找务工单位，成为从事服务业的合同工或散工；还有一种是流动性极强的"工地"工人，比如建筑工人、装修工人等。整体上看，三类人中第一类相对而言最为体面，用他们自己的话说，"给自己干活儿，自由一点"；流动的"工地"工人，也相对自由，因为工作地点时常流动，他们一般都是居住在工地上的简易帐篷或毛坯房里，与当地人接触并不多；相对来说，从事低端服务业的合同工或散工，生活最不理想，由于收入不高，而且从事行业较为低端，他们大都很难与落脚地的村民建立相应联系，他们所能维持的网络大都是老乡或同业群体，社会资本能力较为低下，遇到不公正待遇或其他天灾人祸时，抵御风险和化解危机的能力较弱。这三类外来务工人员，在京村都广泛存在。接下来，本部分将分别以这三类人为叙事重点，通过个体故事来呈现进城务工农民的日常生活安排与生计策略选择。①

一 "弃地"与进城务工的内在逻辑

无论对于失去土地的城郊村民来说，还是对于离开土地进城务工农民来说，土地资源都至关重要。正如孟德拉斯所说，"传统的农业经济使土地成为重要的资本和唯一可靠的财富"②。很多时候，在农民生存理性的认知下，土地是一种"安全阀"。

土地作为"安全阀"的意义在于，它能为农民提供最基本的生存需要，而这也是农民为谋求更好生活而离开土地的重要前提。或者说，拥有土地能为农民带来生存意义上的安全感。在这种安全感的鼓励下，许多农民甘愿暂时离开土地去尝试新生活。进城务工农民选择了充满不确定因素的城市生活，而城郊村村民更倾向于从事比耕种更具挑战性的行业。当生

---

① 需要说明的是，由于京村近邻中国政法大学、北京化工大学等高等院校，村子里租住房屋的房客也有相当比例的大学生群体，而不仅是收入低下的外来务工农民。不过，这些拥有高级学历的大学生群体，大多数是将该村作为暂住地，日常生活中除与房东的关系外，很少建立其他联系，甚至同住一栋楼，彼此之间也很少交流。这一点与外来务工农民群体形成了比较明显的对比，故而这一群体不在本部分讨论范围之内。

② [法]孟德拉斯：《农民的终结》，李培林译，社会科学文献出版社2010年版，第54页。

存不再成为人们首先要考虑的因素时，他们将会追求一种更为经济的生存状态，他们将会为自己耕作以外的能力寻求市场，并期待着卖个好价钱。一旦这种市场交易形成了，农民选择某种社会行动就不再单纯地以满足生存需要为主要动力，而是追求尽可能多的利润。

当农民发现投入到土地上的劳动量并不能换来更多劳动产出时，他们便会选择离开土地进城务工，通过务工收入来贴补粮食种植收入。受多种因素影响，进城务工农民遭受种种盘剥，同时也难以进入城市社会保障体系，还有诸如子女教育等问题，使得进城务工农民不可能将城市作为生活的归宿，这进一步使其格外重视故乡那块按现行土地制度规定拥有经营权的土地。某种程度上，正是这种土地承包制度发挥了缓冲器的作用，为进城务工农民提供了后路。当这些农民在城市遭受失业或"过不下去"时，它会为农民提供可以退守的家园。从这个意义上看，现行土地承包制度起到了社会保障"安全阀"的作用。但我们也不能忽视这种"进可攻、退可守"的社会选择给整个社会结构带来的弊端，主要表现为农村土地利用效率低下以及传统农耕文化的式微，同时也不利于进城务工农民从心理上接受市民化。

如前所述，农民"离土离乡"进城务工，受到多种因素影响。外部政策条件是改革开放以来户籍制度的放松，拓宽了农村人口向城市迁移的途径；内部原因则相对复杂一些，但总体而言，农民经过"理性"计算发现，付出同等劳动，进城务工获得的收入数倍于土地种植的（当然种植特色农产品除外），这促使他们一旦条件允许就会立即离开土地。但根据现有的土地承包制度规定，承包人所承包的土地抛荒三年以上，则视为自动放弃承包权，这对于显性土地资源浪费是一种有效的制约机制，但同时也产生了隐性土地资源浪费问题。就当前社会事实来看，虽然进城务工农民在城里遭受种种不适，但很少有真正返回乡村完全从事农业生产的年轻农民，这使得农村地区农业从业人口，从长期的"过密化"直接过渡到"过疏化"，即农业从业人口的数量和质量（许多农村都是老人在种地）都在大幅度降低，造成许多农村地区粮食生产增长幅度减小。我在其他地区调研时发现，如果家中没有能够从事农业生产的劳动力，干脆在承包地种上生产效率低下的树苗，数年甚至十几年都不去管理，造成实际抛荒的现象，还有些农民由于劳动力不足，而不再精耕细作，出现土地上杂草比庄稼长势还要良好的状况。变相抛荒已经成为严重的农村问题并引起不少学者的注意。①

在"留条退路"思想的影响下,多年务工在外的农民宁愿选择隐性抛荒土地,也不愿出让经营权,他们甚至选择以打工收入补贴种地收入,并且用在外务工所得在农村地区翻建新房或楼房,或购置其他耐用消费品,这一方面使得金钱性财富实现了城乡间的流动,但另一方面也固化了农村地区的社会分层,甚至造成日益严重的贫富差距。过去以种地为主的农村地区,农民收入水平与消费水平都处于较为低下的状态,相对来说,各农户的生活水平大体差不多,但现在在外出务工的带动下(即使不是最主要原因,也是较为重要的因素),农村地区消费水平已得到显著提高,这在东部地区和城郊农村地区表现得尤为明显。然而,正如我在田野调查中看到的那样,村里外出务工劳动力相对多的家庭,总收入高于或与当地消费水平持平,整体生活水平随之得到提高;但那些外出务工劳动力不足的家庭,仍然陷在"过密化"生产之中,即使在有限的土地上投入更多劳动时间,也不能换回更多回报,这样的家庭中有些是家中有大学生在读书,父母辈已经过了能外出务工的黄金年龄(大都已经50岁左右或以上,已难以适应外出务工的劳作强度),或者他们即使能进城务工,由于所能提供的服务有限,所挣的工资也相对较低,难以补贴农业生产收入。还有家庭主要劳动力生病的情况,也与之类似。这类家庭会陷入贫困状态,当然这种贫困并不一定是绝对贫困,而是相对于已经提高的地区消费能力的贫困。没有外出务工收入的家庭,农业税减免、农业技术的提高所带来的农业增收,基本都被迅速增长的消费市场蚕食掉。还有些家庭,虽然有一些劳动力外出务工,但其总收入难以对抗强大的消费市场,也会陷入贫困状态,这在中西部农村地区更为明显。

从农村传统文化与生活共同体来看,半工半耕②的生存状态下,土地的金钱性产出相对越来越少,而家庭劳动力外出一定程度上转变了原来的家庭代际关系。实际相当于强制性抽离出一代人,从传统的核心家庭"老人—青壮年父母—未成年孩子"三代模式转变成"老年人—未成年孩子"隔代模式。青壮年父母为谋得更多收入,不得不抛下家庭,

---

① 贺雪峰:《农地抛荒与"新中农"崛起》,《决策》2013年第7期。
② 夏柱智、贺雪峰:《半工半耕与中国渐进城镇化模式》,《中国社会科学》2017年第12期。

远离家乡到城市务工，无疑疏离了原有的家庭模式，这在一定程度上破坏了原有村落秩序，瓦解了村落共同体的生活基础。关于此类进城务工农民的家庭模式问题，下文还会专门分析。这种家庭分离的情形，带来了系列社会问题，近年来关于农村留守老人去世多日未被发现的报道并不鲜见。

农业生产长期"过密化"，使得农民在面对外出务工带来高收入时，更加厌恶从事农业劳作，较普遍的情绪是，认为种地没有出息。于是，即便有些年轻农民打算投入更多精力种地，也愿意更好地维持家庭稳定，却在村落舆论压力下，不得不外出务工。在我的田野调查中，这种例子并不少见。村民对在家务农而不外出打工的年轻人的普遍评价是："游手好闲"。这些年轻人甚至连媳妇都很难娶上，而这种"普遍看法"显然会强化"种地是没出息"的观念。在这种情况下，农村成为年轻农民想逃离的地方，城市尤其是大城市成为理想和希望的寄托地。无论通过打工还是通过教育，现在农民总是想办法离开农业种植，哪怕为此要付出很大代价。当然，目前社会主流观念都认为城镇化是解决"三农"问题的重要途径，甚至是根本途径，实际上这并非最完善的解决方案。它预设城市生活比农村生活好，本身可能只是画饼充饥，因为当前城市公共建设和资源承载力也许并不能解决大规模农民市民化后的生活需求。然而，在将农村变成城镇才能解决农村问题的观念已成为共识的情况下，农民对种地的偏见与日俱增。因此，在多重合力影响下，尽管会遭受各种歧视，还是会有大量生活在边远农村的农民进城务工。

二 "自个儿伺候自个儿"的个体户

虽然京村外来流动人员比较多，但大多数都依靠出卖苦力挣钱过日子。他们往往生活很拮据，会将挣下的每笔钱都小心翼翼地存起来。这些钱对他们来说非常重要，或回家乡县城买房，或开个自己的小店，或给子女上学攒足费用，等等。日常生活开支方面，他们计算到极为精细的地步。由于在家做饭比去餐馆吃便宜，许多拖家带口在村里居住的流动人员，会选择自己做饭。而京村村民，本来根就在这里，他们也大都自己做饭。这样算来，在京村开餐馆，客源并不是很多。尽管如此，不足三百米的商业街上，仍分布着至少十家不同风味的餐馆。

在客源如此有限的市场中，为获取微薄利润，餐馆经营者只好兢兢业业，投入大量劳动和精力，甚至陷入严重的"自我剥削"境地。他们起早贪黑，付出极大辛苦，到头来获得的收入可能还不如外出打工挣得多。在我看来，这是很不经济的行为，当我问及为何如此选择时，山西面馆老板娘说：

> （开餐馆挣的钱）就跟打工一样了，就是几千块钱嘛。现在什么都不好干，自己干，说实话了，也挺累的。好在什么呢，就是不看人家脸色，心里自在一点。另外呢，咱也是挣起赔不起，主要是这个，咱又不是说干大事儿的，是吧，有钱了啥的，赔一点亏一点无所谓，咱现在就是光能挣赔不起。①

对于开餐馆的个体户来说，付出这么多额外的辛苦只为换得一点自由。这所谓的自由实际上只是一种心理上的感受，与"打工的"相比，他们业余时间少得可怜，甚至很少有时间去娱乐或放松。这位山西面馆老板娘来京村已有一年多，一次都没去过距离村子不足500米的十三陵水库：

> 我没出去转过，我就是来了以后，在这里边出出进进，就是这样。我也没出去转过，我也不知道哪是哪儿。你说我们这个，就是没人你也得守住门，你也没时间出去。（比如您可以去十三陵水库看看）哦哦，对对，在那个后边呢。我也不知道哩。十三陵在这个角上啊，我以为在那个角上呢。（她说的方向是不对的，由此可以知她真的没有去过距离京村也不是很远的十三陵景区）其实这边空气挺好，这边，有山，有水的，空气好。夏天可得劲儿了，这边。②

这种自我剥削式的劳动方式，很多时候是出于无奈。外来务工人员往往在很年轻时就开始外出打工，他们学历普遍不高。对大多数人来说，无休止的兢兢业业的劳动，是他们为数不多可以自己支配的资本形式，"由

---

① 讲述人：王女士，京村山西面馆老板娘，四十岁左右，山西永济人；讲述时间：2014年3月28日，讲述地点：京村山西面馆内。
② 讲述人：王女士，讲述时间：2014年3月28日，讲述地点：京村山西面馆内。

于劳动是农民所拥有的惟一的相对充足的生产要素,为了满足生存需要,他可能不得不做那些利润极低的消耗劳动的事情"①。我田野调查主要驻点的拉面馆老板娘刘晓芳也是这样,她有两个未成年的孩子,其中一个读小学六年级,很快就要升初中,小点的孩子也即将读小学。虽然从政策层面,北京市政府在外来务工人员子女入学教育方面减少了不少限制,但仍有许多条条框框让务工人员子女难以享受到优先照顾。因此,在京村,围绕外来务工人员子女入学教育问题,产生了许多寻租机会。这些寻租机会对外来务工人员来说,就意味着需要用钱"打理关系"。

按照拉面馆老板王永强②的说法,他们夫妇经营拉面馆一年大概能挣十万元。两个孩子的生活和教育花销需要三四万元,前几年他们在老家兰州县城买了楼房,贷款四十余万元,需要按期还款,再加上定期给双方老人的赡养费用,整体算下来,经营所得收入勉强维持收支平衡。在这种情况下,在开拉面馆之余,他们不得不尽可能找些其他能获得收入的兼职。刘晓芳告诉我,她每天晚上忙完拉面馆的事情,大概到夜里一点钟才能睡觉,而第二天七点多钟就得起床,她要去昌平城区某超市做兼职。她在超市的主要工作是帮忙上架货物,每小时工资是 16.5 元。在超市她要工作到上午十点左右,把全部货物上架。回到餐馆后,立即投入食材准备工作中。大约上午十一点,开始有客人前来吃饭。刘晓芳对这种自我剥削式的忙碌虽然不情愿,但也不怨天尤人,用她的话说,"能有什么办法呢?别的咱也干不了"。

田野调查中,我在面对餐馆经营者时,他们"自我剥削"的逻辑到底何在一直困惑着我。为什么几乎所有个体经营者认为起早贪黑挣的钱和外出打工挣的差不多,有时甚至更少,而他们劳动强度又非常大,生活水平似乎也不如他们称为"民工"的外来务工人员,但仍然选择了这样的生活方式。按照市场经济理性的逻辑,他们离开家乡到城市谋生,为的就

---

① [美]詹姆斯·C. 斯科特:《弱者的武器》,郑广怀、张敏、何江穗译,译林出版社 2011 年版,第 17 页。

② 王永强,生于 1976 年,京村西北拉面馆老板,刘晓芳的丈夫,甘肃兰州人,据他介绍,他在 13 岁时跟着老乡外出打工,先是在兰州城区当建筑小工,后来到某拉面馆打工,并在那里学会了拉面技术,大约 1998 年,其在老乡的介绍下来到北京密云县某国有公司食堂打工,四年后与不满 20 岁的刘晓芳结为夫妻,次年(2003 年)其大女儿出生,二人搬至昌平区进行务工。在 2008 年以前,王永强一直在京村附近的某大学食堂工作,刘晓芳则在京村一家洗衣店工作,2008 年其二女儿出生,二人盘下了现在的京村拉面馆从事个体经营至今。

是多挣钱。所以他们应该会追逐挣钱多且相对省力省心的工作。事实是，在访谈中，他们大都认为只有在"走投无路"时，才会选择去"打工"，这到底是为什么？他们作出这样选择的依据是什么？斯科特运用恰亚诺夫的"自我剥削"理论研究越南农民的经济行为，指出"把劳力继续运用于酬报可怜的耕作或手工艺，是农民劳力的低机会成本（即没有什么外部就业的可能性）和濒临生存线者的高边际收益效用的产物。在这种情况下，农民运用自己的劳力，直到其边际成果极少，甚至为零时为止，这还是有意义的"①。问题在于，对京村"流动"的个体经营者来说，他们并非没有其他就业方式，投入更大精力和劳力用于经营餐馆或超市，其机会成本也非常大。

在一次闲聊中，拉面馆老板娘刘晓芳不经意的一句话，让困扰我的问题有了一点眉目。她说"谁没事愿意伺候人啊，自己干多好"。这使我意识到，"伺候人"作为农耕文化遗留的根深蒂固的观念，竟如此深刻地影响到刚过三十岁的她。在农村地区，尤其是边远农村地区，"伺候人"意味着社会地位的低下。对以耕种为生的地道的农民来说，他们种植农作物，然后从土地中获得自己及家庭的生活必需品，属于自雇行为，从心理感受上说，他们并非"伺候人"，而是独立的个体。

在传统的"重农抑商"观念的渗透下，"外出打工"不仅在市场上出售了劳动力，更多出售的是自由和主体性。这种境况在市场体系下，完全符合经济发展规律，对城市人来说，这似乎没什么不妥。但农民将会失去自由和自主性，同传统社会"给地主扛活"联系起来，对许多贫困农民来说，给地主扛活并不是很愉快的家族记忆。这些记忆以不同形式在家族内、村落内辈辈传承，即使到了现在，那种生活情境早已消失，村民还是容易将眼前从事的工作与祖辈记忆联系起来。于是，他们需要"出人头地"，而对已经解决温饱问题的农民来说，"出人头地"并不仅限于通过"伺候人"挣很多钱，更多是社会地位的提升，其中就包括了自由和自主性：

> 好赖是在给自己干，自由点，再说了，在外面自己干，回村里就

---

① ［美］詹姆斯·C.斯科特：《农民的道义经济学：东南亚的反叛与生存》，程立显、刘建等译，译林出版社2001年版，第18页。

可以说,在外面开了饭店了,开了超市了,什么的。村民才不管你多么辛苦,他们看到的就是某某成了个体户了,某某开了买卖了。你说,这样咱回去是不是脸上也有光?①

也许我们可以用社会资本理论解释此类现象。经过三十多年的发展,最早走出农村社会的进城务工农民,主要分流成两类:一类是被称为"下海"的商人;一类是"农民工"。对比这两类人,村民很快发现,其中最关键的区别在于前者是"给自己干",后者是"伺候人"。在这种判断下,农民越发赋予个体户以更多的社会资本,除金钱性资本外,更多包含了社会声望等因素,而在传统人情观念并未完全消失的村落,这一点极为重要。某种程度上,这也成为外来务工人员宁可多受苦少挣钱,也要"自己干"的内在动力。

三 "大工地":建筑工人的日常生活

20世纪五六十年代,生活在农村地区的农民,春冬两闲时节,要响应中央号召,大力兴修水利、道路或者"开山辟田"。这些工程现场就形成了一个个热火朝天的"工地"。许多人对"工地"的记忆,大概都来自那个火热岁月。我在京村调查时,不少老年村民都给我讲过他们当年兴修十三陵水库的场面,在叙述中也不乏提起"工地"这个语义颇丰的词汇。

几十年过去,集体农业时代早已结束,进城务工农民日益形成一种社会潮流,其中从事建筑行业的农民占很大比重。根据2009年第二次全国经济普查,至2008年末全国共有建筑行业从业人员3901.1万人,其中施工现场(也就是"工地")操作人员基本都是进城务工农民。② 这些人在"工地"上通过繁重的体力劳动来换取收入。

从工作种类来看,建筑行业的"工地"主要分为两类:一是建筑业,主要包括建造高楼大厦、桥梁、道路等,这些工地大都是室外劳作;二是装修行业,又可分为普通装修(分为室内和室外)和精装修(主要在室内),其整体工作环境比建筑业稍好一点,因其要求的"技术含量"较

---

① 讲述人:刘晓芳,讲述时间:2014年4月11日,讲述地点:京村西北拉面馆内。
② 潘毅、卢晖临、张慧鹏:《大工地:建筑业农民工的生存图景》,北京大学出版社2012年版。

高，工资水平也稍高一点。

　　从事建筑行业的人员，就同北方牧区逐水草而居的牧民一样，是逐"工地"而居，他们的生活相对于其他进城务工农民来说，更具流动性，他们甚至一直生活在城市社会的边缘和外围空间。频繁地变换工作地点让他们很难真正欣赏自己建设的城市，更不用说享受这样的生活。

　　从某种意义上说，"工地"生活并不属于城郊村生活。但在"工地"上生活的进城务工农民，并非隐形人，他们有自己的生计方式和日常生活，他们也经常进入村里，参与村落日常生活过程。有时工地项目比较大，有些建筑工人或装修工人会直接在村里短期租住房屋。虽然流动性极强，但对像京村一样的城郊村来说，"工地"似乎已变成一种生活常态，一个工地完成，又接上新的工地，如此循环往复。这些工地带来的流动人员在很大程度上也影响着整个村落的社会结构。

　　我在拉面馆田野调查时，经常看到衣着比较破烂，甚至沾着泥巴的建筑工人前来就餐，他们每次吃得都很简单，一般是七八个甚至十几个人同时前来，点的菜或主食也大都一致。我曾在他们吃饭时，同不少人进行过交流，并同其中一个工地建立了较为良好的田野关系。该工地承接的是京村北边别墅区三期的楼房建设，工期一年，我在田野调查期间多次到这个工地进行实地考察和访谈，获得了一些基本资料。

　　"工地"生活是一套完整而又独具特色的系统。"工地"群体间也会形成各种小团体和圈子，以及各种关系网络。学者潘毅等人在《大工地：建筑业农民工的生存图景》中，对这一群体的生活形态已有了较为详细和深刻的描写。[①] 对于初次走进"工地"的人来说，也许还有一点新奇，各种机器在运转，工人也都在岗位上忙碌着，最关键的是，十几天时间，就能从平地上立起一座高楼。我曾多次惊叹这些建筑工人的工作，他们应该算是这个世界上伟大的艺术家。但是，当在工地待上一段时间，或成为工地劳动者行列中一员时，对于工地的一切幻想立即被打碎，留下的是无尽的烈日暴晒或凛冽寒风袭身。很多时候，用战场来形容工地也丝毫不为过。农民工就像士兵或机器上面的零部件，机械但不能有丝毫懈怠地从事着高强度的劳作。大多时候，这样的劳作不需要多大技术含量，而更多是

[①] 潘毅、卢晖临、张慧鹏：《大工地：建筑业农民工的生存图景》，北京大学出版社2012年版。

力量和胆识的较量。他们并非没有空闲的时候，他们也会在紧张的干活间歇，抽抽烟，或喝喝茶。我注意到，在工地上，大多数从业者都会抽烟，也许在忙碌的生活中抽根烟才是短时间纾解疲劳的最好办法。一个民工曾告诉我，在干活儿时，需要打起十二分精神，不能犯困，"只要犯困，你就得赶紧到一边歇一会儿去，要不就得分神儿，分神儿就可能出事儿，在工地上出事儿都是大事儿，麻痹大意不得"①。

紧张忙碌一上午后，队长会让所有工人停工，各种轰鸣的机器停止运转，整个世界恢复清静。民工们纷纷走出工地，摘下蓝色的、黄色的、白色的或红色的以颜色作为等级区别的安全帽，到工地搭建的临时帐篷里胡乱洗一把脸，开始就餐。有些工地建有简易炉灶，工人在一起吃大锅菜；有些工地没有炉灶，工人则会以小队为单位到附近村镇餐馆里吃饭。在餐馆吃饭时，队长会严格限制民工饮酒。我在面馆里帮工时，经常会看到的场景是，十几个民工走进餐馆，瞬间就能把为数不多的座位坐满，午餐往往很简单，三五人一桌，一般三到四个菜，一人一碗拉面或一份盖饭，喝的以可乐为多。有一次，有个年轻民工，刚想买瓶啤酒，立即遭到队长呵斥。虽然有点小插曲，民工们还是大声说笑着把饭吃完。后来我去工地找过队长，问他为何不让民工喝酒。他告诉我，中午喝酒，下午容易出事：

> 不是不让你喝，对吧，晌午喝了，下午还干不干活儿？这些人都是干什么的，都是不要命的主儿，你让他喝一点，他能管住？要不干脆别让喝，你要让他喝一点，你就管不住了。管不住咋样，还能让他去睡觉去？不干活，这个工就不能记，记不上工，就挣不了钱，到时候他挣得少冲着你哭，咋办？让他干，那就得出事儿。这得说十来年前了，我那时还是个毛头小伙子，也是刚下工地。有那么一天，一个民工中午喝了酒，有点晕，还没醉，就上工地了，结果操作那个搅拌洋灰沙子的机器时，把前面两个等着洋灰沙子的民工给埋了，那可是湿呼啦的混凝土啊，那两个民工当场就死了。死了，你知道吧。后来人家家属来闹事，这个喝了酒的民工也赔大发了，听说还进了局子好

---

① 讲述人：小张，河北人，建筑工地工人；讲述时间：2014 年 5 月 2 日，讲述地点：京村北边某工地。

几天呢。你说,晌午应不应该喝酒?①

傍晚散工后,他们会到餐馆吃饭,这时点的菜也相对多些,而且大都会喝点酒。晚上一般不干活,他们往往会喝到很晚,聊天内容也非常杂乱,甚至露骨,尤其涉及"荤段子"时,总是会捉弄或调侃某位比较老实的民工,这些老实的民工,一般也不作激烈回应。他们进到餐馆不到半小时,整个房间就被烟味和酒味充斥。有些在吃饭喝酒时,还会划拳。除到餐馆吃饭,有些民工还会凑份子买些菜在工地帐篷吃喝,那便是另一番风景。我曾在这样的场合吃过一次饭,也随手带去一个菜。不过遭到了他们的批评,其中一个民工喝了酒后走到我身边,拍拍我的肩膀说,"博士兄弟,你写论文是大好事儿,你还真的到我们这工地上来体验,好样的,你还不挣钱,谁让你买菜的,这一群老兄弟们请不起你吃一顿饭吗?"②我看他有点醉意,连忙说,是我错了,下次就不买了,他们才算"放过"我。

民工在不聚餐时,也有娱乐活动,他们会约几个关系比较好的打牌或打麻将,往往是一张牌桌旁边站着数倍于打牌的人。围观的指指点点,非常热闹。参与打牌的民工,虽然也会有较大数额的输赢,但作为优秀的管理者,队长一般会给他们定个限额。有个李姓工头对我说,"我得管着他们点,不能让这些毛头小子把辛苦挣下的钱,曜曜没了,过年的时候没法向家里交差啊"③。根据我的观察,他们的赌博实际上并没有真正的赢家。大多数情况下,赢的一方会请客,"有时赢了的还得倒贴钱请客。"这样规定的好处在于,很少有民工因打牌输赢而引起争端甚至打架斗殴,一定程度上有助于维持工地秩序,同时也增进了参与打牌的民工间的关系。事实也是如此,曾有民工这样说过:

> 在工地上干活,你看起来是你干你的他干他的,实际上不是那么回事儿,你必须得有要好的,得有保你的,要不你说个话,就跟放个

---

① 讲述人:老赵,河北人,50 多岁,在工地从事建筑工二十多年;讲述时间:2014 年 5 月 2 日,讲述地点:京村北边某工地。
② 讲述人:老赵,讲述时间:2014 年 5 月 2 日,讲述地点:京村北边某工地。
③ 讲述人:老李,河北人,40 多岁,在工地从事建筑工十多年;讲述时间:2014 年 5 月 2 日,讲述地点:京村北边某工地。

屁一样，没人搭理你，早晚就干不下去了。这就是为嘛，我们都知道打牌是个赔钱买卖还要干，是拉拢人啊，工地上混生活，得有人保，有人保很重要，保你的人多，就没人敢明着欺负你。①

工地生活是复杂社会的缩影。在这个生态中，民工们也遵循着"弱肉强食"的生存逻辑。虽然从社会阶层上来看，他们都属于底层社会人员。按照学者的定义他们是"边缘人"或"受苦人"，但在生活空间内部，他们也围绕各种社会资源进行着激烈的竞争。在竞争资源过程中，建立自己的圈子或关系网络，加入较强的圈子或关系网络无疑十分重要。民工也正是通过打牌或请客等活动建立圈子，或许这也可以看作生存策略的现实实践。

由于建筑工地劳作大都比较脏累，所以很少有女性参与。而装修一般在室内劳作，相对危险较少，环境也稍微好，有些轻便活计适于女性参与，这样的工地女性就稍微多些。来工地的女性大都是某工人的妻子，很少有单独出现在工地的情况，"毕竟这里都是男人，一个女人很不方便，而且也不安全"。② 生于1967年的刘金花跟着丈夫跑工地已有十多年，她告诉我：

> 主要是嘛呢，俺当家的胃口不好，那时候孩子也都不碍事儿了，俺把孩子交给孩子爷爷奶奶，就跟着他出来。他在工地上干重活儿，俺就找点轻省的，挣得少点，挣得少点没关系，好歹算是一个家，俺给他做饭吃，吃养胃的。这一晃荡，十来年了，前些日子俺俩还商量呢，实在不行过了年就不跑工地了，家里还不少地呢，种大棚去，听说种大棚可挣钱了，现在……③

刘金花在和我聊天时，提到"好歹算是一个家"。在我看来，这暗示

---

① 讲述人：李万全，河北人，四十多岁，在工地从事建筑工将近二十年；讲述时间：2014年4月27日，讲述地点：京村西北拉面馆内。
② 讲述人：刘金花，河北人，四十多岁；讲述时间：2014年4月27日，讲述地点：京村西北拉面馆内。
③ 讲述人：刘金花，河北人，四十多岁；讲述时间：2014年4月27日，讲述地点：京村西北拉面馆内。

了她"跟工地"的真正意图,即与丈夫一起维持一个完整的家。除给丈夫做养胃的三餐外,同时也能满足双方对于性的生理和心理需求。实际上,很多年轻外出务工民工婚姻家庭的破裂在很大程度上与性需求难以满足有关。由于工地上的主要工种是比较需要力气的活计,所以民工大都是力壮的青年,从身体上看,这些人正处于精力旺盛期,对于性的需求也正处于旺盛期。

实际上,很多人已经注意到,进城务工农民的性生活问题已成为特别需要关注的现实问题。不过,对这一群体的性需求进行日常生活分析的著述还不是很多。当我们将性生活回归到建筑工人的日常生活来考量时,就不难发现,外出务工群体对性的需求以及对家庭的渴望已经深刻地影响了整个务工群体的社会行为选择,尤其是长期性压抑的年轻务工农民,往往容易产生各种社会问题。

前几年,曾经一度引起整个社会关注的深圳龙华"富士康跳楼事件",短时间内有十余名员工跳楼自杀,一定程度上引发了社会对于打工群体内心生活的讨论,潘毅等研究发现,"宿舍并不是工人得以休息放松的生活场所,而只是工厂政体的空间延伸。除了居住拥挤导致休息经常受到干扰、不少宿舍条件太差之外,宿舍的管理模式也非常严苛、无理……"①

外出务工农民性生活长期处于缺位状态,还会产生其他系列问题。长期异地分居,造成的社会问题并不少见,有些打工者聚居的地区,如长江三角洲地区或珠三角地区甚至出现"临时夫妻"这种畸形的婚恋关系,一定程度上挑战了传统的家庭伦理观念。② 然而,如前所述,这些情况的出现绝不是因当事人双方"脑子一热"而产生,而是经过思考的结果。这些形成畸形婚恋关系的民工,大概也都进行过利弊分析,与传统夫妻不同的是,他们之间更多是建立在性需求满足基础之上,缺少了对家庭伦理的认同与敬畏。长期来看,这于传统家庭结构来说,是一种严重的威胁,甚至会使得原有家庭解体,从而带来更多的社会问题。

如前所述,在过去几十年里,随着大城市扩张,城郊村被逐渐纳入城

---

① 潘毅、郭于华、卢晖临:《解构富士康》,《中国工人》2011年第1期。
② 刘婧:《家庭伦理的松动:"临时夫妻"的婚姻、家庭、生育与性——以广东省惠州市的田野考察为例》,博士学位论文,武汉大学,2014年。

市版图，土地功能也随之发生转变，从耕地逐渐变成了城市建设用地。在此过程中，城郊村村民充分发挥生存性智慧，重新调整了生计策略和生计方式，并以此为基础形成了新劳作模式。劳作模式变革一定程度上又会造成村落人际关系的紧张和公共精神的式微。京村村民告诉我，几十年前大家还在种地时，村民的"公心"还比较重，人与人之间无偿帮助也比较多，"现在可好，村子里有什么事儿，都得花钱才能办成，有的花钱也办不成，人与人之间没有公心了，都是各顾各儿的"①。现在村民为了追逐更多的经济利益而广建楼房，在有限的空间里，楼房越盖越高，其采光也变得越来越差，几乎所有楼房底层被前排挡住了阳光。在"挤占"公共空间方面，村民之间时常发生口角，甚至邻里之间反目成仇，大打出手。② 更有甚者，有些临街边的村民，将楼房从二层起开始往外扩建，最终将村中本来就不宽敞的小路完全遮蔽起来，形成了人造"隧道"或者"一线天"的景观。密集的楼房建筑也给整个村子带来了巨大的安全隐患，正如村干部张某立所说的，"现在谁也没办法，一切都向钱看了，谁还管别人？"③ 虽然不能将村民公共精神式微的影响因素做简单化处理，但生计方式转变带来的深层次劳作模式的变革在其中所发挥的作用也不能忽视。

村落劳作模式变革在一定程度上也改变了村民的社会交往行为。依靠出租房屋获得收入，更多依赖的是生活空间，而逐渐消解了现代工业带来的"时间就是金钱"的观念。由于不用到工厂或单位工作，也不用到田里耕作，出租房屋的村民从时间上获得了极大的自由，于是他们通过打牌、聊天或其他活动消磨时间，而这些活动除了极少数是在公共场合举行之外，大多是在邻里之间或者朋友之间完成的。在田野调查中，有村民告诉我，"你要找谁谁，就去谁谁家找，一准儿跟那儿打麻将呢"。在这种情况下，空闲时间的增多在某种程度上密切了邻里和朋友之间的社交联系，巩固了维系村落社会的各种人情、面子及社会关系，从而有利于村落结构的稳定和村落共同体的延续。村落劳作模式的变化还影响了村落里的政治运作，主要表现在村民、村干部与基层政府之间。村民生计方式变得

---

① 讲述人：张某荣，讲述时间：2014年4月17日，讲述地点：姚村张某荣家中。
② 讲述人：张某立，讲述时间：2014年4月28日，讲述地点：姚村村委会。
③ 讲述人：张某立，讲述时间：2014年4月28日，讲述地点：姚村村委会。

多样，能够获得生存所需要社会资源的途径越来越多，他们对于村落及村落组织的依赖越来越小；村干部在处理村落事务时，很少能够得到基层政府的直接支持，这样就容易形成一种进退维谷的尴尬局面；从基层政府来看，由于整个国家组织结构基本都是科层制，实行层层指标化的治理方式，作为行政权力终端的基层政府在面对本地村民大规模违建和外来人口大规模聚集的情况时，也充满了各种挑战。

第三章

个体户籍的"阈限"：
跨不过去的社会身份

1949年以来，尤其是随着20世纪50年代户籍制度以及人民公社制度的确立，社会成员尤其是农村人口被严格地限定在特定的生活空间。人口的空间流动正是在这种情况下发生，"户籍身份"成为国家对社会成员进行社会分层的策略性工具，围绕着"户籍身份"这一社会指征，形成了许多二元对立的社会阶层，比如社员与干部、工人与干部、农民与城里人等。尽管自改革开放以来，尤其是20世纪90年代以后，随着进城务工农民越来越多，从政府政策层面不再过分强调户籍身份之别，但具体到社会实践层面，户籍身份及其所嵌入的社会资源差异仍在深刻地影响着人们的日常生活。

无论怎样，户籍身份都是一种社会建构行为。正如布尔迪厄所指出的那样，身份建构不是如主观建构主义所说的那样，是一种开放、随意、耦合的过程，而是依附于社会实践场域中的结构性关系。最成功的建构效果，是让社会成员都默认一套分类体系，并深嵌入自己的身体中，在日常行动中自发地即兴发挥出来，其次才是依靠霸权话语体系支配社会大众。① 可以说，经过几十年的实践，"户口"作为人为设置的户籍身份分类体系，已深刻地渗透到人们的日常生活之中，并形成结构上的再确认和制度性再生产机制。具体到京村来说，主要表现在本村村民面对外来进城务工人员时所流露出来的"北京人"的优越感，以及在"北京人"身份下"农民户"与"居民户"之争。而进城务工农民离开土地，离开家乡

---

① Pierre Bourieu, *Outline of a Theory of Practice*, Cambridge: Cambridge University Press, 1977.

来到城里务工，原有的身份已变得模糊。生活在城郊村的人似乎都进入一种特纳意义上的"阈限"状态①。无论是当地人，还是进城务工农民，他们都进入身份上从农民到居民的过渡地带，"非农非居"或"亦农亦居"的身份很大程度上影响了他们日常生活的安排和日常行动与生计策略的选择。

本书认为讨论城郊村村民的生计变迁，不能忽视生活主体的身份问题。正是这些人在户籍身份上的迷茫，才让他们在面对家庭、面对村落内部和村落外部的生活世界时作出这样而不是那样的生计策略选择。而他们的行动本身也诠释了他们对户籍身份社会意义的体认以及对嵌入户籍身份的社会资源的理解。

第一节 有"北京户口"的人：本地人的身份

2014年4月初的某天下午，我在京村和姚戈聊天。那时，她还在怀孕中，坐在比较柔软的椅子上，挺着大肚子很费力地和我交谈。开始，话题比较分散，基本上都是关于家长里短的琐事。当我们谈到村里租房人的身份时，我说这些人受身份影响非常大。她撇了撇嘴，"那是啊，谁让他们是外地的，要怪就怪没生在北京"。接着，她分析了北京户口的种种好处。她讲述时的神情，明显让人感觉到她为拥有"北京户口"而非常自豪，在接下来的交谈中，她总是以"你像我们这些有北京户口的人吧"作为开头来分析户口所带来的好处，明显透露出一种身份上的优越感。

---

① 受到范·根纳普影响，特纳进一步阐释了"阈限"的特性，他指出"阈限的实体既不在这里，也不在那里；他们在法律、习俗、传统和典礼所指定和安排的那些位置之间的地方。作为这样一种存在，他们不清晰、不确定的特点被以多种多样的象征手段在众多的社会之中表现了出来"。（[美] 维克多·特纳：《仪式过程：结构与反结构》，黄剑波、柳博赟译，中国人民大学出版社2006年版，第95页）本书借鉴"阈限"的概念，实际上是为了分析在失去土地的过程中，本村原有村民身份上的困惑，以及"弃地"进城务工农民所处的身份过渡阶段的各种困惑。从身份上说他们"非农非居"，既可以看作"双重身份"的人，又可以看作"没有身份"的人或"丢失了身份的人"，因为无论是"失地"还是"弃地"，在一定程度上，他们都丧失了传统意义上土地的"安全阀"保护。从这一点来看，弃地进城务工的农民似乎面临着更严重的困境，他们在离开家乡后，不得不在城市这种新环境里独自面对更多来自生存上的压力和风险；另外，因为没有城市户口，又难以享受到城市所提供的种种用以降低生存风险的救助性机制和社会资源，从这个意义上说，他们是失去身份的一群人。关于这一点，下文另有专门讨论。

过了两三天,我和拉面馆老板娘刘晓芳聊起"北京户口"的话题。她也是撇撇嘴,但我能感觉到她更像是有一种"火气":"他们牛什么牛啊,不就是靠着个北京户口,在村子里租房子嘛。我给你说哦,除了北京户口他们什么都不是。要是我也有北京户口,我比他们不知好到哪里去了。"

这两次关于北京户口的交谈使我意识到,这种人为建构的户籍身份竟如此深刻地渗透到村民生活的方方面面。这里既包含着嵌入身份的种种社会资源,就像刘晓芳说的那样,因为拥有北京户口,他们才能依靠出租房屋挣钱;而另一方面户口本身也成为身份区隔的资源,就像姚戈在提起时所流露出来的优越感那样。显然,户籍身份成为在京村生活的村民区分"我们"与"他们"最重要的显性资源。

一 户籍身份与嵌入性社会资源

现行的户籍管理制度基本确立于20世纪50年代。① 从那时起,户籍制度中"户口"所确定的身份就一直与社会资源分配和社会生活机会获得直接关联。换言之,"户籍身份"对于村民来说,不仅是象征意义上的标记,更多是其嵌入许多社会资源。尤其在以政府计划分配社会资源为主的年代里,户籍身份几乎是社会资源分配的唯一标准。在这种情况下,处于身份不利地位的成员会想尽办法改变自己的身份。

1948年12月12日昌平县解放,标志着这片距离北京城区不足35公里的小县城已基本完全解放。据村民回忆,昌平县刚解放时,还举行了庆祝活动,京村也有人到县城参与欢迎解放军进城的仪式。在回忆起这段历史时,现年87岁的姚德合老人甚至唱了起来,"解放区的天是明朗的天,解放区的人民好喜欢,民主政府爱人民啊,共产党的恩情说不完"。他告诉我,这首歌是当时县里组织的宣传队唱的:

---

① 实际上,主要用于人口统计和纳税管理的户籍制度自汉代"编户齐民"政策确定以来,经过两千多年已经日趋规范。而以法律形式确立城乡二元结构是以1958年全国人大通过《中华人民共和国户口登记条例》为标志的,该条例规定:"公民由农村迁往城市必须持有城市劳动部门的录用证明,学校的录取证明,或者城市户口登记机关准予迁入的证明,向常住地户口登记机关申请办理迁出手续。"这就阻断了人们从乡村到城市的自由迁移和流动,从而形成了至今仍在发挥作用的城乡分割的户籍制度。

> 那时候,人们都特别高兴,都感觉共产党来了,大救星来了,为什么说共产党是大救星呢,俺们这里是46年还是47年就开始实行分地,就是把地主的地分给农民种,那时候农民都不好过,逢个天灾人祸的,只能把地卖给地主,共产党来了,好家伙,也不管地主是怎么把地弄走的,现在全部分给老百姓,你说农民捡了实惠了,能不说共产党好嘛,是不是?所以那时候,是真心唱,共产党的恩情说不完。①

昌平县解放,对于当时的姚德合老人及其他多数农民来说,的确是件好事。不过,他们也意识到,新政权将要颁布一系列政策,用以限制社会人口的空间流动。其中就有前面所说的通过户籍制度等推行的"户籍身份制"。实际上,"1953年后,粮食供给、福利与社会保障供给以及就业机会供给成为建立严格的户籍管理制度、构筑城乡之间人口流动壁垒的三道关键门槛"②。由于社会资源相对有限,当时只能按照身份进行分配。因此,"身份"被嵌入许多社会资源。这些嵌入身份的资源,既包括直接的经济或物质资源,比如在城里工人按照技能高低,工资高低有极大差别,在农村村干部除不用下地干活而获得工分外,还有些其他福利,比如逢年过节村里宰杀牲口时能多分些肉,等等。

集体农业时期,嵌入在身份中的资源还包括社会荣誉和声望。姚德合老人告诉我,在事事讲政治的年代,政治觉悟高低对一个人在村里的社会地位至关重要,尤其是被贴上"地主"标签的人,他们特别渴望能得到和其他人一样的社会荣誉和政治待遇。此时,社会荣誉和声望对不同身份成分的人来说,实际上表现为不同的生活诉求,对已经被判定为"反面典型"的人来说,身份更多是屈辱性存在,是负面资源。而对于普通"社员"来说,身份是正面资源,是国家主人翁地位的象征,他们努力劳作积极表现为的是不失去既有社会地位。

集体农业时期,政治权力是嵌入身份中的另一类社会资源。政治权力最常见的表现场合是村里开"批斗会",村干部和"成分"较好的社员掌握着"批判"权力,他们一声令下,就能让地主分子或其他坏分子遭到

---

① 讲述人:姚德合,讲述时间:2014年5月7日,讲述地点:京村姚德合家中。
② 李友梅等:《中国社会生活的变迁》,中国大百科全书出版社2008年版,第122页。

批斗。从这个角度看，他们实际上掌握着极大的村落政治资源，甚至掌握和控制着那些被认定为"坏分子"村民的生命权。在普遍贫穷的年代，村民大都难以吃饱穿暖，但嵌入身份中的政治福利成功地吸引了很多"积极分子"。

集体农业时代结束后，村里实行了短暂的联产承包责任制，村内土地按照人口数量、土壤质量高低和农耕难易程度进行了分配。村民集体政治生活消失了，曾经嵌入身份中的社会资源也逐渐消失，而由于户籍制度并未消失，新的社会资源又被嵌入进去。从20世纪70年代末起，随着户籍制度的放松，越来越多的农民开始到城里务工。京村也有很多年轻村民到北京市区揽工。

被户籍身份压抑了几十年的农民，一旦获得自由进入城市务工的"通行证"，便如潮涌一样，迅速占据了城市的各个角落。与此同时，城市则面临着极大的人口压力。为缓解城市就业压力，就国家层面而言，一方面不断拓展就业渠道，另一方面重新出台限制农民进城务工的政策。1981年国务院出台《关于严格控制农村劳动力迁向城市和农业人口转为非农业人口的通知》，其中规定：第一，在城市地区严格禁止雇用农村劳动力；第二，万不得已必须雇用来自农村的劳动力时，须得到国务院批准；第三，在国家计划中需要增加人员的情况下，要首先雇用城市的待业青年，若劳动力还难以满足需求需要向农村招收劳动力，需得到各地人民政府的批准；第四，城市临时雇用的农村劳动力必须全部迁回农村，以强化户籍和粮食管理。在这种限制下，虽然村民身体上实现了空间流动的自由，但从社会地位上，进城务工农民仍然难以获得属于城市人的社会资源，他们难以进入"公家"单位，捧上"铁饭碗"[①]。居委会支书姚金伟告诉我：

> 农民身份和居民身份，在当时（20世纪80年代）意味着什么

[①] 由于20世纪50年代设立户籍制度的初衷之一就是防止农村劳动力的大规模流动，特别是流出农业生产，因此，拥有农村户口意味着不能进城就业，只能从事农业生产。这一点在20世纪50年代后，逐步得到加强与强化，直到20世纪70年代末，才稍有松弛。改革开放后，对于农民进城务工限制已经不是特别严格，即便如此，在农产品生产，尤其是粮食生产仍然面临着不能解决自给的20世纪80年代，各地仍然会通过各种政策，限制大规模拥有农业户口的农民脱离土地而去从事其他行业。

呢？就这么说吧，你要是一农民，你连考大专的资格都没有，那时候大专多吃香啊，能够学个一技之长，人们都想着去上大专。集体时期还好点，那时候推荐，甭管怎么说，农民头脑有点活络的，还能出去一两个，80年代以后，没有推荐了，农民身份干脆就不能考，你只能考大学，考大学多难啊，那时候一个大学才几千个人，哪像现在，这么多人。那时候进工厂，农民也不成啊，有进工厂的事儿，吃公家饭儿的事儿，都得紧着居民啊。所以说，那时候一听说农民可以转成城镇户口，也就是居民，大家伙儿都是削尖了脑袋挤着转啊。①

鉴于此，京村村民开始通过各种途径和方法，转变身份。除考学、参军或进入事业单位、国企等传统改变户籍身份的路径外，还有些人通过"送礼""走后门"等非制度性途径，与村干部搞好关系，在村里出让土地换来"转户口"指标时获得指标分配。经过二十年的实践，到2003年前后，京村户籍居民比重已超过户籍农民比重，为便于管理，街道办事处在京村村委会外，又另设居民委员会，专门管理拥有城市户口的居民户，这其中涉及村庄的政治运作问题，下文还会详细分析。

二 "农转非"：户籍身份的转变

20世纪70年代末以来，随着集体农业时代的结束，从中央到地方的一系列改革，使得整个社会以"阶级斗争"为纲，逐渐转变成"经济建设为中心"。整个社会结构的转型，带来社会思潮的转变。"政治光荣"逐渐失去其往日的光彩，尤其在农村地区实行家庭联产承包责任制以后，村民集体生活迅速式微，私人生活成为日常生活的主体。村民日常生活不再完全依赖村落集体组织，村落集体所嵌入的社会资本不断减少。公共物品供给或公共设施建设方面，村集体动员能力不断降低，因此村级组织只好转变动员策略，从过去惩罚性为主的机制，逐渐转变成以物质利益或其他可见利益形式为主的激励性机制。伴随着基层村落组织的转型，过去的户籍身份所嵌入的社会资源以及这些资源变现能力也发生了极大的改变。

据村委会提供的资料显示，从1989年到2001年村里因征地给予的"农转非"名额共计435个，其中208人转为工人，其余的则转为普通的

---

① 讲述人：姚金伟，讲述时间：2014年5月6日，讲述地点：京村村（居）委会。

非农户口。总体来看，村里"农转非"主要有四批：第一批是1989年村里出让32.28亩土地给昌平区委，用于修建排洪沟，没有获得金钱性补贴，转非78人；第二批是1995年出让土地76.35亩给北京市公交公司，用于建设军都旅游度假村，转非173人，同时给予金钱性补贴34万元；第三批是1999年出让土地24.93亩给北京市公交公司用以修建公交车站，转非73人，同时给予8.6万元金钱性补贴；第四批是2001年出让土地36.63亩给北京市公交公司用以修建公交车站，转非111人，同时补贴24.8万元。其他占地均以金钱形式补贴。2001年之后，京村土地主要用于承包或租借，其收入也主要是金钱性补贴，租地或承包土地单位不再提供"农转非"名额。另外，据某村干部讲，自2001年以来，"农转非"名额已经不能吸引本村村民，因此，村集体决定不再接受"转非"名额作为租金或承包资金的替代物，"现在农民吃香了，谁还愿意转非啊"①。

"农转非"名额能在很长时间里作为征地补偿形式被村集体和村民接受，很大程度上是由于改革开放后将近二十年时间里，农业户口与非农业户口（当地人称为居民户）在就业、就学等方面，仍然存在较大差别。村民姚春立告诉我：

> 那阵儿居民吃香啊，80年代那会儿，考学好考啊，考技校好考。农民可能就只能考十多个学校吧，（那时候农民报考有限制？）对啊，好多都不要你农民，不像现在似的农民吃香，那时候，考个技校，农民考不了，比方说二百多分，或说及格就要，你农民就得待在家里种地。那时候要是高中考不上，你考什么啊，你像居民就考个技校，考个职高。完了还包分配，那阵儿居民特吃香。②

实际上，20世纪八九十年代，不只是京村这样地处大城市周边的城郊村，那些相对边远的农村地区也出现了"农转非"热潮。当时村民将非农业户口称为"吃皇粮"，意味着不用种地就能吃上饭。尽管身处城市底层的人并不一定比农民过得更好，但在那些面朝黄土背朝天的农民想象

---

① 讲述人：姚金伟，讲述时间：2014年4月17日，讲述地点：京村村（居）委会。
② 讲述人：姚春立，京村村民，居民户口，生于1970年，家中盖有二层楼房，共有16个房间出租，现为公交车司机，其妻子为公交车售票员；讲述时间：2014年5月14日，讲述地点：京村姚春立家中。

中，城市生活本来就是一种高级的享受的生活，城市生活意味着"楼上楼下，电灯电话"。另外整个集体农业时代，国家和社会对"工人"社会地位的政治性提高，使许多农民都向往工人生活和城市生活。

20世纪80年代初期，虽然农民进城务工的限制已经放开，但总体而言，农民仍不能在城市长期居住，同时如姚春立所言，他们也很难被招入工厂，从而转变成城市户口。在这种情况下，农民只能是临时工，而临时工工资水平与正式工人有明显差别。不单如此，二者从福利待遇上也相差甚远，比如正式工人当时还有福利分房和各种医疗保险等，而农民及进城务工农民则完全不能享受这些待遇。当时许多工人都在国营工厂里工作，工作相对比较稳定，他们捧着社会公认的"铁饭碗"。在这些因素影响下，工人社会地位在集体农业时代结束后再次得到提高，用京村村民姚立明的话来说，"那阵儿，女孩儿都愿意嫁给工人，上赶着都成"①。

正如前面分析的那样，20世纪八九十年代，"占地"给京村带来不少"农转非"名额，但相对全村总人口来说，"转非"名额仍是非常稀缺的社会资源。由于村里土地被征占一次，村委会都会将所有土地集中起来重新分配，同时，所获得的补偿（包括金钱性补偿和"转非"名额）也都统一到村委会。之后，由村委会进行再次分配。按村干部的说法，当时分配名额时主要采用的是"抓阄儿"的方法。这个方法虽然存在一些问题，不过总体来说并没有出现村民为此闹事的情形。用村民的话来说，当时村民"思想还好着呢，村里说啥就是啥"。另外从村集体大队部刚刚转变为村委会不久的村组织所嵌入的社会资源也比较多，村干部权威比较大，村民即使感到有些不公平，也大都在"民不与官斗"的生存性智慧中忍气吞声。当然，有村民告诉我，农转非名额分配时，也有部分村民为获得名额，给村干部送了不少礼，有的甚至找到镇里相关负责人。

如前所述，除占地带来的"转非"名额补偿外，也有一部分是通过招工、参军和考学等方式转变了户口。其中需要提及的是，通过招工形式转变户口，大体上可以分为两种情况：一是读完中学后直接被一些单位招走，这些工作往往比较脏累，比如铁路扳道工或煤矿工人等，虽然工种不

---

① 讲述人：姚立明，京村村民，居民户口，生于1971年，家中盖有三层楼房，共有21个房间出租，现在在十三陵水库管理站工作；讲述时间：2014年5月14日，讲述地点：京村姚春立家中。

好，但对当时的农民来说，已经算是非常不错的出路，就像《平凡的世界》中孙少平所经历的那样；二是"对换户口"，主要是集体农业时代被招入工厂获得工人身份和城镇户口的农民，他们的其他家庭成员大都仍保留着农村户口或继续生活在农村，到20世纪八九十年代，他们基本都到了退休年龄。① 根据当时政策规定，这些人可以指定一名子女顶替他们的工作，俗称"接班儿"。顶替工作的子女可以获得父母当时所能享受的一切福利待遇，包括城镇户口及变成工人，村委会将收回其土地，而父母则必须退休且恢复农民身份，由村委会分给其土地，"说白了就是重新回村务农"②。

姚春立属于接替父亲工作而实现的户口转变的情形。按照他妻子的说法，当时他们家里子女多，而能顶替父亲工作的名额只有一个，于是他父亲直接将工作机会交给作为长子的他，结果还是出现了严重的家庭矛盾，"兄弟们为这事儿弄得好些年都不和"③。当时还有家庭采取"抓阄"的方法，所有符合条件的子女坐在一起"抓阄"决定谁去"接班儿"。无论是指定长子还是"抓阄儿"，都是村民在面临稀缺社会资源时，家庭内部保持相对公平和平衡的策略，好在被"接班儿"后，老人还有退休金及部分福利，这才不至于完全依赖子女。现年八十多岁的姚德顺老人告诉我，"做老人的，有时候一碗水就得端平，要端不平，等你老了，动不了了，就有你受的了"④。

20世纪90年代中后期，随着国企改制逐步深入，"下岗分流"逐渐成为城市居民街谈巷议的话题。许多四十岁到五十岁的工人被迫下岗，形成"四零五零群体"，人们深信进入国企当工人就相当于有"铁饭碗"的观念开始发生转变，许多人开始不再迷信"工人"身份，尤其是农民，当他们意识到城里的工人下岗后生活还不如农民时，他们对于工人身份的追逐热潮自然就逐渐冷却下来。此外，1998年开始实施的大学扩招政策，

---

① 后来放宽了这个限制，即使不到退休年龄，也可以"被接班儿"。
② 讲述人：姚春立的妻子，讲述时间：2014年5月14日，讲述地点：京村姚春立家中。
③ 讲述人：姚春立的妻子，讲述时间：2014年5月14日，讲述地点：京村姚春立家中。
④ 讲述人：姚德顺，生于1934年，京村村民，原某国营企业工人，现居住在家中一处小院落里，膝下三子，其中长子于20世纪90年代初接他的"班儿"成为正式工人，现在其长子也已经提前退休，其二子、三子均在京村翻建楼房以租房收入作为主要生活来源；姚德顺老人的妻子已于多年前过世，他没有更多金钱用于翻建房屋，因此，仍然独自居住在小平房里；讲述时间：2014年5月7日，讲述地点：京村姚德顺家中。

使更多的农民子女有机会接受高等教育从而实现其身份的改变。在这些因素影响下,"非农户口"逐渐变得不再是稀缺资源。

进入21世纪后,随着农村税费改革的深入开展,作为北京的城郊村,京村较早取消了农业税,并在粮食"直补"政策影响下,农民手中的土地变成"香饽饽"。尽管此时土地仍集中在村委会,但按照政策规定只有农民才有权利承包这些土地,并获得土地的各项收益。身份上的"农转非"不再是一种稀缺的社会资源,许多已经实现农转非的村民甚至想恢复农民身份。在这种情况下,自2000年后,京村征占地补偿中,不再接受"农转非"的形式,而基本上都变成金钱或解决本村村民工作等补贴形式。

不过,只要具有京村户口,无论是农民还是居民,都属于北京户口。正如前面所说的,北京户口更多是种身份和社会地位的象征。嵌入在北京户口上的社会资源,又令许多持外地户口的人趋之若鹜。据村民介绍,二十多年前,北京人口还没这么多,当时对获得北京户口的管制也不像现在这样严格,于是出现了买卖北京户口的黑市,"1998、1999年前后吧,一个北京户口就已经能卖到十一二万了,那时候,钱是钱啊,十几万,多吓人啊。就这,还有很多人买呢。后来国家打击了,买卖户口的事儿,就少了,不过据说现在还有"①。

对身处北京的人来说,嵌入"北京户口"的诸多社会资源非常可观和诱人,各种相关报道和讨论不在少数。我在和京村居委会主任姚金伟访谈时得知,现在要想获得北京户口,除提高自身能力,达到获得户口的门槛外,还有一条"捷径",那便是与拥有北京农村户口的人结婚。他说:

> 咱们村的情况是,你好比说,你一个外来人,你要和居民户口女孩结婚,你要想得到户口,婚姻得至少十年,人还得到45岁,这还必须女孩家里没有"违建"的情况。违建,政府规定,不给你过户啊。不给你过户,你怎么进来人?是吧。但是农村户口女孩限制就少多了。(你办理过相关事务吗?)办过啊,我们这里每年都得有一个吧,你要是娶了农村户口女孩,想把户口迁进来,第二天就可以办。你可以选择办农村户口,也可以选择办居民户口。咱们村的情况呢,

---

① 讲述人:姚金伟,讲述时间:2015年12月5日,讲述地点:京村村(居)委会。

（办理）农村户口的，也不能享受分红，这村子里的集体资产，没你什么事儿啊，对吧？①

虽然与拥有当地户口的适婚男子或女子结婚可以获得北京户口，但从京村来看，本村女孩一般很少嫁给外地男孩。在我的田野调查中，只见过一例，就是我的大学同学阿玉②和姚戈结婚。阿玉的家乡位于经济不太发达的某中部省份。大学毕业后，他通过考取北京市公务员而获得北京集体户口。严格来说，他也不算是通过与本地女孩结婚而获得北京户口的情况。事实是，由于姚戈家房屋属违章建筑，为惩罚这种违法行为，街道办事处不允许她家拆分户口，这意味着已经出嫁的她，不具备单独立户条件，从而她丈夫也不能随其将户口从工作单位迁入京村。当我就这件事询问姚金伟时，他告诉我，一旦他们家的违建拆除，政府立即同意他们单独立户。不过，正如前面所分析的，与将户口从工作单位迁到京村相比，拆除"违建"并不合算。因此，尽管他们已结婚数年，但阿玉的户口性质仍是单位的集体户口。

虽然当地女孩嫁给外地人的情况不多，当地男孩娶外地女孩的情况却不在少数。有村民告诉我，村里很多高中毕业或大专毕业的男孩都能找到附近重点大学的外地女孩，而且"那些女孩子要模样有模样，要文化有文化，人家不嫌男的丑，也不嫌男的文化水平低，为什么，还不就是有北京户口嘛"③。

第二节 "根不在这儿的人"：外来人的户籍身份藩篱

"城里人"与"农村人"这两个带有标签性质的区分人群的方式，在城市与乡村分野之初就已经天然确定了，但是在当代中国这种"城里人"与"农村人"的巨大分野或者本质上的区别，在很大程度上是一种话语

---

① 讲述人：姚金伟，讲述时间：2015年12月5日，讲述地点：京村村（居）委会。

② 阿玉：我的大学同学，为京村村民姚戈的丈夫，现任职于北京市某机关，在我调查时，任职于昌平区某镇镇政府，主要负责村庄治理与村落换届选举事务。

③ 讲述人：钟某，女，京村村民，40岁左右，讲述时间：2015年12月26日，讲述地点：京村某超市内。

和制度的构建结果。受到现行户籍制度的影响,外来流动人口是生活在城市秩序之外,存在于城市社会边缘的一个庞大群体。这些人或聚集在所谓的"城中村"或"城郊村",或散落于城市社区各个角落,虽然很多时候他们的身份是模糊的,但他们仍然凭借既有的默会知识和生活智慧,在城市里谋划和安排这自成逻辑的日常生活。

我在京村田野时,曾多次听在这里租房子住的外来务工人员说起,他们属于"根儿不在这儿的人"。从他们的话语里,至少可以分析出两点:一是他们从身份上体验到了一种疏离感,他们对于其所谋生的地方没有认同感;二是他们并不是没根儿的人,而只是根子不在这里,他们也许有一天还是要回到根子所在的地方,这又让他们能够在务工地暂时获得一种心安。这种双重的感受,大概和贴在他们身上的"农民工"标签分不开。"农民工"是一个蕴含了多重含义的暧昧词汇。从组成上看,它是由"农民"和"工人"两个不同身份的词汇组合而成;从动态的身份获得过程来看,似乎又处于一种从"农民"到"工人"、从"乡下人"到"城里人"转变的过渡中。正是这样一个暧昧不明的词汇,将进城务工农民这一庞大群体尴尬的务工与日常生活表露无遗。

一 "农民工":一个特定身份群体的生成

农民进城务工并不是现代社会所特有的社会现象,而将进城务工农民称为"农民工"却是最近几十年才出现的事情。从时间上看,从1949年到现在七十多年的时间里,作为一个群体称谓的"农民工"的生成大体上经历了三个明显的阶段。

第一个阶段是20世纪50年代初,为了恢复战争期间遭到破坏的国民经济,当时中央政府制定各种政策重点支持和鼓励发展工业。以此为背景,许多农民开始凭借技术或力气来到城市,从而变成早期的"城里人"[①]。不过此时尚没有"农民工"的说法,虽然也有一些城里人对农村来的人有看法,但总体性歧视与污名并未出现。20世纪50年代末,中国出现了严重的经济困难,城市粮食等社会资源供应不足,为保证农村劳动

---

① 为了限制农民由农村向城市的无序流动,1953年开始制止农民盲目进城务工,这些盲目进城务工的农民在当时被称为"盲流"。

力数量，维持粮食和农产品的稳定产出，开始实行城乡分治的户籍制度①，严格限制农业人口转变成非农业人口，同时也严格限制了农村人口向城市转移。

可以说，从那时起直到现在，国家通过种种措施，最终让城市人与农村人，不仅从地域空间上出现分化，更重要的是文化和社会资源方面，呈现出极为明显的分化。城里人与农村人的本质差别被精心制造出来，并且关于这种本质差别的理念和物质不平等的形式之间的契合也变得越来越紧密。② 不过，虽然城里人与农村人之间的二元对立极为明显，但由于集体农业时代长达几十年，城里人与农村人的直接交流并不多，对于大多数城里人来说，他们对于农村人的成见更多是来自想象和书本知识，并没有形成一种厌恶的态度。

第二个阶段是 20 世纪 70 年代末到 80 年代中期，随着家庭联产承包责任制的施行，同时受到土地资源本身的限制，越来越多的农民成为农业剩余劳动力，尤其是新长成的劳动力需要寻找农业之外的就业途径，而当时城乡二元的户籍制度管理仍然较为严格。为了解决这些受到制度制约而不能到城市谋生的新生劳动力的生计问题，在政策鼓励下，各式各样的乡镇企业开始出现，这些立足乡土的企业容纳了许多新生劳动力。"离土不离乡，进厂不进城"人员，从身份上看仍然是农村户籍，而且拥有土地经营权，属于农民行列，同时他们所从事的又大都是第二、三产业，与其他产业工人无异，这样一种既是农民又是工人的群体诞生了。由于此时这个群体并不进城，所以在这个阶段也没有受到城里人的歧视，相反，他们在亦工亦农中率先富裕起来，还成为许多城里人羡慕的对象。③

第三个阶段 20 世纪 80 年代中期以后，城市经济体制改革加快了进程，随着个体户和私有制企业的大量出现，城市对于劳动力的需求日益增多，拥有城市户口的居民劳动力已经难以满足这种需求。与此同时，政府部门也开始调整户籍制度，对农民进城务工的限制越来越松。在这种情况

---

① 参见 1958 年颁布的《中华人民共和国户口登记条例》。
② ［澳］杰华：《都市里的农家女——性别、流动与社会变迁》，吴小英译，江苏人民出版社 2006 年版，第 58 页。
③ 需要说明的是，20 世纪 70 年代末到 80 年代初，也有许多新生劳动力突破种种藩篱，来到城市务工或做小生意，不过这些人被当时的政府称之为"盲流"，是受到打压或者抵制的对象。在政府主导的话语体系影响下，"城里人"对这些人也是充满了偏见。

下,"离土又离乡,进厂又进城"的"农民工"大量出现了,与此同时"农民工"群体也开始成为城里人街谈巷议的话题。

家庭联产承包责任制在实施之初,正如我们所了解到的,的确激发了农民的积极性,农民的辛苦劳作,换来的是农产品产量的大幅度增加。在其他政策如市场逐步放开等因素的影响下,实现了自给自足并有结余的农民,将农产品拿到市场上销售换取金钱,并利用这些金钱改善日常生活。比起集体农业时代,尤其是集体农业时代后期来说,农民的生活水平的确提高了不少。

与农民生活水平提高同时出现的是各种市场,尤其是农用物资市场的活跃,已经广泛采用先进农具或进口肥料等农用物资的农民,越来越依赖市场。农用物资市场的繁荣,进一步密切了农民与整个市场的联系。然而,问题也正是在此时显现出来。大概在实行了家庭联产承包责任制之后的五六年里,土地的产出值达到了一个极限。换言之,由于地力有限性特点,根据现有的农业耕种技术,农民投入更多的劳动量,并不能换回更多的土地产出。在这种情况下,已经被卷入整个商品市场的农民,所面临的生活风险也增大了不少。

虽然实行了计划生育政策,但在广大农村地区,还是有许多村民不顾法律政策而多生育孩子。在已经失去了集体农业时代"人多力量大的"优势的情况下,尤其是在家中成年人都成为剩余劳动力之后,这些潜在的劳动力(人们多生育孩子的主要观念之一便是"养儿防老",其中的逻辑便是,现在的孩子是未来家庭中的劳动力)成为纯消费者,对许多家庭来说,这是一笔不小的支出,尤其到20世纪90年代后期高等教育经费的增多,使得许多多子女的家庭陷入困境。这就出现了一种怪现象,国家经济越发展,市场越繁荣,就有越多的边远地区的农民变得更加贫困。由于他们的生活与市场联系得更加密切,而土地的产出值已经难以维持生活需要,他们只有出卖自己的劳动力,变成所谓的"农民工",问题在于边远的农村地区和小城镇,并不能提供如此多的工作岗位,于是这些人不得不到离家更远的地方去务工挣钱,以维系家庭生活需要。不太年长的老人,还可以通过种植获得一些农产品,或满足生活需要或到市场上换取一些金钱,总体来说,这些人回到了自给自足的生活状态。而更老一点或尚未成为劳动力的年幼子女,则成为靠外出打工的年轻人"救济"的群体。为了减少这些几乎纯粹是消费者的群体的生活成本,更多外出务工的年轻人选择让这些人留守家中，定期给予一定的生活费。

市场化的到来，将依靠传统道德观念建立起来的村落社会彻底打散。对于许多村民，尤其是城郊村村民来说，他们谋生的手段增加了，相应地，他们获取收入的风险也大大增强了。原来依靠种地能够维持温饱的生活状态被打破，在市场的强力渗透下，他们不得不在粮食生产之外，想方设法获得更多的金钱收入，由于手工业被取代，简单的日常生活必需品，现在都变成了商品，都需要在市场上通过交易获得。在这种情况下，村民对于生存安全的感受发生了变化，传统的种植业固然能够维持个人和家庭的生存，但要追求相对高一点的生活水平，则必须离开土地。因为土地的回报是实物产出，而实物变成金钱需要由市场的波动来决定。换言之，对于许多村民来说，"种地"这一在传统社会中较为稳定的经济行为，现在变得更为不确定了。在一些依靠种植经济作物为主的农村地区，这一点表现得尤为明显。为了获得持续性收入，许多村民不得不寻求更多的途径来增加收入来源，比如他们会尽可能地外出打工，或者在农忙时赶紧完成自家农活儿，而与他人一起成立半专业性质的短期"簿房"①。

年轻的村民则选择了外出务工，尤其是那些经济欠发达的相对比较边远、闭塞的农村，大量的村民走到了远离家乡的大城市。在市场化的持续冲击下，近邻大城市的农村村民也选择了外出打工，只不过，在交通相对便利的地方，他们还可以选择种植获利更多的经济作物，比如城郊农村种植大棚蔬菜、果木等，虽然这些产品也会受到市场波动的冲击，但从长远来看，由于市场需求较大，他们面临亏损的可能性要小一点。另外，这些经济作物的种植往往需要大量的劳动力和更多的成本，所以并不是所有农户都有能力经营这些经济作物。有人往往会留存一点自己感觉对于生存能够起到保险和保障作用的土地，将更多的土地承租给那些种植大户，而自身则投入"农民工"行列，到城市打工。

二 "亦农亦工"：进入身份"阈限"的群体

随着改革开放，"农民工"进城务工的浪潮出现，城里人与农村人地理意义上的分野变得越发模糊，"农村人"长期以来被知识分子和城市精英塑造的贫穷、落后、不讲卫生、愚昧等带有强烈贬义色彩的标签，从后

---

① 簿房，是当地的一种说法，指的是比较松散的专业工作团队。

台走向了前台,由"不可见"走向了"可见",并实实在在地进入了城市居民的生活空间①,面对涌入城市的越来越多的农村人,更多的城市人认为农村人"侵占"和"掠夺"了原本属于他们的社会资源,因此从心理上他们更加疏远这些农村人,最明显的地方在于"农民工"这一略带贬义色彩的暧昧不明的词汇的出现。

与其说"农民工"是一种称谓,倒不如说是一个标签,这种象征身份的标签,从其产生之日起,就被知识精英与城市人认同为"落后"或者秩序破坏者的形象。直到现在,在很多人眼里,"农民工"仍然是"麻烦"的制造者或来源,在这种语境下,来到城市的"农民工"彻底成了城市的客体和对象,他们要么成为在城市里生活的人们同情的对象,要么成为被鄙视和嘲笑的对象,总之,大体上他们是被构建成沉默的对象而不是说话的主体。② 正如折晓叶等人所分析的那样:

> 在城市的社会生活行动层面,他们不能进入城市主流社会,只能生活在城市的边缘地带,与城市居民形成了明显的隔离,难以建立交往纽带。由于缺乏与城市居民的交往和理解,享受不到基本的市民权,于是,他们在城市社会中失去了话语权,经常遭到城市社会的歧视和妖魔化,成为城市社会问题的替罪羊和首选的排斥对象。③

从学术研究来看,城市里的外来务工人员,被许多知识分子想象成为一种弱势群体的形象。作为知识精英,他们不愿意像其他城市人那样鄙视"农民工",但不可否认,在他们的学术视野中,"农民工"这一群体又的确是一种"问题"的存在,需要被"拯救"。这种看法并不是近几十年产生的,早在20世纪二三十年代,在华北地区大搞"乡村建设运动"的晏阳初、李景汉等人,就是站在一种审视农村社会和农民行为的立场上,将农民的特征归结为"愚、穷、弱、私",正如赵旭东所分析的,这些被称之为"病症"的特征,也许在某些村民身上有所显露,但绝不是每个农

---

① 熊辉:《群体偏见、污名化与农民工的城市融入》,《民族论坛》2008年第3期。
② [澳]杰华:《都市里的农家女——性别、流动与社会变迁》,吴小英译,江苏人民出版社2006年版,第58页。
③ 折晓叶、艾云:《城乡关系演变的制度逻辑和实践过程》,中国社会科学出版社2014年版,第193页。

民身上都会发生这类"疾患"。然而,不幸的是这些带有明显污名化倾向的定论,深深地影响着那些没有去过乡村、对乡村人并不了解的城里人的思维,在他们看来乡村及农民是一个需要被拯救的病态群体。①

除了话语和生活主体的形塑外,造成外来务工人员与城市居民身份之间不平等的最重要的制度性因素大概就是兴起于1950年代末的户籍制度,"当代中国城市农民工的附属地位源自一直以来实施的以户籍制度为核心的国家规制与市场力量的释放之间独特的结合"②。城市里的雇主以更低的工资和待遇雇佣大量农民工,虽然并不是户籍制度本身所带来的问题,"户籍制度本身并没有创造这些实践,但是它已经成为这些实践的一个组成部分"。户籍制度在这其中发挥的最大作用便是将城市人与农村人之间文化分割与社会资源分配的不平等予以制度化,这就使得"农民工"一旦来到城里,他们便被剥夺了主体性,从而变成了客体。城市雇主们给予他们更低的待遇和报酬,实际上也得到了包括农民工自身在内的许多人的普遍认可。

20世纪八九十年代以来,曾经严格限制人口区际流动,尤其是农村人口向城镇流动的户籍制度逐渐失去了原有的意义。意识到这个问题的政府开始制定一系列其他政策和法规,这些新的政策法规,在户籍制度之外,重新确定了一套能够支配外来流动人口生活所有方面的制度体系。

可以说,国家对于"农民工"的态度是暧昧不明的,相对于集体农业时期以户籍制度严加限制农民流动而言,改革开放后对于农民工的流动国家采取了更隐蔽的规训方法,我们看到的是,国家在一定程度上鼓励农民工走向城镇走向城市,与此同时,国家又以各种政策或文件形式,将这些进城务工农民看成"他者",是一种"既成事实"的社会问题。这样,整个所谓的"农民工"群体就被隐蔽地打上了权力规训的烙印。换句话说,"这是一群有问题的人",虽然没有明说但也可以推测出来,在部分基层政府管理人员眼里,"农民工"是"次级的"或"低级的"存在。这也正符合了福柯所说的,规训的权力要求有一种有关对象群体的知识实

---

① 赵旭东:《本土异域间——人类学研究中的自我、文化与他者》,北京大学出版社2011年版,第133页。

② [澳]杰华:《都市里的农家女——性别、流动与社会变迁》,吴小英译,江苏人民出版社2006年版,第92页。

体创造。① 当"农民工"这一群体被从农民群体里剥离出来的时候,他们也就变成了社会知识经营的一种客体,他们的主体性正是在学者们呼吁给予其主体性的过程中逐渐消失,最终他们真的沦落成社会的客体,他们的所有行动都被打上各种烙印,要么基于同情,要么基于厌恶,抑或基于其他感觉方式,真正属于"农民工"自己的声音被社会噪音所吞噬了,直到"农民工"群体接受外界给予其形象和角色的定位,并将其内化为自己的知识时,整个"农民工"群体的主体性已经彻底消失,他们所发出的声音已经是被社会所规训了的。

与主流话语将"农民工"构建成城市客体不同,"农民工"群体对于自身的主体性的构建则呈现出明显的双重性特点。

一方面,在叙述中,他们认为自己是从偏远的农村地区来到北京,是从落后贫穷的地方来到了象征富裕与现代的城市,主体的地位从边缘来到了中心,这是牵引他们来到城市谋生的主要动力之一。在这种心态支配下,许多进城务工农民,尤其是年轻人,采取的往往是"去农民化"实践,即他们不愿意让城里人知道他们是农民,或者他们会用"早已经不会种地"等话语,来表明自己的立场。另一方面,他们又在主流话语的逼迫下,承认自己的城市客体地位,采取自我隔离的生存策略,从内心深处仍然认为自己处于城市社会的边缘,是"城里人"眼中的"他者",而与此同时他们作为村子里走出来的人,本身又成为村落里的中心人物,这是他们时刻准备回归故乡,并且对融入城市生活非但不认同,反而有所抵触的内在原因之一,当然,这时作为外在因素的户籍制度或其他社会政策,显然不足以解释进城务工农民的这种自我客体化的心态,"他们所具有的'农民意识'更多是从祖辈、父辈那里传承下来的,是对'乡土意识''家族意识'的一种集体意识的继承"②。

这些进城务工的农民,在长期受到城里人的歧视之后,逐渐生成一种自我隔离的倾向和生存策略。他们在将城市人对象化、本质化之后,开始在隔离中建立另一种主体性,这种主体性是建立在对城市的排斥与不认同的基础上,他们与城市和城里人的关系,仅仅是在物理空间上处于一体,

---

① [法]米歇尔·福柯:《规训与惩罚——监狱的诞生》,刘北成、杨远婴译,生活·读书·新知三联书店2003年版。
② 郭星华等:《漂泊与寻根——流动人口的社会认同研究》,中国人民大学出版社2011年版,第168页。

在心理上则是高度疏离。① 正如在京村开拉面馆的王永强所说的那样，"他们城里人就是牛气，可是牛气有什么用呢？我们不和你来往。现在什么事儿都是钱的事儿，钱办不了的，城里人也办不了，他们瞧不起我，我还看不上他们呢"②。像王永强一样的进城务工农民，虽然很早就离开了土地，来到城市谋生，并且身怀一技之长，但他们仍然希望在年纪大一点，攒的钱足够多时，在县城买个楼，在家乡开小餐馆。作为传统农耕文化中最重要的观念之一，"飞黄腾达"后荣归故里，成为许多外出闯荡的农民内心最实在的梦想。他们不是不喜欢城市生活，而是家乡自有一种他们割舍不掉的情感，或者说，家乡自有他们能够表达"成功"的场合。当我问起拉面馆老板娘刘晓芳是否感到受到歧视时，她告诉我：

> 这有什么受歧视的，本来我们就不是北京人啊，为什么要户口，我们又不是黑户，问我们是哪里的，我们就说兰州的。也有些人想一辈子在这里住，想得到户口，大多数像我们一样的人，对这个没有太大的要求。我们都是年轻的时候，在这里挣钱，年纪大了就回去了。③

大概也正是基于此，这些进城务工农民才能在如此"恶劣"的生存空间里小心翼翼地维持着自己的生活，正如我们所看到的那样，他们将不利的身份藩篱转化成了有利的劝导性因素，当他们受到城市人的欺负时，他们群体内部会相互安慰"谁让咱们是农民"，这种看起来对于农民身份的认同，实际上并非消极避让，在我看来更多的是他们在大城市的夹缝中生存的一种策略罢了。

在主流话语、制度安排和自我隔离的多重夹压下，"农民工"群体失去了主体性，他们成为被表达的对象，他们的生活中自然也就缺失了自我。对于这些曾经心怀着城市梦的进城务工的农民来说，虽然身处城市空间，但城市生活距离他们是那么遥远，当初离开故乡的决绝被城市生活的区隔击退，他们开始眷恋故乡，而这又使得他们更难融入城市。然而，我

---

① 朱力：《中国民工潮》，福建人民出版社2002年版，第323页。
② 讲述人：王永强，讲述时间：2014年6月21日，讲述地点：京村西北拉面馆内。
③ 讲述人：刘晓芳，讲述时间：2014年6月21日，讲述地点：京村西北拉面馆内。

们又不能不看到，这些进城务工农民在诸多不利因素中，并非没有作为，而是艰难地建构自己的主体性，尽管这种主体性看起来处于弱势地位，尤其是在面对各种外部压力时，他们仍然在这个夹缝中发挥自己的所长，即在这个既不认可他们，他们也不认可的生存空间里，经营着自己的生活。在这种生存状态下，一种新的默会知识体系生成了，这种知识既不同于农村生活中的传统经验，又难以与之完全分离。这些知识成为进城务工人员处理更为复杂的人际关系、社会关系的社会行动准则。

三 遣散回乡：进城务工农民的"噩梦"

从实践上来看，伴随着大规模"打工潮"而出现的是，大量农村人口进入城市。而没有做好准备的城市，尤其像北京这样的大城市，在面对突如其来像潮水一样的进城农民时，的确出现了许多问题。其中最主要的便是对原有秩序的破坏。面对这样的情况，政府不得不采取行政措施对进城人员进行管理，正如李友梅等学者所指出的那样，为了维护京城的威严，当时的北京市政府不得不采取措施将进城农民全部赶出城市，城市居民大多也以鄙视的目光看待农民的进城行为，甚至有不少市民还对农民进城发出愤怒的谴责声，强烈要求城市政府将农民赶出城市。[1]

事实证明，面对农村流动人口大规模进城这样一个现实问题，"堵"并没有起到明显效果，反而让一些流动人口转入隐秘状态，从而增加了社会隐患。至少在北京驱赶进城务工农民的行动并没有产生明显的效果，尤其是在偏离主城区的街道，效果更是寥寥。费孝通先生曾指出，"走街串巷的农民数量越来越多，而且深入京城各偏僻角落，令管理者防不胜防"[2]。后来，进城务工的农民改变了原来没有头绪没有目标"一股脑"投入各个行业中的做法，采取了见缝插针的行动，他们把自己的生存之道嵌入城市的日常生活之中，开始注意专门挑拣那些城里人不愿干的活儿，比如扫大街、收破烂儿等，渐渐地他们的工作对于城里人而言变得不可或缺。

这时候，尽管城里人对于农村人的歧视仍然存在，但他们也抵挡不住农村人"不怕脏不怕累"所带给他们的生活便利，于是就从"敌视"逐

---

[1] 李友梅等：《中国社会生活的变迁》，中国大百科全书出版社2008年版，第123页。
[2] 费孝通：《费孝通文集》（第九卷），群言出版社1999年。

步转变成了"无视",即只要没有明显冲突,城里人也能在一定程度上容忍农村人进城务工。这又进一步刺激了尚未进城的农民,在已经在城市里立住脚跟的农村人鼓舞下,越来越多的农村人放下锄头,加入城市务工"淘金"的热潮。

农民选择离开村子到城市过漂泊的生活,实际上绝不是一种盲目的行为,相反,他们离开家总是有非常明确的目标和动机,比如"到外面挣钱,供孩子读书",或者"到外面闯荡闯荡"等。外出务工人员起初也许是为了在农业收入之外,获得一些额外的经济来源,而在打工的过程中以及与打工地生活方式的融合中,不断地调整原来的目标和动机,在日常生活中作出最有利于当下生活状态的选择,不断地赋予其行动以合理性,不断地反思自己的行动,调整自己的策略。

我在京村调查的时候,有一对来自河南南阳的年过半百的中年夫妇,他们在村子里经营着一个早餐铺子。相对来说,他们的生活是比较稳定的,他们的两个儿子均已成家,也各自有了自己的后代。用他们的话来说,最早的时候是因为家里的地少,两口子外出谋生活,二十多年过去了,现在变成了一家人在外面谋生活,人口也从两个变成了十个。当回忆起二十多年前初次来北京谋生活的情景时,老刘现在仍然愤愤不平:

> 我那时候不是在农业大学那里卖早点吗?有一天,我就看到三个或者四个民工,就在马路上走着,忽然就出现了四个民警,上去就把民工摁住了,一人摁一个。我还以为他们犯了什么罪了呢?后来才知道,原来是上边有指标,那一天呢,他指标没达到,天黑的时候,他到处查遣送回家的人,随便抓……那时候民工很苦,没有暂住证,就随便被抓,抓走就去挖沙子,然后遣送回家。[①]

自20世纪80年代以来,大中城市对于进城务工农民和其他流浪人员的管理主要实行"以证控人"的办法,其中1982年国务院发布《城市流浪乞讨人员收容遣送办法》,其中规定设立收容遣送站,后来在实际操作

---

① 讲述人:老刘,河南某县人,生于1956年,1996年与妻子一起来北京务工,2008年来到京村开早餐铺;讲述时间:2014年3月27日,讲述地点:京村老刘早点铺。

过程中，对于"流浪乞讨"人员的认定基本是查验其暂住证、流动人口证、就业证等十几张证件。我在田野调查时听到最多的便是，一旦被发现没有带暂住证，就会被带到强制收容站，挖沙子挣路费，然后被遣送回家。有一位在京村租房住的进城务工农民告诉我，他曾经被强制遣返过，提起收容站的生活，他连连摇头，"太惨了，吃不好，每天就是馒头加咸菜，黑白干活，挖沙子，背沙子，还不能和家里人联系，干几天之后，挣够路费了，就被遣送回家了，一般人都得脱层皮"①。

2003 年广州市出现轰动全国的"孙志刚事件"，引起社会对强制遣返制度的广泛讨论，同年 6 月国务院通过《城市生活无着的流浪乞讨人员救助管理办法》，同时废止《城市流浪乞讨人员收容遣送办法》，这才从政策上缓解了"强制遣返"过程中出现的人为暴力。不过，北京地区对于外来流动人口仍然以"疏散"为主要方式，而疏散的对象又主要是"低端行业"从业者。遣散"低端行业"从业者，本身是一种社会清理过程与社会重组过程。实际上，这是城市管理者的一种策略。据报道，截至 2014 年昌平区常住人口已达到 188.9 万，其中常住外来人口为 100.6 万，是全北京唯一的"外来人口倒挂区"。② 为了应对这种严峻的人口形势，北京市通过指标形式责令昌平区在数年内遣返 20 万外来流动人口，这些流动人口主要集中在沙河、回龙观、北七家、东小口等地方，另一部分则分散在像京村这样的城郊村里。为此，昌平区自 2014 年以来大举清理工业大院、废品回收市场、建材市场、农贸市场、砂石堆料厂等，全面清退"低端行业"。从环境与社会治理上来看，清退"低端行业"无可厚非，毕竟在实际操作中，这些行业都或多或少地存在安全隐患，但从附着于这些行业的流动人口视角来看，这种以"遣散""清退"代替合理安置的管理办法产生了许多新的社会问题。

昌平区将遣散外来人口、清退"低端行业"的指标下分到各个有外来流动人口聚集的街道或乡镇，其中管辖京村的城北街道需要在两三年内清退上万人。按照政策规定，京村的大多数"个体户"都属于"低端行

---

① 讲述人：王某，讲述时间：2014 年 3 月 27 日，讲述地点：京村老刘早点铺。
② "北京昌平严控外来人口 将外来人口降到50%以下"，《北京青年报》2014 年 4 月 26 日 http：//news.youth.cn/jsxw/201404/t20140426_5091985.htm.

业"，而这些行业容纳了非常多的流动人口。为了更好地管理外来流动人口，京村早在数年前就成立了"流动人口管理站"，根据村子里的实际情况，按门牌号将整个村子划分为六个责任区，每个责任区设立一个流管员，负责本责任区流动人口的登记、办证等管理工作。

> 现在就是说什么呢，就是清退"低端行业"从业人员，按照上边的说法是，以业控人，以证控人，好比说，你是"低端行业"，对不起，你得走，再好比说，你不走，好，我还有一个办法，你不是有孩子嘛，咱们现在政策说的是鼓励孩子就近入学，这个政策不能违背，但是你，作为外来人口，还是从事"低端行业"的外来人口，你得凑齐五证，哪五证呢？暂住证、就业证、营业执照、社会保险（五年）、纳税证明五年的，光这些证就限制死你了……①

这些政策极大地压缩了这些"个体户"的生存空间，为了更好地生存下去，他们极大地发挥了生存性智慧，纷纷找到自己的生计策略。从西北拉面馆的情况来看，这些个体户在面对外部的生存性压力时，一方面积极寻求自己所经营的"圈子"，另一方面也会通过送礼等方式打通一些其他的社会关系。对于清退"低端行业"的问题，拉面馆老板娘刘晓芳曾故作轻松地说：

> 要是真赶人，我们就回去啊，正好孩子也大了，这里上不起学的，回家多好，再说了，等我们一走，这个村子的房子租给谁？他们不还得去闹事，看吧，他们一定会去区里闹事，哈哈。②

实际上，在我的后续观察中，他们在面对外部政策压力和自己子女入学问题时，并没有选择离开，而是动用了能够动用的一切关系设法留在了村子里。

尽管如此，我们对于进城务工农民的处境还是不能过分乐观，他们仍然因为身份上的藩篱而被迫成为城市中"无根"的边缘社会人口。

---

① 讲述人：姚金伟，讲述时间：2014年5月6日，讲述地点：京村村（居）委会。
② 讲述人：刘晓芳，讲述时间：2014年5月5日，讲述地点：京村西北拉面馆。

至少在可以预见的短时间内，他们并不会集体或者大规模获得打工城市的户口，这就决定了他们的流动仍然是暂时或钟摆似的，他们的根仍然在边远的农村，实际上城市人口并未实质增加，而是在不断地自我循环。

第四章

跨地域家庭模式：
进城务工农民的生计选择

根据国家卫生计生委发布的《中国流动人口发展报告2016》数据显示，2015年中国流动人口规模达2.47亿，占总人数的18%。同时，统计数据显示，流动人口平均在外流动时间从2013年的4.36年上升至2015年的4.40年，总体来说涨幅不是很高，说明当前进城务工农民的流动性还是很强。这些流动人口在进城（尤其是大中型城市）以后有相当部分聚集在城市周边的城郊村。[①] 进城务工农民与当地村民长期混居，形成了既不同于城市又与传统村落相异的独特社会空间结构和文化传统。探讨城郊村独特的社会结构与文化传统形成的社会机制及不同身份村民的生计选择与生活诉求，对既有城市化研究视角是一种有益补充，同时对探索城市化的中国道路以及促进城镇化进程中基层社区善治也具有现实意义。

如前所述，在中国城市化研究中，学界对城郊村的关注并非很晚近的

---

① 人口学家杨菊华等人对中国2011年流动人口动态监测调查数据分析发现，中部地区跨县流动者的家庭规模最大、代数最多、家庭结构更复杂、子女更易与父母团聚，而在东部地区、长三角和珠三角经济带跨省流动者中，家庭规模最小、代数最少、结构最简单、团聚也更为不易（杨菊华、陈传波：《流动家庭的现状与特征分析》，《人口学刊》2013年第5期）。汪建华在田野调查中也发现中西部地区小城市整体上家庭更容易保持完整（汪建华：《新生代农民工的城市生活图景》，《文化纵横》2016年第3期）。正如这些研究所表明的，不同地区、不同文化区域，进城务工农民所选择的家庭模式并不相同，同时也并非所有进城务工农民都会聚集在城郊村，尤其是将城市的范畴扩展至"城镇"时，真正聚集在城郊村的进城务工农民与整个流动人口相比实际体量也许并不高，但这并不能说明城郊村独特的社会结构和社会文化就不值得专门研究。我在北京地区田野作业时发现，聚居在大城市周边地区的流动人口中选择跨区域流动的人群的绝对数量实际上并不在少数，他们面临的社会困境更为突出，而关注他们的生计策略与日常生活对于反思当前城市化发展模式更具典型意义，基于此，本书主要关注的是聚居在大城市周边城郊村进城务工农民群体的生计策略选择及其日常生活实践。同时，本书也正是以此为切入点讨论当前城市化研究中"城乡二元"对立分析框架的不足。

事情。以上研究为本书提供了可资借鉴和反思的理论视角。不过，既有的一些观点，或多或少受城乡二元对立分析框架影响，将"城郊村"视为城市化过程中暂时出现的、过渡性的、随区域经济发展会在短时间内彻底消失的社会现象。本书认为，某种意义上，过分强调城乡二元对立结构，至少从两方面忽视了中国当前的社会事实：（1）从空间社会结构上，忽视了快速城镇化过程中大量城郊村长期持续存在的社会事实；（2）从时间和文化传统上，忽视了拥有数千年文明传承的中国，在漫长的城市化进程中，城乡间并非简单的二元对立关系，而是复杂的相互嵌套关系。

近几十年来，关于亚、非等地区城市化发展的实证研究也表明，城乡二元分析范式并不能完全反映全球化和市场化时代发展中国家城市化过程中出现的兼具城市和农村特征的城郊村日常生活、家庭与社会结构状况。在总结前人研究成果后，Schmidt-Kallert 呼吁在关注发展中国家快速城市化问题时要将作为新研究范式（New Paradigm）的家户生计策略纳入学术实践，并据此对城乡二元对立分析框架与城市化欧洲中心主义局限性进行反思。①

值得注意的是，近些年来不少中国学者也开始反思城乡二元分析框架的局限性。如贺雪峰②提出欧美日之外城市化的第三种类型，并力主无论具体实践还是学术研究都应破除城乡二元结构的桎梏。岳永逸提出"都市的乡村化"与"乡村的都市化"，指出具体研究中"应该抛弃乡土民俗学基于单线进化论的'向下看'和'向后看'的基本姿态与体位，并力图打通在空间意义上对都市和乡村的机械割裂，强调当下都市民俗的乡土性和乡土民俗的都市性，即不同空间民俗相互影响交织、涵盖的互融性"③。王兴周提出"都市乡民"的概念，对过去几十年城市化实践中出现的乡村城市化向城市乡村化演变倾向进行了反思。④ 张士闪等也提出"城乡民俗连续体"的重构问题，并指出"在中国，城市从来都是乡土气息浓郁的城市，乡村则是越来越具有更多城市色彩的乡村"⑤。

---

① Einhard Schmidt-Kallert, "A New Paradigm of Urban Transition: Tracing the Livelihood Strategies of Multi-locational Households", *Die Erde*, 2009 (3), pp. 319–336.
② 贺雪峰：《城市化的中国道路：近距离看中国》，东方出版社 2014 年版。
③ 岳永逸：《都市中国的乡土声音：民俗、曲艺与心性》，中国人民大学出版社 2015 年版，第 323 页。
④ 王兴周：《都市乡民与乡土传统的复活》，《学海》2015 年第 2 期。
⑤ 张士闪主编：《中国民俗文化发展报告 2014》，山东大学出版社 2015 年版，第 13 页。

从经验材料和统计数据来看，进城务工的农民非但没有在短时间内实现社会身份转换，而且其同家乡的各种社会联系也未中断。相反，受多种因素影响，他们中有相当部分并没有打算在其所打工的城市永久生活下去，在以年度为时间单位的考量中，他们在农忙时节或重大节日期间会回到家乡，在以生命周期为单位考量中，他们倾向于在生命中的某一时刻回到家乡村落，并在那里度过余生。

第一节　作为生计策略选择的跨地域家庭模式

近十多年有关非洲[①]和亚洲[②]发展中国家城市化相关研究表明，与西方发达国家城市化主要是以核心家庭的举家迁移进城为主不同，发展中国家城市化过程中，出现了家庭成员分裂为进城务工与农村留守两部分长期并存的社会事实。我认为，之所以出现这样的情形，很大程度上是由于市场化的今天，不少发展中国家，尤其是有着悠久农耕文明的中国农民在选择进城时更注重生计上的"安全第一"原则，同时受文化传统影响，这些地区（尤其是亚洲地区）的农民对耕地有一种天然的偏好。

一　生存伦理与内外合力

全球化和市场化时代，社会充满了各种风险和不确定性。对此，鲍曼极富洞见地指出，"这种对个人安全的超常关注由于生存的无保障和心理的不安而充斥着无法理解的意义，高高地凌驾于其他一切恐惧之上，使其他一切忧患理由相形见绌"[③]。面对这样的"风险社会"[④]，发展中国家的农民进行生计决策时，更倾向于最大限度地规避生存风险，而不是优先选择风险更高的经济利益最大化。在"生存伦理"的指导下，农民进城务

---

① Kombe, W. and V. Kreibich, *Informal Land Management in Tanzania and the Misconception about Its Illegality*, In Kreibich, V. and W. H. A. Olima (eds.), *Urban Land Management in Africa*, Dortmund, 2002, pp. 284–298.

② Deshingkar, "*The Role of Circular Migration in Economic Growth*", Online available at: http://www.rural21.com/fileadmin/_migrated/content_uploads/ELR_Rural–urban_links_ _seasonal_migration.0206.pdf.2009.

③ ［英］齐格蒙特·鲍曼：《全球化：人类的后果》，郭国良、徐建华译，商务印书馆 2013 年版，第 116 页。

④ ［德］乌尔里希·贝克：《风险社会》，何博闻译，译林出版社 2004 年版，第 2 页。

工时一般不会举家搬迁到打工地所在的城市，他们往往选择部分家庭成员（比如父母或妻子儿女）留守农村，尽管有时这种选择是基于不得已因素（比如城市生活成本和政策性门槛太高等），但在他们看来，这也是一种有效规避生存风险的策略。① 这样原有农村家庭就一分为二变成了"留守农村家庭"和"暂居城市家庭"。对于这种将家庭进行城乡区域间拆分的现象，有西方学者将之称为"跨地域家庭"（dual-locational households）并进行讨论②。我认为，跨地域家庭模式实际上是农民在充分考虑其所占有的物质、人力和社会资本基础上，进行仔细计算后得出的理性选择③，而此理性选择是一种合力影响的结果④，这种合力主要表现在两个方面。

---

① 虽然有研究指出，2000年后，人口流动模式从以单人外出为主向以核心家庭外出为主转变，"外出家庭化"成为新的发展趋势（参见李代、张春泥《外出还是留守？——农村夫妻外出安排的经验研究》，《社会学研究》2016年第5期），但就目前统计数据和现实经验来看，采取跨区域家庭安排的农民仍然不在少数，而且没有证据表明，以夫妻和未成年子女组成的核心家庭外出情形阻断了其与村落之间的联系。相反，我在田野研究中发现，正是受到这种新趋势影响，传统村落核心家庭有扩大趋势，即在夫妻和未成年子女外增添了步入老年的父母，从这个角度来看，当前外出家庭化情形，很大程度上是扩大了的跨地域家庭模式。

② Einhard Schmidt-Kallert, "A New Paradigm of Urban Transition: Tracing the Livelihood Strategies of Multi-locational Households", *Die Erde*, 2009 (3), pp. 319–336.

③ 正如项飚在研究"浙江村"时所指出的那样，"计算"暗示着人们是有理性的（项飚：《跨越边界的社区：北京"浙江村"的生活史》，生活·读书·新知三联书店2000年版，第476页），本书也是在这个意义上运用此概念，意在指明农民的行动选择虽深受传统惯习影响但并非是无理性的。事实是，很多情况下，在面对家庭生计问题时，他们往往要经过深思熟虑，只不过，这些理性不一定完全符合现代市场理性，它自有一套内在逻辑。

④ 在人口学领域，早在1880年代英国学者雷文斯坦（E. Ravenstien）即分析了人口迁移的七条规律，后来在巴格内（D. J. Bagne）等人的发展下，逐渐形成人口学上关于人口流动和迁移问题最具解释力的"推拉理论"，后来李（E. S. Lee）在文章中进一步阐释和拓展了推拉理论，指出人口流出地与流入地都既有拉力又有推力，并补充了"中间障碍"这一因素，认为人口流动是这三个因素综合作用的结果。（[美]埃弗雷特·李：《人口迁移理论》，廖莉琼、温business乾译，《南方人口》1987年第2期。）人口推拉理论对于理解城市化过程中进城务工农民的总体趋势具有重要理论意义。国内社会学家李强运用"推拉理论"对进城务工农民的流动性进行了分析（李强：《影响中国城乡流动人口的推力与拉力因素分析》，《中国社会科学》2003年第1期），邹新树也在文章中具体指出"作用于农民工个体的合力=（城市拉力+农村推力）-（城市推力+农村拉力）=某地农村净推力+某地城市净拉力，农村劳动力向城市流动的方向和倾向性程度取决于这个合力的大小"（邹新树：《农民工向城市流动的动因："推—拉"理论的现实解读》，《农村经济》2005年第10期），为本书进行研究提供了思路。以上研究大都依据相关统计数据与调查问卷资料从宏观方面分析了来自城市和农村的推拉力。与人口学经典"推拉理论"不同，本书则立足于深度访谈资料，以一种"内部的视角"，从日常生活着手，具体分析文化、传统、惯习以及情感等因素对流动人口生计选择的影响。我之所以使用"排斥力"和"牵引力"并非否定人口学上的"推拉"理论的重要意义，而是意在通过粗线条的描述，具体分析中国进城务工农民在城乡间摆动时呈现出"跨地域家庭模式"的某些内在机制。

一是来自城市的"排斥力"。虽然自 2003 年以来,中国即已取消了流动人口收容遣返制度,但时至今日,进城务工农民仍生活在极大的不安之中,这些人很难在城市里获得一份"体面"的工作,他们成为城市中最穷的人和最卖力的苦工,比如乞丐、清洁工等。即便如此,他们还经常陷入被城管或其他行政部门清理的恐惧之中。另外,他们的生活空间也充满各种风险,比如火灾。事实上,我在田野调查中,就发现从事废品收购的人将从四面八方搜集来的废品堆放在其所租住的院子里,各种杂乱无章的废品经常会在某个调皮孩子的爆竹或不注意的年轻人的烟火中,化为灰烬,有时甚至酿成更大灾祸。这些隐患,成为地方政府不遗余力地清理"低端行业"从业者的重要理由。

再者,在长期城乡二元结构体制下,受城市中心主义观念及大多数进城务工农民所从事的职业和工种比较低端等多种因素影响,在过去数十年里,进城务工农民已被严重"污名化"[1]。另外,城乡间在社会资源分配和政策安排上也存在极大差异,再加上政府、社会等长期以来将农村视为落后的话语宣传影响,使得"'城乡差别'已经作为一种浓重的'社会记忆'或者说'惯习'烙印在农村人的头脑中,无形中指导着他们的认知与行动"[2]。因此,进城务工农民对于所务工的城市难以形成真正的认同感和归属感。

以上这些对于进城务工农民来说,都属于来自城市的"排斥力"范畴。一定程度上,正是这些"排斥力"让进城务工农民难以真正融入城市生活,从而实现"完全的城市化"。

二是来自农村村落的"牵引力"。在进城务工农民看来,从事农业种植虽然不能挣很多钱,很多时候却能发挥维持生存所需的保障作用,留在农村的家庭承担了赡养老人和抚育幼儿的职能,并解决劳动力再生产问题。被派往城市进行务工的家庭成员,需要通过汇款等形式向农村家庭提供金钱性收入以完成整个家庭的资金积累。将作为社会最基本核算单位的家庭进行分散经营,很大程度上分化了全球化和市场化带来的经济和社会风险。

---

[1] 熊辉:《群体偏见、污名化与农民工的城市融入》,《民族论坛》2008 年第 3 期。
[2] 郭星华等:《漂泊与寻根——流动人口的社会认同研究》,中国人民大学出版社 2011 年版,第 167 页。

二 作为救济机制的农村家庭

2016年7月,我在冀东南高村①进行田野调查时,当地农民告诉我,农民种植小麦,不算人工费用,每亩地只挣200元到300元,而多数进城务工的农民一天就能挣这些钱,有些人甚至挣得更高。对比之下,种植业的确难以成为维持生活和资金积累的主要来源,但村民仍不愿将土地转包出去,而举家去城里谋生。这其中至少有两方面考虑:一是从城市角度来看,并非所有农民都能在城市里找到适合的工作,年纪太大或年纪太小的农民可选择的就业机会非常少,而种植业对于年龄的要求并不是很高,除收获和播种等几项需要强劳力的工序外,大多数活计老年人和未成年人也能完成;二是从农村自身来看,虽然耕种获取的收入不多,但各种救济机制能够在家庭生计遭遇困境时发挥积极作用。

一般来说,农村的救济机制主要包括如下几类:一是物物交换,如村民可以用小麦换取面粉或大米等,减少了市场环节,某种程度上就意味着减少了金钱性支出;二是市场交易,农民会将粮食集中卖到粮食市场,或将饲养的家畜、牲口等拿到市场上出售,换取金钱性收入,这些收入一部分用作长期存款,一部分用作化肥、种子、农具以及家畜幼崽等支出;三是出售服务换取零用钱,如许多村民会在农闲时节或自家活计不忙时,去找些临时工,挣些"活便钱"贴补家用;四是互惠性收入,主要分为三种类型:金钱性互惠("随份子")、服务性互惠(互帮互助)和物质性互惠(礼物的赠送等);五是传统信贷,虽然现在村里各种赊欠行为已经不多见,但高村村民告诉我,人们可以到当地面粉厂或其他粮食加工点,以赊账的形式获取面粉或其他食物,并在来年小麦或其他粮食作物收获之后,以实物的形式还清赊欠账目;六是其他临时性收入,主要包括政府给予的农业补贴、偶尔出现的房屋出租收入、耕地出租收入等。

村落里形式多样的救济机制极大地分散了市场化等带给农民的生存危机感和风险感。而被派往城市务工的家庭成员在面对城市社会时,其救济

---

① 冀东南高村系我的家乡,我曾在该村生活了二十余年,直到现在仍会在寒暑假期间,对该村进行田野调查,本书出现的冀东南高村均为该村,相关资料也都出自对该村的田野调查和村委会提供的相关统计数据,下文不再一一注明。本书之所以写这一部分,是因为对于京村外来务工人员来说,他们的家乡生活实际上非常值得分析,尽管高村不一定具有代表性,但由于该村常年外出务工的农民比例很高,多少还是能够说明一些问题。

机制相对少得多，因此在城市务工的家庭成员，除以金钱形式为留守村落里的家庭作贡献外，还需要依靠农村家庭分散其生存风险。我在调查时发现，当问到遭遇生存困境时该怎么办时，不少在城市务工的农民毫不犹豫地说："大不了我们就回去种地。"虽然他们在面对困难时并不一定真的首先考虑回村里种地，但这种心态至少说明，留在村里的家庭至少给他们一种心理安慰，而正是这种心理安慰使得他们在面对外来政策压力时不至绝望。

需要指出的是，农民选择跨地域家庭模式以应对市场化带来的经济风险只是诸多可以选择的生计策略之一，并非唯一路径。事实也正如此，不少在农村地区有足够资源满足生活需要的农村家庭，在进行生计安排时，可能不会派家庭成员到城市进行务工，而是通过开办各类家庭作坊式工厂或"农家乐""大棚种植"等特色农业生产来维持家庭生计及生活需要；另外，一些进城务工农民在城市内找到相对比较稳定且收入颇丰的工作或创办企业，则可能会带动全家搬迁到城市居住。尽管如此，就冀东南高村的情况来看，选择两地或多地分居家庭模式的进城务工农民仍占有很高比例。①

除了农村村落能够提供救济机制外，还有两个来自村落的牵引力不能忽视。

第一，家乡情感。对于打工者而言，在对家乡的感情上，年龄是一个比较关键的因素。② 年轻的打工者往往从内心里更倾向于长久生活在城市里，虽然其生活空间和质量也许并不高，但他们仍然渴望生活在城市里，尤其是20世纪80年代以后出生的所谓"80后""90后"，甚至最近几年成长起来的"00后"。这些"新生代农民工"深受市场化、现代化带来的"城市中心主义"影响，希望通过个人努力实现长久留在城市的梦想。不过，受政策和制度影响，除少数几条传统路径（接受高等教育或与城市居民联姻等）外，他们实际可以实现定居城里的途径非常稀少。因此，在组建和选择家庭模式时，不少"80后""90后"进城务工农民，已经开始转变观念。正如京村开拉面馆的年轻夫妇，虽然他们已经在京村经营

---

① 我于2016年7月在冀东南高村调查的资料显示，目前全村共有99户，除去3户为单人居住的"五保户"之外，其他所有家庭均有派出家庭成员前往城市务工情形。

② 章铮：《进城定居还是回乡发展？——民工迁移决策的生命周期分析》，《中国农村经济》2006年第7期。

了十多年，但他们还是在老家县城（兰州市属某县）买了套楼房，随时做好回家生活的准备。此种案例在其他学者的研究中也不鲜见。[①] 需要提及的是，由于"00后"年纪尚轻，属于初中刚毕业就出来务工的年轻农民，还没有到组建和选择家庭模式的年龄，城市生活对于这些年轻人来说还极富吸引力。不过，可以想见，如果短时间内没有政策上的大幅度调整，几年后，他们仍会像现在的"80后""90后"，最终将核心家庭组建在父母所在的村落或县城。

第二，归属上的"无根"状态。有些进城务工农民即便是在城市里"生活"（现在无论是其个人还是主流媒体都倾向于使用"打拼"这个充满隐喻的词汇代替"生活"的说法）了几十年，从归属感上看，他们仍然是处于一种"无根"的状态，在其终老或意外死去时，散落在远离城市的家乡的各种礼俗会不远千里传到城市，他们的亲属会按照传统惯习将其尸骨带回家安葬，最终他们仍未能属于其生前生活过的城市。前几年有一部名为《落叶归根》的电影曾唤起了不少人的共鸣，这部影片正是反映了这样一种乡土文化的惯性力量。

在农民选择跨地域家庭模式后，往往在极短时间里就能形成比较明显的家庭分工协作体系。留守农村地区的家庭成员负责养老和子女教育问题，进城务工的家庭成员则负责获取金钱性收入，同时也会在农忙时节回到村落帮助留守家庭成员完成农活。因之形成一条农村到城市的完整链条，就像在城乡之间安装了一条传送带，农村家庭负责将适合进城务工的成员通过传送带送入城市，并收留从城市淘汰下来的老、病、残等不再适宜从事务工的家庭成员。

如前所述，农民选择跨地域家庭模式并非权宜之计，而是基于生存安全作出的长期策略选择。正如田野资料显示的那样，虽然进城务工农民随时可以选择回到家乡从事种植业，但大多数并没有即刻回家务农的想法。在进城务工农民看来，除非家乡能提供更有保障的工作，否则他们并不愿意回到村里务农和组织日常生活。而与此同时，进城务工农民在城市里也时常处于不稳定的生活状态中，他们住在租金比较低廉的城郊村或城中村，居住空间逼仄，生存环境恶劣，同时还面临着随时被"遣散"的风

[①] 郭星华等：《漂泊与寻根——流动人口的社会认同研究》，中国人民大学出版社2011年版，第161—162页。

险，这些现实困境将其对城市生活方式和价值观念的幻象打破，于是他们不得不在城乡间来回流动。

受访村民也表示，近十多年来，在家庭收入的各项来源中，外出务工收入比重呈现出上升趋势，农业种植越来越成为一种辅助性收入来源。当问及从事种植业如此艰难且不挣钱却为何不放弃种地时，有村民表示，"不种地村子里四五十岁的人干什么去？他们到城市里也干不了什么，还不如种点地，有点收入总比没有强吧"。在较短时间里，城市尚难以建立农村这种对于老、弱、病、残等农民家庭成员进行接纳的机制。由此可以判断，农民选择以"分割生活空间"来分散生计风险的跨地域家庭模式的做法，并不是城市化过程中出现的暂时的过渡性安排，而是有可能在未来十几年甚至几十年内长期存在的社会事实。

第二节 进城务工农民的流动性：农事节律、传统节日与生计安排

近些年学界研究成果以及我在田野中获得的资料表明，无论从长时段的生命周期来看，还是以年度为单位的分析，进城务工农民的流动性特征都是受多种因素影响的。除国家政策等宏观制度性因素外，进城务工农民的家庭及个人因素以及传统文化惯习、劳动力市场等因素也不容忽视。[①]本书认为，无论是举家迁移，还是个体进城，无论是永久性定居，还是暂时性流动，都是进城务工农民及其家庭基于生计作出的策略性选择。因此，研究者在关注城市化过程中进城务工农民的流动问题时，需要在宏观的国家政策与制度安排之外，将研究视角回归到微观生计及日常生活本身。就流动人口生命历程而言，当前学界已经有不少著述以生命周期理论为切入点分析了流动人口的流动性特点，而对于年度内流动情形，则关注不是很多，接下来本书将主要以年度为单位，分析进城务工农民的流动特点及影响因素。

一般来说，以年度为单位，进城务工农民的流动大体可分为三种情形：一是季节性流动，主要与农事节律有关；二是周期性流动，主要与传

[①] 晋利珍、刘玥：《新一轮"用工荒"现象的经济学分析——基于劳动力市场双重二元分割的视角》，《云南社会科学》2011年第3期。

统节日与习俗有关;三是职业性流动,主要与其从事的职业或工种有关,比如建筑工人,随着工地项目的完成,相关从业者会从一个城市转移到另一个城市,或回家待工。

一 农事节律与进城务工农民的季节性流动

相对而言,农事活动是比较有规律的,一般以年为单位,每个农忙与农闲时段的交替都呈现出明显的周期性特点,这也为农民安排可延续的生计方式提供了便利。

本书将以冀东南高村为例,简要介绍华北平原的主要农事节律。从气候上看,该村属于大陆性较强的温带大陆性气候,夏季炎热多雨,冬季寒冷干燥,常伴有倒春寒、春旱等自然灾害。该村的土壤多以保墒效能不太好的潮土和沙土为主,在遇到春旱时,需要大量的灌溉劳作。该区域传统粮食作物主要是小麦和玉米,经济作物则主要为棉花、大豆等。该区域熟制为两年三熟,其中小麦是跨年作物。现在该村农民主要种植小麦、玉米。

以小麦、玉米种植为例。根据小麦生长习性,一般三四月份需要灌溉一到两次,六月上旬收获。小麦收获后为玉米种植,玉米生长周期一般为三个月,十月初收获,之后进行小麦种植。由于华北地区灌溉水源较少,农业灌溉需要花费很大力气,留守家中的老人、妇女或孩子往往难以应付这样高强度的活计。因此,需要进城务工的家庭成员回家帮忙干农活。除灌溉外,其他劳动强度较大的活计还有夏季小麦收获与玉米种植,以及秋季玉米收获和小麦种植。在过去机械化不普及的年代,这些活计都需要大量劳动力以及大量劳动时间。现在农田水利设施已经基本完善,一般农户十几亩旱田,灌溉大概需要三四天时间,收获小麦和种植玉米需要四五天时间(其间如果需要灌溉则要延长二到三天)。这样算下来,在小麦和玉米种植过程中,进城务工的家庭成员至少有半月到二十天时间需回村落家庭从事农业劳作。

就种植棉花来说,劳动强度相对较小(喷洒农药比较耗费体力但劳动强度不算太大),而需要的总劳作时间较长,一般从四月开始种植到十一月初摘拾完毕,中间鲜有长时段农闲时节。相对而言,"小麦—玉米"种植结构则会有大量整段农闲时间,这为农民寻求零工换取零用钱提供了时间支持,比如在棉花收获初期,玉米早已种植完毕,不少留守农民

（主要是妇女和老人）就会组成"摘棉花队"去帮助棉花种植大户摘棉花，挣些"活便钱"。不过，据村民所述，近几年来，棉花种植成本过高，很多农户已经放弃棉花种植，而改种"小麦—玉米"。因此，现在该区域进城务工农民在一年中，还是会在灌溉、小麦玉米种植与收获时赶回村里，协助留守在村落里的家庭成员完成农活。

二　传统节日、职业与进城务工农民的周期性流动

在人均耕地较多的平原农村地区，农民更倾向于寻求季节性流动和职业性流动较强的工作，这样有利于他们在农忙时节回家耕种，农闲时间外出打工。由于从事农活耽误一定时间，季节性流动的外出务工收入在整个家庭收入中所占比重相对于周期性流动而言略低。

当然，就目前我在人均耕地较多的冀东南高村①调查的资料来看，现在一般农村家庭总收入中仍以外出务工收入为主要积蓄来源，而这种状况在十多年前并不明显。其中最主要的原因是随着农业机械化发展和农田水利设施的完善，种植业需要的劳动力越来越少，农村家庭能够派到城市务工的成员越来越多。②另外，人们发现城市务工虽然存在一定风险，但其收入相对可观，与此同时，农产品价格受市场波动影响越发明显，种植农作物带来的收入相对较少且充满市场风险。因此，近些年来，农民在进行

---

①　据村民介绍，1983年村子里实行家庭联产承包责任制，将土地按照距离水源远近和土壤肥沃程度分为三等，人均总亩数将近5亩。1990年代初，重新调整了耕地，人均近4亩。由于该村落近二十年来人口自然增长率和机械增长率均未出现大幅度波动，因此，现在人均耕地仍在3.5亩以上，高于全国农村地区人均耕地数量。

②　根据高村村委会提供的统计数据和我的田野资料对比发现，该村大概从2000年前后开始出现明显外出务工情形，而村委会在2005年曾因废除农业税实行粮食"直补"政策和"新农合"，进行过一些数据采集，根据那次统计数据，可以看出，该村当时选择在农闲时进行外出务工的农民大约有80人，占总人口的20%左右；我的田野调查数据显示，2016年7月该村选择外出务工的农民已经超过170人，占总人口近40%。从家庭收入来看，1996年前，村落整体生活水平较低，家庭总收入也较低，农业种植以"小麦—玉米"兼花生、大豆等经济作物为主；1996年后，该村耕地几乎改为经济效益较好的"抗虫棉"，仍以种植业为主，不过收入水平较以前已经有所提高。2008年以后，受市场和种植成本等因素影响，棉花种植业收益越来越低，许多农户重新改为耗时较少的"小麦—玉米"，与此同时，越来越多的农民开始外出务工，许多人选择了建筑、装饰等流动性较强的职业，由于工资较高，外出务工收入迅速成为家庭收入的主要来源。村民介绍，2010年前后，村里较早派出进城务工人员的农户已经有能力购买轿车和在县城买房。2016年7月我田野调查时，村子里几乎所有的青壮年劳动力选择了外出务工，而且已有超过20户人家购买了轿车，超过10户人家在县城购买了楼房，而在2008年前，村子里只有一两户人家有面包车，能在县城买房的只有1家。

生计安排时，往往倾向于将外出务工收入当作积蓄的主要来源，而将种植业作为一种辅助性收入来源。

在人均耕地比较少的山地地区，受到自然资源的限制，农民可以选择的生计方式有限。在实行家庭联产承包责任制后，农民往往会选择尽可能多地派出家庭成员到城市务工以获得金钱性收入，同时由于农事活动相对较少，这些人更倾向于选择周期性流动工作，他们往往在大型传统节日时回到家乡。自2006年以来，珠三角、长三角等地接连出现季节性"用工荒"问题就是例证。当然，作为一个社会问题，造成"用工荒"出现的因素是多种多样的[1]，但从"用工荒"出现的时间点来看，多是出现在春节过后，至少可以说明，进城务工农民在进行生计选择时深受传统文化惯习影响。

作为城市化过程中出现的一个社会事实，聚集了大量流动人口的城郊村需要引起研究者的特别注意，而不能将其简单地视为城市化过程中暂时出现的过渡性的现象。在进城务工农民生计策略的影响下，城郊村有可能会长期存在，并成为一种有别于农村和城市的独特的社区形态。这种社区形态最重要的特征是其流动性，它既会随城市版图的扩张而不断向城市外围扩展，同时也会随流动人口的城乡间流动而流动。如前所述，对城郊村社会结构与社会问题进行关注，又不能不对聚居于此的流动人口生计安排与日常生活进行分析。

当研究者将研究视线转向进城务工农民群体的日常生活与个体感受时，也许会发现许多进城务工农民并没真正想过要变成"市民"或实现"完全城市化"[2]。因此，研究者有必要检讨过去从外而内的研究思路。具体来说，在关注城市化问题时，研究者有必要从以"城市"为核心转到以"人"为核心，不只是关注人的生活及人的发展问题，而且要有一种内部的眼光，亦即站在城市化过程中人的立场上来看待这些问题。正如郭星华等人指出的，"只有站在'主位'的立场上，坚持主体建构的视角，对农民工的生活世界进行'深描'，才能真正对其认同状况进行析解，而

---

[1] 晋利珍、刘玥：《新一轮"用工荒"现象的经济学分析——基于劳动力市场双重二元分割的视角》，《云南社会科学》2011年第3期。

[2] 虽然过去的十多年里不少学者通过多次问卷调查表明，农民工中有相当一部分是希望能够在所打工的城市定居（李强：《影响中国城乡流动人口的推力与拉力因素分析》，《中国社会科学》2003年第1期），但限于各种条件，真正实现定居的并不多见。

不至于使得结论显得过于粗浅"①。

实证和经验研究表明,在对待留城与否的问题上,进城务工农民大体上可以分为两种类型,即倾向于选择永久居住在城市的人和倾向于(或基于各种因素被迫倾向于)选择暂居城市的人。这两种人之间并没有明显的界限。总的来说,由于受到国家政策和制度因素影响,以及个人社会、经济与人力资本等影响,进城务工农民尤其是进入到大城市务工的农民更倾向于选择暂居城市,即城市之于他们更多意味着是挣钱的场所,而不是全部生活的空间。在北京地区的田野中,不少进城务工农民告诉我,他们最终还是会回到家乡,因为那里有他们的"根"。从更现实的意义上来说,他们所谓的"根"实际上就是在家乡村落里占据一席之地的家庭,那里生活着他们的父母和子女,还有他们熟悉的各种生活规则和智慧。

---

① 郭星华等:《漂泊与寻根——流动人口的社会认同研究》,中国人民大学出版社2011年版,第152页。

第五章

"社交的人":村落人情关系的再生产

村落里人地关系的变化,使村民的行为异质性越发明显。原来共同的农耕劳作方式解体,形成了现在非常个体化的劳作方式,村民之间的交往也因个体体验不同而逐渐有了隔阂。不少村民宁愿借助新媒体向陌生人倾诉苦闷,也不愿意在地缘紧密的村落邻里间寻求精神上的慰藉。他们仍然生活在一起,"抬头不见低头见",在碰面时仍会习惯性打招呼,但一切都在发生着改变。用村民的话来说,现在是"一切向钱看的时代了","只要有钱什么都好办"。不过,我在村里的感受是,尽管在市场经济的刺激下,金钱的价值已被提高到空前高度,但是村民在日常交往中,仍然有意或无意遵循着传统道德观念,经营着各种社会关系。这些社会关系虽然烦琐,但也不是无迹可寻。从社会关系主体来看,村落社会关系大体上可以分为:家庭和亲属关系、邻里关系、老乡关系①、非亲属同龄人群体关系、非亲属的上下级关系等②。不同层次、不同参与主体的社会关系实践中形成了不同的关系网络,产生了不同的"人情"和"面子"。黄光国指出,"'人情'与'面子'是了解中国人社会行为的两个核心概念。中国人和家庭以外的其他人交往时,往往受到这两个概念的影响,而表现出

---

① 老乡关系主要是针对外来流动人口而言,正如我们在村子里所看到的那样,寄居在京村的流动人口虽然操持着各种方言,但他们的家乡大多数在河北、河南以及山西、甘肃等地。在人生地不熟的北京谋生,这些建立在地域联系上的老乡关系,很多时候的确会发挥极关键的作用,不过,我们也不能夸大这种作用,毕竟老乡关系只是这些人日常交往中的众多关系之一。

② 杨美惠在分析城市里的关系学时,曾将城市的社会关系分为家庭和亲属关系、邻居和同乡关系、相同地位的非亲属关系、非亲属的上下级关系(参见[美]杨美惠《礼物、关系学与国家:中国人际关系与主体性建构》,赵旭东、孙珉合译,江苏人民出版社2009年版)。

具有文化特色的种种社会行为"①。在项飚看来,"关系既不是人们行动的目的,也不是可以化约为资本等因素的手段,它是一种表达方式,是中国人关于社会的民间象征体系的典型表现"②。中国人所讲究的"关系"既有普遍性意义,又有特殊性意义,即使不站在西方立场来看待这个问题,我们也不能否认,"关系"在中国社会,尤其是农村社会中承载着十分特殊的社会意涵。费孝通先生说中国社会是"差序格局"的社会,中国社会正是在各种关系中得以发生,人与人之间的互动也得以顺利进行。③ 虽然"关系"不能简单化约为"资本",但在很多场合下,"关系"确实能为践行它的人们带来社会资本,所以在日常生活中,人们仍然在千方百计经营着各种"关系"。

在村落社会中,"关系"是动态的生成过程,在村民基于生计而进行的社会互动中产生。"关系"像各种纽带一样,牢牢地把村落社会汇聚在一起,村民在这些关系形成的网络中经营着自己的生活,同时又在日常生活里生产和强化着各种社会关系。

从宏观角度看,这些错综复杂的社会关系,成为维持和强化社会团结的重要资源,国家对社会的治理很大程度上也会依赖这些关系的运作。在这些关系中,无论是纵向的上下级关系,还是横向的亲戚朋友邻里关系,每个人都直接或间接地对他人负有责任,同时也从中获得生存和生活所必要的社会资源。早在100多年前,传教士麦嘉湖就比较恰切地将中国比喻成一台由错综复杂的齿轮组成的机器,并认为"这个国家的所有人,从最高贵的到最卑微的,全都只不过是这台维系民族生命的巨大机器上的齿轮"④。

第一节 "玩儿"与赌:村里的博弈游戏

天气好的时候,村中央的大槐树下,总会有两三伙儿人围着一两个简

---

① 黄光国:《人情与面子:中国人的权力游戏》,载杨国枢《中国人的心理》,台北桂冠图书公司1993年版,第290页。
② 项飚:《跨越边界的社区:北京"浙江村"的生活史》,生活·读书·新知三联书店2000年版,第4页。
③ 费孝通:《乡土中国 生育制度》,北京大学出版社1998年版,第26页。
④ [英]麦嘉湖:《中国人的生活方式》,秦传安译,电子工业出版社2012年版,第11页。

易的硬纸盒做的"小桌子"打扑克。他们玩儿的是时下风靡全国的"斗地主"扑克牌游戏。如果我们把一张小桌子称之为"一局"的话，根据斗地主的规则，每一局参与者都是三个人，而围观者可能会很多。打牌的或看牌的大都是在这里等着"趴活儿"的人，每当有乘客准备租车前往6里外的地铁站时，就会有人站起来说，"你先打着，我去去就来"。此时，围观者中就会有一位坐下，继续打牌游戏。差不多半小时后，送客司机回来，他会作为围观者看一段时间，或直接将之前接替他的人替换下来。在槐树下打牌从来都不是安静的，打牌的人会喊，看牌的人也会喊，他们还会谈论村里的各种事情，也会谈到国家政治、国际局势等。他们好像从来不缺少话题，好像某个乘客的某种奇怪行为都能成为半天的谈资。

一　博弈游戏与村落公共生活

在大多数时候，村民认为赌博是不道德的，至少是不好的事情，而在国家话语体系中，赌博是一种违法行为。现在村里还常常能听到关于"抓赌"的故事。在国家话语体系中，赌博往往与不正当性交易、贩卖毒品等相提并论，简称为"黄、赌、毒"。这些都被看成违背良善风俗的违法行为，甚至是犯罪行为，需要明令禁止。不过，赌博终究与涉黄、涉毒行为不同，嵌入其中的娱乐体验往往使其难以被完全取消。正如我看到的那样，京村村民多数时候都将各种方式的赌博游戏看作日常生活消遣的一部分。尽管政府的"抓赌"行为仍时有发生，一旦被抓，参与者将会面临被罚款或者拘留的风险，村民还是公开或私下乐此不疲地进行着这样的游戏。

村民倾向于认为以赌博作为谋生手段是不劳而获的投机行为，它破坏了村里辈辈传承的古老信条，它使参与者丧失了勤劳的好习惯。在赌博中输得倾家荡产的人，既是被同情的人，又是被厌恶的人。村民在日常生活中不愿意和这些人有过多接触，并将其称为贬义色彩颇为浓重的"赌鬼"，有些颇有正义感的村民还会在背后或当面指责他们。不过，在村落中，赌博并不都被认为是坏的。村民可以接受的赌博是那些以"玩玩儿"为名的纸牌或麻将游戏，这些游戏虽然也有金钱交易，但数额往往很少，参与者更愿意将其视为娱乐。除微不足道的金钱交易外，这些游戏还被赋予了更深层的社会意义。正如格尔茨所分析的，在这种游戏中，钱与其说是一种实际的或期望的效用尺度，不如说是一种被理解的或被赋予道德意义的象征。①

从赌资多少来看，村民赌博行为主要分为两种：一是高额赌资，输赢动辄数百上千，参与者更多是将这种游戏当作投资或投机行动以获取更多额外收入；另一种是以娱乐为主的"玩玩儿"，所涉金钱数额往往较少，村民借此打发时间。无论在村民还是国家话语体系中，第一种行为都难以被容忍，是被禁止的，因此这类活动更多是偷摸进行，其活动场所也比较隐蔽，往往是在某个赌徒家中，或在某个小卖部的内室，参与围观的人往往也比较少。我在田野调查中，无意间进入过这样的场所，并注意到这些赌博主要以纸牌游戏为主，而且是比较简单的"扎金花"，其基本玩法是每人发三张牌比大小，这是一种输赢非常快的游戏，其中既有运气，也包含着参与者的技巧和各种策略。第二种也就是村民口中的"玩玩儿"，赌资一般比较低，参与者也不以此为业，不会将其作为主要收入来源，他们参与游戏主要是为娱乐，因此，这样的游戏多在公共场合或并不隐蔽的场所进行，比如京村槐树底下，或村里棋牌室，这类游戏方式比较多样，既有纸牌游戏，又有麻将、牌九等，其中纸牌玩法也多样。

在京村，无论是大额赌资的赌博行为，还是小额赌资的"玩玩儿"，都被称为"玩儿钱"。"玩儿钱"行为为村民提供了一种公共生活空间，无论参与者还是围观者，人们一旦进入这个空间，就会体验到一种公共性的存在。人们在这里讨论和交流着各自在外界获得的信息和知识，或者评论村里的一些公共性事件。"玩儿钱"游戏实际上也是在特定空间内生成了充满意义的场域，人们在这个场域中彼此互动，正如格尔茨所说，"一群人全神贯注于一个共同的活动流并且按照那个活动流相互关联起来"②。

大多数情况下，参与"玩儿钱"的群体是固定的，因为无论是哪种形式的游戏都需要有固定人数参与，所以群体中往往会有参观者或后备者。"玩儿钱"游戏往往是经常性的，虽然不一定是连续的，但是周期内频繁发生，比如每逢年节时，相同的群体都会聚在一起"玩儿钱"。通过"玩儿钱"游戏，村民建立起比较稳定的共同体关系，形成以"牌友"为主体且较为稳定的"社交圈"。圈子里的人彼此之间享受更多的互惠，也

---

① ［美］克利福德·格尔茨：《文化的解释》，韩莉译，译林出版社1999年版，第446页。
② ［美］克利福德·格尔茨：《文化的解释》，韩莉译，译林出版社1999年版，第437页。

被期待承担相应的义务。比如在子女结婚随份子时，人们对于牌友的期待远高于普通邻居，如果某牌友得到通知却没来参加，或拿的份子钱明显少于期待数额，那么两人的关系将有可能迅速降温，甚至达到不再交往的地步。当然，互惠式的帮助也具有同样效果。

有村民告诉我，几十年来，村里最常见的"玩儿钱"游戏，主要有两种形式：一是打扑克，一是打麻将。打麻将曾在20世纪90年代达到顶峰，"那时候恨不得家家户户都在打麻将"，后来政府将此视为抓赌行动的主要打击对象，这种相对比较笨拙，且声音较大的游戏方式，往往也容易被政府管理人员或警察抓个"现形"，在这种情况下，麻将渐渐退出人们的视线，尽管后来政府抓赌行动已远不如20世纪90年代频繁，大多数村庄还是没能再现当时打麻将的盛况。

二　赌：金钱与地位的较量

实际上，经常以大额赌资做注进行的赌博，如果参与主体没有明显变化，而且赌博频率维持在较高水平，就概率论来说，在一个较长的时段内，参与者的财富并不会因为赌博输赢而发生太大的变化，因为他们总体输赢差不多。然而，正是在这种"大型"赌博中，人们将金钱赋予更多意义，比如面子、社会地位或其他额外的道德意义。

我在观察这类赌博时，就看到有村民带着上万元现金。在"扎金花"的纸牌游戏中，某人一旦抓到较好的牌，比如三个同样花色的扑克，他就会动用许多策略和战术，可能会在前几轮砸钱时小心翼翼，尽量避免露出好牌带来的喜悦之情。对牌场老手而言，如果我们不去看他的牌，通过前几轮砸钱，我们很难估计他的牌是好还是坏，而这也正是他所能施展策略的机会之所在。

当双方砸钱的金额达到上限[①]时，双方就要按规定摊牌。扑克比较大的为获胜方，他将获取全部金钱。我所观察的这个人的牌比较大，他赢得了所有的钱。按照惯例，他不能过于张扬，否则那些输钱的人会不高兴，还有可能会因此引起不必要的冲突，但他的喜悦难以抑制，他选择以清点金钱数额的方式来展示胜利，他把所有的钱归拢到一起，开始一张一张地

---

① 在较大规模的赌博游戏中，设定投资"上限"十分必要，否则运气不好的赌徒会为"一把"扑克倾家荡产，而这在熟人社会为主要特性的村落里，会产生很多其他不必要的麻烦。

数,我能感觉出来,他并不是真想知道赢了多少钱,而是享受这个数钱的过程。当他数完时,围观者中有人问多少钱,他轻轻摆手说,"也没多少,还不到三千块呢"。在京村,三千块钱相当于五六个房间一个月的租房收入(一般每个房间每月房租是500—600元),对于进城务工农民来说,这大概相当于他们将近一个月的工资。

虽然许多村民都愿意围观这种大型的被格尔茨称为"深层次"的赌博活动,但他们对参与者的看法并不是很好,他们认为这些人不务正业,违反了村落道德体系。虽然我在调查中并没有亲眼看到,但听到村民给我讲了许多附近村子村民热衷于赌博,短时间内将巨额拆迁补偿款挥霍一空的故事。在讲述这些故事时,他们的语气和夸张的肢体动作,显然是在向我和其他的听众传达一种信号,即沉迷赌博输得倾家荡产的人是道道地地的傻蛋。

正如格尔茨所说,"你所能做的只是享受和品位,或忍耐和经受那一激烈而短暂的活动带来的混合感觉,它伴随着地位等级的一种审美的外观,一种看起来变动了实际却没有变动的地位跃升的假象"①。参与过深层次赌博但并没有上瘾的人,也许真是在这样一种状态中,寻找到了合适的生活意义。对他们大多数人来说,社会地位的真正升高并不是件容易的事情,即便不参加劳动依然能通过出租房屋获得数额不菲的收入,即便是遇到拆迁获得了巨额的补偿款,都不能改变他们在村落中的社会地位。因为他们所拥有的,在同一空间内,是非常普遍的社会资源。在深层赌博游戏中,通过豪掷巨额金钱,彰显金钱上的富足感实际上是十分短暂的,人们往往也会为输钱而感到沮丧,但这种沮丧更多是社会地位丧失的挫败感,此时,金钱是第二位的,同样的道理,赢钱的人,会认为是社会地位的暂时获得,他会被认为是能人,或是豪爽的人,尽管这种评价也许仅仅是暂时的,但他至少此刻已经满足。

三 "玩儿"与社交:关系网络的再生产

参与巨额赌资的深层次赌博的村民,总体而言还是少数。在我的观察中,大概只有数十人热衷于此类赌博,他们不仅在自己村里赌博,有时还会参与其他村子相似赌博。这些人往往已经久赌成瘾,沉溺其中。我没有

---

① [美]克利福德·格尔茨:《文化的解释》,韩莉译,译林出版社2008年版,第457页。

随他们去往其他村子的经历,而且近距离的观察也只有一两次,所以并不清楚其中更多的细节。

相对来说,村里更多是奉行"小赌怡情"的村民,赌资比较少,属于"浅层次"的赌博。这类赌博参与人比较多,几乎各年龄层次都有参与,性别也不受限制,很多在村里长期租房的外来务工人员也会参与到这样的赌博中。前面提及大槐树底下的"斗地主"就是这种赌博游戏的典型表现,参与者输赢并不是很多。在我至少数十次的观察中,基本每局输赢都固定在三五块钱。按照某参与者的说法,如果运气好,一天能赢个百八十块,而这已经是最多的了。从村中心坐"黑出租"到最近的地铁口差不多要收费30元。如果顺利的话,来回不到一小时,每个司机每天平均能拉三到四人,毛收入在100元左右。如果按这种方式计算,实际上一天输赢数额并不少,但这些人往往都是家中有房屋出租,能够"什么都不用干,就有进项",所以他们似乎也并不在乎输赢的钱。更多时候,如果某人赢得够多,他会将赢来的钱用于晚上请客,几个人一起"搓一顿"。总体来看,这种浅层次赌博游戏更多是充当社交媒介。用他们自己的话来说,"就算是找个一起吃个饭的由头吧"。

长期在村落中租房的外来务工人员有时也会借助参与浅层次赌博游戏的方式,与本村村民建立联系。事实证明,通过打牌建立起来的"牌友"关系,往往并不比邻里关系或亲戚关系差。很多时候,这些"关系"能提供重要社会资源。按照社会资本相关理论,关系的运作遵循互惠原则,交往双方彼此拥有的社会资源必须相当且有一定的异质性,才能维持更长久的联系。相对来说,外来务工人员能为当地村民提供的社会资源有限,于是,他们不得不通过在"玩儿牌"时,故意输些金钱给村民,或隔三岔五请牌友吃饭,从而建立能交换社会资源的关系。拉面馆老板就告诉我,他刚来京村时,就是通过这种方式,与几个村民建立了朋友关系,后来这几个朋友对其两个女儿上学帮了很大忙。

身处"玩儿钱"游戏中的人们,共享同一套已达成共识的规则,并自愿在这套规则下行动,这使得参与的人们感到一种自由和安全感。在规则的制约下,每个人看起来都是平等的,在一定程度上弱化了社会以其他形式造成的人与人之间的差别。正如鲍曼等人分析的那样,"当我们在某个群体中掌握了技能,以可以接受的方式行事时,就会在该群体中自如地生活、行事，从而被认为自由地为自己的行动承担了责任"①。

我在访谈和观察中发现，参与"玩儿钱"游戏的村民大多时候是享受其中的：一方面他们熟悉整个规则，在所有游戏行为中都表现得游刃有余，这使他们处于一种身心放松状态；另一方面由于有点赌资，也许是金钱形式的，也许是其他形式的，比如贴纸条，就带有羞辱意味，会自然地生发成竞争和对抗的状态，急于战胜对方，以显示自己具有更强能力，又使得整个游戏过程充满刺激。尤其在围观的村民比较多时，参与者展示自己的信念往往表现得很强烈，在游戏中失败所带来的羞耻感，能一定程度上让参与者忽略金钱的付出，而强烈地想着扳回一局，挽回一点面子。

格尔茨在分析巴厘岛斗鸡时总结道，"作为一个形象，一种虚构，一个模型和隐喻，斗鸡是一个表达的工具；它的功能既不是减缓社会的激情，也不是增强它们（尽管通过玩火的方式对这两方面都稍有影响），而是以羽毛、血、人群和金钱为媒介来展现它们"②。对于京村的"玩儿钱"游戏来说，大概也是如此。纸牌或麻将充当的是一种媒介，人们通过设定的种种游戏规则，将生活意义表达出来。整个游戏充满了象征。整个游戏也构成了意义场域，各种关系、策略、观念、传统、算计等都在这里淋漓尽致地展现出来。可以说，各种参与者实际上都赋予了其不同的意义，这些意义绝不仅仅是金钱输赢这么简单。

四 "玩儿"与赌的生活意义表达

看起来并不算太复杂的赌博游戏，实际上暗含了许多能塑造社会结构的因素，参与其中的人们在既定规则下进行游戏，本身就是一种社会秩序的建构。同时，人们又在金钱输赢外，赋予赌博游戏更广泛的社会交往意义，让赌博游戏变成"人情"和"关系网络"的生成场域。

无论深层次的赌博游戏，还是浅层次的赌博游戏，或许都可以运用戈夫曼的剧场理论加以考察。③ 我们可以将赌博游戏看作剧场表演，参与者是演员，围观者是观众，纸牌或麻将则是道具，简易的桌子或硬纸盒

---

① [英] 齐格蒙特·鲍曼、蒂姆·梅：《社会学之思（第二版）》，社会科学文献出版社2010年版，第25页。
② [美] 克利福德·格尔茨：《文化的解释》，韩莉译，译林出版社1999年版，第523页。
③ [美] 欧文·戈夫曼：《日常生活中的自我呈现》，冯钢译，北京大学出版社2008年版。

子都可以被当作舞台。在舞台上表演的人们都尽力维持一种和谐的秩序，既能表达自己的情绪，又不至于破坏他人的兴致。我们可以将赌博游戏分为三个层次：一是表演本身，二是各种隐喻和象征，三是它所处的社会场景。

当然，我们也要照顾到"后台"，所有赌博游戏的后台都是日常生活状态。每个参与者来自不同的家庭，处于不同的社会结构中。有的人也许刚刚和妻子吵了架，有的人也许刚刚炒股赔了钱，有的人也许孩子刚刚结了婚，感觉到自己的"人生任务"已经完成，有的人也许正在筹措和计划继续增高自家的楼房以有更多房屋用于出租，等等。这些人的后台生活，往往不会轻易搬到前台来。而作为观察者，如果不是特别注意到这一点，或在其他场合下没有了解到这一点，那么单凭一个赌博游戏场合，我们根本无法了解参与者与围观者的内心，也更无从认知游戏对个体参与者的意义是什么。

社交活动是个社会学命题，作为研究者，我们要观察社交活动中参与者的工具性行动和表达性行动。当对农村赌博行为作这样理解时，就不难发现，赌博实际上是个复杂的社会行动，不仅与金钱有关，更重要的是其他社会资源得以在此生产和交换，比如社会地位、权力和声望等。不可否认，有些赌博活动主要以获取金钱为目的，但更多的赌博现象倾向于游戏（也就是"玩玩儿"）。在游戏中，参与者或行动者之间进行资源交换。正如鲍曼等所说的那样，"没有私密性的共同体固然能让人感到有归属，但更可能让人感到压迫。而没有共同体的私密性固然能让人'做回自己'，但更可能让人感到孤零"[①]。村里的博弈游戏本身恰恰营造了这样一种场景，村民可以在这个场景里实现互动与交流。

如果说以"玩钱儿"为主要表现方式的博弈游戏是村落社会人情和关系网络生产的日常形式的话，那么各种仪式或人生仪礼则是特定的人情与关系的生产场合。村落里的博弈游戏，总是在金钱之外，充满了更多的生活和社会意义。如果说我们关注村落里的博弈游戏是基于本村人的村内交往的话，那么人生礼仪，则将村民的交往范围进一步扩大。

---

① ［英］齐格蒙特·鲍曼、蒂姆·梅:《社会学之思（第二版）》，李康译，社会科学文献出版社 2010 年版，第 21 页。

第二节　有里有面:"喝满月酒"
仪式中的关系再生产

受农耕生产方式和儒家文化影响,在礼俗互动的传统中国①,传宗接代成为一桩婚姻最主要的社会功能。费孝通先生在《生育制度》里极富洞见地指出,"婚姻是社会为孩子们确定父母的手段。从婚姻里结成的夫妇关系是从亲子关系上发生的"②。在传统社会,由于生育子女对于家庭乃至家族来说,都是至关重要的社会事件,因此,在漫长的岁月里发展出了许多针对生育子女的礼俗制度。这些礼俗制度很大程度是一种社会结构调整和社会秩序再确立的机制。对于年轻夫妇来说,生育子女意味着他们在社会、家庭层面的角色都发生了变化,随之而来的是社会责任以及社会权利的变化。对于新生儿来说,他们的生命需要得到社会的认可。而这一切都需要通过仪式性场合予以确认,特纳将之总结为"阈限"③。正如岳永逸所说的那样,"神圣与神秘的生命有着很多不可知性和不确定性,需要借助诸多仪式与神灵沟通交流,生命才能最终得以完成"④。

尽管在近百年的革命话语与现代民族国家构建过程中,个体的生命历程已经被纳入整个国家的发展进程,社会中个体家庭的神圣性不断消解,现代男女的婚姻观也从家庭或家族的束缚中逐渐向更为开放的社会转变,但无论如何,植根于中国人骨子里的传统惯习并没有消失,整个社会的运行仍然依赖这些惯习得以延续不辍。因此,虽然有些仪式本身的形式也许发生了变化,但其文化内涵和承担的社会意义并没有消失,比如婚育习俗仍然是在各种充满象征意义的仪式中进行。正如李洁所言:"中国传统社会的诞生仪式涉及多重关系主体,在不同时间段被反复展演和推进,从而实现逐层确认与通过,并最终重新确立与再生产社会结构的复合性仪式过程"⑤。

---

① 张士闪:《礼俗互动与中国社会研究》,《民俗研究》2016 年第 6 期。
② 费孝通:《乡土中国　生育制度》,北京大学出版社 2008 年版,第 125 页。
③ [美]特纳:《仪式过程:结构与反结构》,黄剑波译,中国人民大学出版社 2006 年版。
④ 岳永逸:《中国都市民俗学的学科传统与日常转向——以北京生育礼俗变迁为例》,《云南师范大学学报》(哲学社会科学版) 2018 年第 1 期。
⑤ 李洁:《"人"的再生产——清末民初诞生礼俗的仪式结构与社会意涵》,《社会学研究》2018 年第 5 期。

如前所述，人生仪礼，尤其是婚丧和生育习俗是传统社会最为重要的仪式场合。这些仪式是传统人情运作和礼俗互动的制度性场域，在这些场域中，人情关系得以实现再生产，以人情关系为基础的家庭关系、邻里关系、村落关系等各种关系网络和文化权力网络得以生成，差序格局的传统社会结构得以实现。在地方社会中，人情总是通过"面子"和"里子"表征出来。同时，民众也围绕着关于面子与里子的地方知识体系，借助各种仪式场合，实现人情的再生产，维系和确认村落生活的秩序和边界。在北京城郊村的普通民众日常生活与民俗事象中，"规矩"是非常重要的行动准则，有无规矩、是否合乎规矩以及是否需要遵守规矩等都关乎"面子"问题，而"面子"的背后又是"里子"的问题。"里子"是彼此之间给不给"面子"的判断标准。或者反过来说，彼此之间给不给"面子"，根子还是在于"里子"，或者又可以说，"里子"是嵌入"面子"的社会资源，而"面子"是实现"里子"的社会资本。如果说"面子"是交往双方互动的表层意义，那么无疑"里子"就是藏在面子内部的深层意义。"面子"对于中国人来说，并不是一个陌生的概念。"有面子"与"给面子"在很大程度上，构成了人们之间交往的社会关系的最主要的行为表征。在熟人社会中，"面子"往往被看成一种嵌入了社会资源的东西，这里的社会资源既包括物质资源，又包括无形的声望、名誉以及社会地位等资源。正如金耀基所言，"在中国，面子是一种声望，声望是依个人在社会阶梯上所占据的身份地位而定的"[①]。

社会交往与人情再生产中"面子"和"里子"的关系是非常复杂且抽象的问题，也许将其置于具体事件中进行讨论，会对理解这种深藏于老百姓日常生活深处的观念与实践有所裨益。接下来，本书将立足京村"喝满月酒"这一人生仪礼，通过引入生活实践视角[②]，具体分析村民如何在"事件"中运作人情、面子和"里子"的问题。

一 规矩、"老礼儿"、"面儿"：地方话语中的人情表达

2014年5月9日，天下着蒙蒙细雨，家住京村的阿玉和姚戈一大早

---

① 金耀基：《"面"、"耻"与中国人行为之分析》，载杨国枢《中国人的心理》，台北桂冠图书公司1995年版，第329页。

② 李向振：《"通过民俗"：从生活文化到行动意义的摆渡》，《云南师范大学学报》（哲学社会科学版）2018年第1期。

开始忙活,家里其他人也都洋溢着喜悦之情,各自做着自己的事情。这一天是阿玉和姚戈儿子的满月,按照京村的习俗,孩子满月要宴请亲朋好友、邻里街坊喝满月酒。作为阿玉的同学,我也在被邀请之列。事实是,孩子没有出生时,我即已在该村进行田野调查,而且整个田野期间都住在阿玉家中。在孩子出生后,也以阿玉好友身份参加了孩子的"十二天"宴席。尽管如此,在满月酒前十天时,他们夫妇还是向我郑重其事地进行了邀请。姚戈说,这是她奶奶吩咐的,说我到底是个客人,必须正式邀请才符合规矩。

在京村本地村民的日常生活中,"规矩"是个很微妙的词汇,它像隐藏在阳光背后的影子,无时无刻不在约束着村民的行动。我在京村调查时,发现无论涉及人生礼仪如婚丧嫁娶,还是涉及四时八节如春节、清明节、中秋节等,参与主体时刻都要注意"规矩"。或者说,在这些场合,"规矩"本身也是种文化工具,人们借此得以顺利地实现角色定位,并以此为指导,顺利实现与他人的交往和作出"恰当"的行为选择。在日常生活中,"规矩"似乎从来不会走到前台来,因为没有人能够说清楚"规矩"到底是什么。我们只能从村民的行动中,看到它那模糊的影子。对于村民来说,"规矩"就是个行动准则,是他们所共享同时也达成共识的准则。只要按照这些准则去做,就不会出现太大问题,这是生活经验。就像老人们常说的"礼多人不怪""认老礼儿",或者北京人常说的"特好面儿"。

北京人"好面儿"和"讲规矩"的文化性格实际上与其社会生活空间密切相关。元明清时期,北京大多数时候是以统一帝国的政治核心面目存在的,受此影响,北京地区民众形成了一种"皇城根文化"。[①] 近代以来,北京地区又最早受到现代化冲击,成为最早进入现代化国际都市行列的地区,民众的日常生活又受到现代都市生活影响。可以说,现代北京基层社会是传统与现代混融的交错地带。在过去数百年里,北京从不是封闭的、停滞的存在,而是开放的且不断生成的区域。而居住在北京地区,尤其是城郊村的北京人,往往不用上追三代就已经是非京籍了,比如昌平区、通州区等在1949年之后才逐渐划归北京管辖,之前则隶属于直隶省

---

① Yue Yongyi, "The Alienation of Spiritual Existence: Temple Festivals and Temple Fairs in Old Beijing", *Cambridge Journal of China Studies*, Vol. 11, No. 1, 2016, pp. 1–26.

(民国之后改为河北省）管辖。这些原本生活在乡下的村民一直固守和传承着自己的"小传统"，而地处北京周边，来自社会上层精英文化的"大传统"也不断影响着这些地区。从这个意义上说，北京地区底边社会又是大传统和小传统混融的交错地带。对此，岳永逸较早地提出"都市的乡村化"与"乡村的都市化"概念，并指出现代民俗学研究中，"应该抛弃乡土民俗学基于单线进化论的'向下看'和'向后看'的基本姿态与体位，并力图打通在空间意义上对都市和乡村的机械割裂，强调当下都市民俗的乡土性和乡土民俗的都市性，即不同空间民俗相互影响交织、涵盖的互融性"[1]。

  大小传统的交错与互动，形塑了北京人特有的文化性格。这种文化性格往往散落于日常生活之中，它不是通过经天纬地的大事件呈现出来，而是经常在日常冲突、酒席宴请、婚丧嫁娶、岁时节日等最为平常的生活场景里表露无遗。为表达郑重其事和神圣性，各种礼俗仪式场合少不了诸多禁忌，这些禁忌在北京地区被称为"妈妈令儿""老妈妈论"[2]，具体到"满月酒"来说，我在同为城郊村的京东沙井村田野调查时，退休村干部史庆芬告诉我：

> 过去孩子满月啊，要办席面。娘家还得拿东西，有被窝，小棉被，给孩子做斗篷。还得随份子钱。还得蒸馒头，还得拿肉。男孩呢，就说自个儿的闺女，坐月子的闺女，要是男孩儿呢，就脸瞧里，女孩儿就脸儿瞧外，这仨馒头就一合。不就成三角的了嘛。里面再夹上熟肉，猪头肉。咬一大口，得仨馒头都得咬着，这是得咬多少呢？这得看姥姥家拿多少馒头来。都得咬了。比如要是拿来15个馒头，就得咬五口。别人就不能吃啦，留闺女吃。明白了吧。这叫"满口"。给多少馒头，就看娘家的财力。一般是15个，但有的就多蒸点，26个，16个，吉利数啊。有一个没咬就没咬吧，别人吃吧，哈哈。也有的，蒸26个，咬三把，咬9个得了，别的就不咬。这个得自个儿妈张罗。把馒头夹好了肉，娘家妈就说了，该满口了，说，男

---

[1] 岳永逸：《都市中国的乡土声音：民俗、曲艺与心性》，中国人民大学出版社2015年版，第338页。

[2] 崔金生：《北京礼俗》，文物出版社2003年版，第78页。

孩呢，脸瞧里，女孩儿呢，脸瞧外。要是赶上有婆婆好说话的，人家娘家妈也不死乞白赖非得都让咬了。咬点得了。有的，过去那婆婆不好说话那个，都给咬了，不让别人吃。不知道别处是不是这样，反正就我知道的，我娘家和婆家村都这样。①

总的来说，礼俗仪式都具有程式性和规定性，程式性和规定性都是为了保证仪式过程的顺利进行。从生活实践来看，这些礼俗仪式本身是由各种"规矩""老礼儿"等构成。新生儿满月时，举办满月酒是规矩，邀请亲朋好友是规矩，亲朋好友前来赴宴是规矩，"随份子"（过去一些文献记载中称为"分资"）也是规矩，等等。总之，一切都需要按照规矩来，乱了规矩、失了老礼儿，轻则闹出笑话，重则可能造成亲朋好友间断绝往来。在北京地区，酒席宴是凸显"老礼儿"和"规矩"的重要场合。关于北京地区"办满月"和"喝满月酒"的历史记载，散见于《清稗类钞》《北平风俗类征》《中华全国风俗志·京兆》《北平市志稿·礼俗志》《老北京的生活》等，这些著述多是对礼俗本身进行描述，对各种事象背后文化内涵的讨论则略显薄弱。20世纪40年代初燕京大学王纯厚曾对北京地区儿童生活礼俗进行田野调查，并在其名为《北京儿童生活礼俗》的论文中详细描述了北京地区底层民众家庭从求子到新生儿降生后的各种礼俗活动，并在描述的基础上对其中部分民俗事象进行了初步分析。② 近些年来，有学者从具体事象层面讨论了满族社会习俗对北京地区社会生活的影响，其中涉及育儿习俗中"满月"的相关禁忌和规定。③ 这些研究对于分析北京地区"满月酒"习俗具有一定的借鉴意义，问题同样是缺少将这种礼俗仪式纳入生活实践中综合考量其社会文化意涵。

二 邀请谁：礼俗仪式场合关系主体的确认

按照村落传统和惯例，孩子满月要邀请亲朋好友前来喝"满月酒"。首先需要讨论的是"邀请谁"的问题。在这种喜庆场合，"邀请谁"需要慎重考虑。这其中也包含着"不邀请谁"的问题。邀请谁或不邀请谁都

---

① 受访者：史庆芬，女，北京顺义沙井村人，曾担任村干部四十余年，访谈人：李向振，访谈时间：2016年10月6日，访谈地点：沙井村史庆芬家中。
② 王纯厚：《北京儿童生活礼俗》，学士学位论文，燕京大学，1940年。
③ 张秀荣：《试论满族生活习俗对北京地区的影响》，《北方文物》2005年第1期。

可能潜在两个风险：一是该邀请的没有邀请；二是邀请了不该邀请的人。这两个问题都可能会造成不必要的麻烦，严重的甚至会引起社会关系破裂。"该"与"不该"在此场合下蕴含着丰富的意义，其判断和衡量标准是是否符合"规矩"。

在阿玉和姚戈正式邀请我之后的第二天晚上，他们来到我的房间讨论该邀请谁的问题。实际上，之前他们已经确定了大部分需要邀请的人。这些人按照传统的"规矩"，直接邀请即可，无需其他考虑。这些按规矩需要被邀请的人，大体上分为四类：亲戚、邻居、朋友以及他们各自单位的领导和地方名人。

亲戚是礼俗仪式现场的重要客人，除少数因各种矛盾而断绝关系的人外，大部分有所交往的亲戚都在被邀请之列。亲戚的邀请顺序按照辈分往下排，从阿玉、姚戈夫妇的祖父辈到堂兄弟姐妹、表兄弟姐妹，即使在日常交往时有过矛盾的亲戚，只要对方孩子过满月时邀请了阿玉夫妇或其父母，那么这些亲戚就在必要邀请之列。在村落里，亲戚关系往往就是依靠这些传统仪礼来维系或修复，正如人们常说的"姑舅亲，辈辈亲，打断骨头连着筋"。如果说骨头是日常生活的话，那么"筋"就是这些传统仪礼。

（问：本家人都邀请谁呢？）你像二爷（姚戈爷爷的二弟）、三爷（姚戈爷爷的三弟）都必须得请，为什么呀，他们是这个家的老一辈儿人，这边我爷爷不在了，他们就好比是家长了。其实，说实话呢，我们家和二爷、三爷家并不亲，平时走动也不多。也就是过年过节的，孩子生日娘满月，我结婚的时候，才走动一下。（既然平日交往不多，那为什么不能不邀请呢？）不请？你要不请你试试，这还不给你反了天？平日里不走动，关系还在啊，你要不邀请，这不就挑明了闹掰了嘛。请他不来，是他的事儿，要是不请，好，他不但不来，还怪罪你，这谁受得了，是吧？①

当然，也有闹矛盾的亲戚接到邀请并未应邀前来，这表明彼此关系几无修复的可能。虽然这并非常见情形，但总会给人留下更深刻的记忆。当我提

---

① 受访人：姚戈，访谈时间：2014年5月9日，讲述地点：京村姚戈家中。

及这类问题时,姚戈显得有点激动,她告诉我,有一个本来很近的亲戚就不准备邀请了,原因是她和阿玉结婚时,这个亲戚没有应邀前来,"这个也就彻底不走了"。"不走了"是"不再走动"的意思,也就是断绝了彼此间的日常互动与社会关系。

邻居是很好判断应不应该邀请的群体。按照传统规矩,孩子出生后到满月前一段时间里,前来探望或捎来东西的邻居都在被邀请之列。邻居前来探望往往会带些小礼物,比如衣服、鸡蛋或钱。有些人实在不能前来看望,委托其他邻居捎来钱物的人也在受邀之列。

朋友是个很宽泛的概念,平日里关系不错的都能称得上是朋友。这里又包括两种情况:一是对方年龄稍大,以前孩子过满月时曾邀请过己方,那么这次也必须邀请对方;二是己方孩子出生在前,则掌握了邀请的主动权,此时事主会综合考虑以决定是否邀请对方。根据阿玉介绍,后一种情况下所考虑的因素主要是双方关系处的"份儿"。如果到了"份儿"上,那么毫无疑问,将会出现在被邀请之列。当然,如果没到"份儿"上,也并非完全不会邀请,而是要考虑其他因素,比如对方所持有的社会资源,包括社会地位、社会关系、权力、金钱财富等,这些都可看作对方的社会资本。是否邀请这些人,考虑的主要是将来能否"用得着"。对于此种情况来说,孩子"过满月"恰恰是个建立更亲密关系的机会。当然,也存在年龄大或孩子出生早的朋友,没有邀请他们,而婚礼双方都互相邀请的情况,对此,他们讨论较多,但最后决定不邀请这些人。姚戈的理由是:

> 好比说,人家孩子满月的时候没通知我们,我们现在通知人家,这不明摆着让人家难堪吗?人家到时候来还是不来啊,来吧,人家一是脸儿挂不住,二是白拿一个份儿钱;不来吧,又怕得罪了这边,让人家两头儿作难,所以说,我的意思是不邀请。①

此解释看起来是为对方着想,实际并非如此。从事后聊天中,我才得知姚戈说这话的潜台词是"他没邀请我,我凭什么邀请他"。一般来说,人们作出行为决策或选择行动策略时,往往会考虑"凭什么"的问题。"凭什

---

① 受访人:姚戈,访谈时间:2014年5月9日,讲述地点:京村姚戈家中。

么"往往是将对方的行动纳入自己的默会知识中去判断,如果已有的默会知识不能解释对方的行动,那么就会被认为是"凭不着什么",一旦作出此种判断,则双方互动即宣告结束。

事后聊天时,阿玉说他们判断对方的行动是"凭什么"时,至少考虑了两个层面的问题:一是隐性精神层面,即友情的情分问题,如果情分未达到一定程度,那么双方彼此没有互相邀请则可以被理解,反之,则不被理解;二是显性社会资源层面,即对方是否有足够的社会资本,能让他们找到虽未被邀请仍要反过来邀请对方的理由。如果两者都不具备,即表明找不到"凭什么"的依据,于是这类人就会被排除在拟邀请行列之外。总之,人们考虑"凭什么"邀请某人时,实际上暗含了互惠原则。一种是"互惠"特征比较直白,容易看到或体会到,比如对方给己方"随了份子",己方也需要给对方"随份子";对方帮助了己方,己方也要帮助对方。另一种是互惠比较隐性,以"义务"的形式存在,"互惠更有价值的含义是一种广义上的互惠,即我为你做这件事,不期待任何回报,因为我相信以后待我需要帮助的时候,也会有人挺身而出"①。

如果说前面几种都是基于"里子"互相给"面子"的行动,那么邀请领导和名人就更像是单方面的索要和给予"面子"。一般来说,能够邀请领导和名人前来是很有"面子"的情形,而且领导级别越高,权力越大,说明其能提供的潜在社会资源能力越强,即"里子"越强,那么事主家就会有"面子"。

从参与主体来看,这个"面子"来自领导,但"面子"的真实社会价值却来自其他到场者。如果把"喝满月酒"仪式看成场域,主家、其他到场者和领导之间形成了一种微妙关系。对于其他到场者来说,在这个场域里,他"知道"了主家与领导的关系,对他来说可能会是个有用的信息,而这个信息本身是种社会资源,用该村村民的话来说"烧香能找到庙门"。此次"喝满月酒",阿玉邀请单位一位主管农村工作的常务副镇长(此人还带来了镇党委书记的祝福),还有一位在区里工作的领导;姚戈邀请了她所工作的医院的部门领导和一位主治医师,同时其父母也邀请到一位已退居二线的领导。

---

① [美]帕特南:《独自打保龄球:美国社区的衰落与复兴》,刘波等译,北京大学出版社2011年版,第10页。

阿玉夫妇大体按照这四类进行了邀请，确定前来参加的将近二百人，其中双方亲戚约有一百人，双方朋友三四十人，邻居四五十人，领导十余人。以上主要分析的是办满月酒席的阿玉夫妇所考虑的问题。实际上，作为互动双方的另一方，在接到邀请后也会进行各种考虑，其中最主要的就是"随份子"的问题，下面将会详细讨论。

三 "席面儿"与座次：差序格局的实践

据村里人说，过去孩子满月吃酒席一般都在家里举办，姚戈奶奶告诉我，原来村里都是靠种地，村民生活普遍比较穷困，而且各种社会关系也比较少，一般只会邀请亲戚和邻居，以及少数朋友前来喝庆贺酒。近十多年来，随着"种房"① 带来的收入越来越多，村子里各种礼俗活动，也开始大操大办。仪式流程比较复杂的婚礼和丧礼，大多村民都还在村里举办，像喝满月酒这样的活动，一般就在昌平酒店举办，"有钱的去大酒店请客，没钱的就去普通酒店请客，谁还在家弄啊，麻烦"②。

综合考虑后，阿玉夫妇决定孩子满月酒在酒店举办。在酒店选择上，一家人进行了讨论。讨论的时间是在邀请工作差不多接近尾声的某个晚上。讨论时，姚戈的父母、三个姑姑和其中的两个姑父都在，我也有幸被邀请了——自从到京村开展田野作业并住在阿玉家后，每逢他家家庭聚餐和家庭聚会讨论问题都会喊上我，这似乎成了惯例。晚饭后，阿玉提出了酒店预订问题。除我和奶奶外，几乎每个人参与了讨论，讨论主要围绕酒店等级、位置、价位、环境、口碑等展开。大家最后采用了当副镇长的姑父的建议③，选定了一个中上等、地理位置不错，同时口碑也很好的酒店。之后讨论了大体出席人数，并粗略估计了酒席规模，初步确定预订20桌酒席，每桌坐10人，另外有两张桌子是单间。

第二天，阿玉给饭店打电话预订座位，并在"喝满月酒"正日子前两天到饭店"踩点"。"踩点"回来的晚上，又进行了一次小规模讨论，

---

① 作为城郊村，该村村民大都借助地缘优势，将自己家房屋加盖二层，甚至三层四层，改建为出租房，挣取房租，当地人将这种行为称之为"种房"，就像种植庄稼一样获取收益。
② 受访者：姚戈奶奶，70多岁，京村村民，访谈时间：2014年5月12日，访谈地点：京村姚戈家中。
③ 在村落里，家族中当干部的成员往往具有更多的权威，所以当姚戈的姑父提出建议后，其他人都表示赞成，无论这种赞成是出于本心，还是出于其他，总之，"当官"的姑父在家庭讨论中总是具有话语权威。

只有奶奶、大姑、小姑、老姑父和我在场。这次主要讨论酒水和座次安排问题。酒店负责准备席面，阿玉选择了中档席面，每桌239元，大概十几个菜。酒水可以自备，阿玉和姚戈夫妇选择自备酒水。因此，首先讨论的是酒水问题，买多少白酒、多少啤酒、多少饮料，分别买什么牌子，都进行了详细讨论。座次排序安排是酒席上最关键也最容易出差错的问题。在北京城郊农村，"坐席"非常讲究座次，在人们的默会理解（Tacit Knowing）中，座次排列是社会秩序的建构，同时也是关系尊卑远近的再确定。

首先是两个单间的座次。按照客人的尊贵程度，有一个单间留给"领导"，此处强调尊卑有序。另一个单间给家族中年龄较大、辈分较高、声望也比较高的长辈准备，此处强调长幼有序。事实是，这种横向的家庭内部长幼有序和纵向的社会关系尊卑有序，共同构成了传统中国复杂的社会关系网络和立体的差序格局。

其次是房间的安排。尽管饭店房间是门对门的双排分布，但由于距离柜台较近的房间较为方便，所以房间安排也有先后次序之分。前面说的两个单间距离柜台最近，也最为尊贵，其后是主家双方的近亲，包括姚戈父母、姑姑姑父、阿姨和姨夫、舅父和舅妈等；对门是阿玉的母亲、姐姐和姐夫、舅舅和舅妈等，后面是姚戈与阿玉的朋友，再后面是姚戈父母的朋友，之后就是关系较远的亲戚和邻居等。关于亲戚的座次排序，在过去数十年里发生了明显的变化，姚戈奶奶告诉我，过去娘家人是"下等亲"，婆家人才是"上等亲"：

> 要按过去来说，娘家人都是下等亲，坐席时要坐末席，婆家人才是上等亲，要坐主席。不是有个讲儿嘛，娘家人去了，给你个地吃就不错啦。要按现在说，娘家人是上等亲，是贵客，都得摆头喽，儿媳妇还跟那什么似的呢，别说人家娘家人了，是不是。这么说吧，这个是跟着儿媳妇走的，家里儿媳妇说了算了，娘家人也就有地位了。现在是在酒店吃了，条件好了，在村里摆流水（席）的那个，人家娘家人也是吃头席。①

最后是座位座次讨论，主要是两个单间的座位问题。最终方案是长辈按照

---

① 受访者：姚戈的奶奶，访谈时间：2014年5月12日，访谈地点：京村姚戈家中。

长幼次序依次排位，领导按照官职大小依次排位，后面的桌位基本是自由结合。

在分析中国传统社会结构和秩序时，费孝通提出"差序格局"概念，在他看来，"我们的社会结构本身和西洋的格局是不相同的，我们的格局不是一捆一捆扎清楚的柴，而是好像把一块石头丢在水面上所发生的一圈圈推出去的波纹。每个人都是他社会影响所推出去的圈子的中心。被圈子的波纹所推及的就发生联系"①。这一点从阿玉和姚戈及其家人对喝满月酒座次安排上得到了深刻而精彩的诠释，座次先后顺序恰如掷入石子的水上波纹，从中间逐渐散开来，越靠近石子落水的地方，波纹越大，象征着社会关系也最亲密。

人们这样安排社会关系和社会结构的深层逻辑，或许可以从社会资本理论中得到一些解释。社会资本理论认为，人们行动的主要动机是为了获取和使用嵌入在社会网络中的资源。② 这里的资源包括金钱、地位和权力。阿玉和姚戈及其家人在讨论座次问题时，也多次提到"某某是可能用得着的，不能得罪""邀请某某已经是给他面子"之类的话语。可以看出，他们在安排座次时，主要考虑的是被邀请人和其社会关系所嵌入的社会资源多少，以及获取这些社会资源的方便程度。一个人及其社会关系嵌入的社会资源多，且容易获得，那么其座次就会靠前。比如安排在单间的领导所拥有的是政治资源（即权力），长辈所拥有的是家族地位资源等，这些资源相对容易获得或失去，因此这些人座次靠前而且需要特别照顾。相反，拥有资源不太多或难以获得的，座次就比较靠后。比如在酒席中，某邻居非常富有，但仍被安排在最后一桌，原因是"平日里关系不是很多，只是以前他们家孩子满月的时候，邀请了我们，所以我们也要邀请"，这就属于社会资源虽然丰富却不易获得的情形。应该来说，这种安排的判断标准实际上以受益难易及大小程度为中心。正如费孝通所言，"以'己'为中心，像石子一般投入水中，和别人所联系成的社会关系，不像团体中的分子一般大家立在一个平面上的，而是像水的波纹一般，一圈圈推出去，愈推愈远，也愈推愈薄"③。

---

① 费孝通：《乡土中国　生育制度》，北京大学出版社 1998 年版，第 26 页。
② 林南：《社会资本——关于社会结构与行动的理论》，张磊译，上海人民出版社 2005 年版，第 24 页。
③ 费孝通：《乡土中国　生育制度》，北京大学出版社 1998 年版，第 27 页。

第五章 "社交的人"：村落人情关系的再生产

不过，从参与者角度来看，我是身份比较特殊的人。从关系来看，我是阿玉的朋友，应该坐在朋友席上。但博士身份，又让我显得比别人"高一等"。虽然京村近邻某大学，村子里也不乏大学生，但就这个家庭来说，博士仍是一种特殊身份的表现，是一种值得被尊敬的身份，所以他们将我安排在家中长辈的单间里。我自然是不敢接受这种安排，于是再三推辞，阿玉和姚戈给我找了个合适的"理由"：作为主陪照顾好家中各位长辈。这个理由让我没办法再推让，否则将会被认为"不识抬举"。在传统观念中，"不识抬举"实际上就是不给别人"面子"，不给别人"面子"又会牵扯出许多其他问题。同时，这种安排也让我意识到，在村落社会，各种文化设置会随着情境的变化而不断调整，传统固然重要，"变通"似乎更为常见。

由于阿玉和姚戈酒席上应酬很多，所以他们不能多喝酒。不过按照习俗，他们必须抱着孩子到各酒席敬酒。于是，我主动提出可以代为应酬，他们欣然同意并给我一个阿玉"家人"的临时身份。此时，我就暂时具有了双重身份：第一，我是阿玉的朋友，属于客人；同时我又作为阿玉的家人，需要以事主姿态应酬。当然，这个双重身份在其后田野调查中发挥了极为重要的意义，兹不赘述。

在中国传统文化中，"给予身份"是很重要的社会行动，也是缔结社会关系的重要举动。一般而言，身份是社会关系中重要的标志，它被赋予广泛的社会意义，同时也嵌入各种权利和义务关系。尽管，大多数时间里，这些权利和义务并不明确，或没有明文规定，但每个拥有特定身份的人，就像舞台上的演员一样，需要对自己的角色进行诠释和展演。同时，"被赋予的身份"也构成个人信息的一部分，是他人对此人行动的重要预判标准，正如戈夫曼所说，"获得个体的信息，有助于限定情景，能使他人预先知道该个体对他们所寄予的期望，和他们或许可以对他所寄予的期望。获悉了这些方面的情况，他人自会明晓，为了唤起期望的回应，如何行动最为恰当"[①]。如果将"喝满月酒"比作一场演剧，那么我被赋予的临时身份恰恰就是角色设定，在这个没有剧本的表演中，我必须尽可能作出符合角色的行动，否则将丧失一些个人的潜在社会资源，更重要的是有

[①] [美] 欧文·戈夫曼：《日常生活中的自我呈现》，黄爱华、冯钢译，浙江人民出版社1989年版，第1页。

可能会损害给予临时身份的事主的面子。

四 随份子：人情边界的再确定

无论对事主来说，还是对应邀前来"喝满月酒"的宾客来说，"随份子"都是宾客所施为的被赋予最多社会意义的行动。在过去，人们接到事主邀请后，需要作出积极的回应，一般来说，这种回应包括两方面内容：一是亲自前来参加，即具身性表达；二是要带礼物，即物质性表达。根据《北平市志》记载，"满月，戚友来贺，馈以衣帽、铃铛、寿星及馒首等物，亦有与钱者，封以红纸，上书代铃，或'长命百岁'字样。乃设筵或演剧，或他种玩艺以娱之，谓之办满月"①。现在亲朋宾客除新生儿至亲（如姥姥、姨妈、姑妈等）外，一般物质性表达都选择给予数目不等的金钱。

"喝满月酒"当天天气不太好，天不亮就开始下蒙蒙雨，不过这并未阻挡举办宴席的事主和前来"坐席"的宾客的热情。无论对于哪一方来说，这样的天气都不能构成缺席宴请的"合法"理由。由于我已具备"阿玉家人"的临时身份，因此，一大早就跟着阿玉夫妇前往酒店，参与一些安排工作。宴席设在酒店二层。一层大厅入口处有一张大约1.5米高、1米宽的海报，上面写着庆贺某某小朋友满月，同时标明宴席时间、房间等。与此海报并列的还有一个结婚宴席的海报。据酒店负责人介绍，在"好日子"②时，同时举办结婚宴席的经常达到四五家。二楼宴席入口处设有桌椅。桌上置有红色"礼簿"。

姚戈的小姑和阿玉的某位亲戚负责"记账"。两人的"差事"是提前安排好的。姚戈的小姑是老师（在村落社会里，大多数时候老师是有文化的象征，虽然现在文化普及率已非常高，人们仍认为老师最有资格做"写"和"记"的工作）。另一位是阿玉的某亲戚，也是一位语文老师。这样安排并非完全为了监督彼此，更多是基于关系和秩序平衡的考虑。在宴席上记账，是一种身份的象征。姚戈奶奶告诉我，以前村里但凡婚丧嫁

---

① （清）吴廷燮等撰：《北平市志稿·礼俗志》，燕山出版社1997年版，第150页。

② 在传统文化观念中，受到多种因素影响，婚丧嫁娶等这样的人生"大事"，人们会选择一定的"吉日"。"吉日"的判定标准有很多，最常见的是避讳末尾带有"四""七"等字眼的日期，原因是谐音"死期"；而末尾含有"三""六""九"的日子就属于"好日子"，被认为在这样的日子里完成人生大事将会非常顺利。

娶和喝满月酒等有"随份子"的席面,事主都会邀请村里最有文化的老先生来负责记账。虽然现在村里人举办席面"记账"的差事基本都由本家人负责,但从祖辈传承下来的观念并未改变,即记账是文化人所特有的差事,其隐含的意义是通过参与记账使得其文化人身份得到印证,实际上就是赋予和再确认其社会地位。

在京村,婚丧嫁娶、生子迁居等仪式场合,亲朋好友与村民间"随份子"是老辈传承的规矩和惯例,而且对不同场合的"份儿钱",大体也都有"行情"。对于大多数"随份子"的人来说,按"行情"来总不会出差错。"随份子"实际上是社会关系范围和边界再确定的实践。在斯科特看来,"互惠这条道德原则渗透于农民生活乃至整个社会生活之中。它根植于一个简单观念:一个人应当帮助那些帮助过自己的人,或者(按照最低纲领主义的表达)至少不损害他们。更具体地说,它意味着被接受下来的礼品或服务为接受者带来了相应的义务——有朝一日要以相当的价值给以回报"①。

互惠原则是"随份子"行为的原初动力之一,这也在一定程度上暗示了人与人之间建立社会关系的深层逻辑。不过,以市场经济理性分析互惠原则,很多时候该原则都是不合理性的,比如在京村有人家主办婚礼,会有很多邻居和朋友前来帮忙,仔细观察就会发现,这样的行动无论对主家来说,还是对前来帮忙的人来说,都不符合经济理性。对于主家来说,虽然大多数时候不必向前来帮忙的人支付费用,但请几顿饭是必不可少的(而这个花费并不会比雇请专业的服务公司省太多钱),同时也欠下一个人情,而这个"人情"是需要在未来某个场合"偿还"的。而从所获得的服务来看,前来帮忙的人提供的服务远不如专业的如婚庆公司、丧葬公司等提供的服务更周到。对于前来帮忙的人来说,他们付出的并不仅仅是一点体力,更多是其他附加的东西,比如请假前来帮忙而失去本月全勤奖等,而他们大多数也明知自己所提供的服务质量并不高,但他们仍然会选择前来帮忙,在他们看来,这是规矩和"老礼儿"。遵循这些规矩和老礼儿,并非没有理性的行为,而只是看起来不符合市场经济理性,对村民来说,这些规矩和老礼儿中蕴含的其他社会价值是超过其经济价值的,因此,他们宁愿选择这种看起来并不"经济"的实践。

---

① [美]斯科特:《弱者的武器》,郑广怀等译,译林出版社2011年版,第215—216页。

对于此种不合经济理性的行为，主张社会资本理论的林南认为，"社会资本的积累速度比人力资本要快得多。也即，人力资本的积累呈算术速度增长，而社会资本的积累呈指数速度增长"①。换句话说，个人资本靠个体的行动积累，而社会资本的积累则借助的是社会关系，社会关系由众多拥有个人人力资本的行动者组成。一定程度上，嵌入在社会关系中的社会资源是关系网络中所有参与者的个人资源的总和，其增长速度必然比单个个体速度快，而且数量与种类也多。所以说，"万事不求人"是种非理性的选择，在日常生活中极难实践。相反，"低头不见抬头见""谁还用不着谁啊"这类的说法似乎更贴近现实生活，人们正是在这些基于约定俗成或既有生活经验的指导下，作出符合个体利益的理性选择。生活在村里的人们格外看重各种社会关系的原因大概也在于此。

另外，"随份子"本身也是村民的一种生存策略。长期以来，村落社会存在着大量非制度化运作的权力，村民要想获得嵌入这些权力中的社会资源，通过制度化途径往往难以行得通，这就需要非制度化途径。非制度化途径，主要分为两大类：一类是各种形式的抗争；尤其是以身体、名誉等为"武器"进行抗争，或者采取较为温和的偷懒、不合作等斯科特意义上的"弱者的武器"进行反抗②，对于大多数村民来说，这一类往往是不得已的下策；相对来说，第二类获取社会资源的非制度化途径更为普遍，即通过"送礼"讨好权力和其他社会资源的拥有者。

千百年来，"送礼"才能办事的观念早已内化为民众的默会知识。正如谚语说的那样，"衙门口，朝南开，有理无钱别进来"。这里面所说的"无钱"就是"没有钱去给权力拥有者和施为者送礼"的意思。这种蕴含着丰富的社会知识和生活智慧的谚语，在个体幼年时，就被长辈灌输到头脑中，并形成最早的知识体系。诸如此类的谚语、歇后语或其他熟语还很多。在这种情况下，"送礼办事"成为最重要的非制度化权力运作的逻辑。不过，在国家的法律制度框架内，与"送礼""收礼"行为对应的往往是"行贿""受贿"，如果收受金额超过一定限度，那么双方都将面临制度化法律的制裁。在一定程度上，这种规定约束了权力的非制度化运

---

① 林南：《社会资本——关于社会结构与行动的理论》，张磊译，上海人民出版社2005年版，第136页。

② [美] 斯科特：《弱者的武器》，郑广怀等译，译林出版社2007年版，第5页。

作。而民众观念深处的处事逻辑,又让"送礼"等行为难以禁绝。在借鉴社会资本相关理论之后,按照赠送礼物的动机,阎云翔将流动中的礼物分为表达性礼物和工具性礼物两类。① 其中工具性礼物更能体现"送礼"的原始动机,而表达性礼物主要是基于传统惯习的社会交往和社会走动,多数时候不在法律管控范围内。于是,村民更常用的策略便是将工具性礼物通过各种场合转化成表达性礼物,以遮蔽赤裸裸的"权钱交易"。其中,"随份子"就是这种转化最常用的途径之一。

"送礼"一般能够体现出尊卑有序,强调的是权力不平等的双方间的关系,尤其是下级对上级的一种贡献。② "随份子"则极大地淡化了这种级别秩序,从表象看,施为双方的关系是平等的,尽管"随份子"也经常能达到"送礼"效果。很多情况下,村民"随份子"需要找到合适场合,比如婚礼、丧礼或春节等礼俗仪式,这些场合适合人情圈内的"表达性礼物"的流动。"随份子"所携带的拉近社会关系或获得其他实质性帮助等实用本质被小心地隐藏起来,使得原本属于"送礼"甚至"行贿""受贿"的行为,看起来更像是在表达一种无公害的人情关系。

阿玉、姚戈夫妇给孩子举办"满月酒"实际上也创造了这样一种场合。在这个场合里,各种社会关系、人情得以再生产。从"送礼"与"随份子"相互转化来看,最为明显的莫过于邀请单位领导,尤其是邀请地方行政干部。作为"场合"的创造者,他们邀请哪位领导,不邀请哪位领导,本身即包含着潜在的"站队"行为意涵。

对于其他参与宴席的人来说,借助"随份子"名义,也可以和阿玉搞好关系。毕竟,无论是阿玉本人还是其背后所依靠的地方领导,都掌握着重要的社会资源。这些社会资源对于很多人来说都极为稀缺,普通民众需要向掌握资源的人"送礼",以期获得稀缺资源。我在观察中特别注意到,有个平时与阿玉关系一般的人,随了 2000 元份子钱。此数目在整个礼簿中明显处于较高层次。同时,阿玉告诉我,此人孩子办满月酒时,阿玉夫妇按当时行情,仅拿了 500 元份子钱。此人之所以多拿这么多份子钱,是因为他准备承包某个建筑项目,需要得到镇里审批,因此,他需要

---

① 阎云翔:《礼物的流动:一个中国村庄的互惠原则与社会网络》,李放春、刘瑜译,上海人民出版社 1999 年版,第 44 页。
② 杨美惠:《礼物、关系学与国家:中国人际关系与主体性建构》,赵旭东、孙珉译,江苏人民出版社 2012 年版,第 167 页。

得到阿玉帮助去结识镇里相关领导。阿玉告诉我，借着各种名目变相"送礼"行为并不在少数，而这些行为大多都可以以"随份子"名义搪塞过去。①

虽然在宴席上我是多重身份的在场者，但还是以阿玉的朋友的身份随了"份子"。从我的角度来说，"随份子"也包含两层意义：一是表层的朋友之间"礼尚往来"；二是深层的情感表达。按照当地的"行情"，作为朋友我"随份子"的数额是200元或500元，换句话说只要不低于200元，在这个宴席剧场上，我就完成了原初的角色设定。但我还是拿了1000元，这仅次于"有求于"阿玉的人和孩子最亲近的人的数额。实际上，我也是为表达一种感激之情，在我的田野调查中，得到阿玉夫妇及其家人的很多照顾，很多次我想通过其他方式表达谢意都被婉拒。喝满月酒正好也为我提供了一个合适的场合。也许其他到场者也有不少像我一样将随份子当作还"人情"的合适途径。

杜赞奇在分析近代华北农村地区的社会生活时，指出"面子并不仅仅是一种潜在的心理意识，而且是某些人的外在特征……从实际效果来看，面子实为一种有具体用处的工具"②。在村民的生活实践中，"面子"实际上包含了两个层面的意思：一是社会性面子，或者叫作工具性面子，可以用来获取嵌入面子所在社会关系中的社会资源；二是道德性面子，或者叫作表达性面子，是声望、名声、地位，主要体现一个人的社会性价值，而不是其他价值，比如物质性价值或者政治性价值。"面子"也是权威的象征。很多情况下，"面子"是村民的社会资本与象征资本，村民可以凭借"面子"获得物质利益和其他个人利益。当然"面子"的大小，除了个人的努力及其兑现能力外，还与其所处的社会关系有关，与社会关系的社会资本储量有关。如果村落组织的社会资本储量高，那么"面子"就可以获得更多的社会资源，这一定程度上，影响了个体成员对于村落"面子"的追逐热情，这也在更深层面上，影响了整个村落生活共同体的

---

① 需要说明，本书撰写时国家对于民间社会"随份子""走人情"等行为的政策性限制尚不是很明确，因此，在各种礼俗仪式场合，人们以"随份子"的名义进行送礼的行为并不少见。最近几年，政府层面以政策形式对此问题进行了限制，一定程度上改善了借助随份子名义送礼的不合理行为。

② [美]杜赞奇：《文化、权力与国家——1900—1942年的华北农村》，王福明译，江苏人民出版社2003年版，第169页。

秩序维系。

从日常生计角度看,"面子"是"有用的"或"有好处的"东西,而且可以量化,面子的增加,往往被称之为"争面子""长脸面"等,面子的减少,即"失面子""丢面子"。民众的许多围绕"面子"的社会行动都指向两个基本方面:一是争面子,即在现有的基础上通过种种努力获取更多的面子;二是避免丧失面子或者丢面子。其中,后者往往是民众在与他人互动中作出行为选择的首要前提。

"面子"的运作过程,正是"里子"的实践过程,恰恰也是人情的再生产过程,往往通过人们的社会互动来完成。一般来说,面子的实践主要发生在两个主要生活场域:一是互动双方的良性交往,如互相寒暄,此时互动的双方既要评估自己的面子,又要评估对方的面子,还要彼此互相评估自己的面子在对方眼中的价值、大小等,大多数情况下,人们会在作出判断后,互相认可对方的"面子",就会作出互相"给面子"的行为;二是互动双方的恶性交往,比如争执,此时互动双方互不认可或肯定彼此的面子,就需要有第三方前来"说合",第三方往往是在争执双方那里都有"面子"的人,如果他所拥有的"面子"能够形成暂时的权威,那么他就能劝说成功。所谓"不看僧面看佛面",实际上说的就是第三方面子的问题,"僧面"往往被认为是争执双方的面子,而"佛面"则是相对中立的第三方的面子。"面子"这种运作逻辑,在村落社会里表现尤为明显,尤其是在一些涉及家庭事务纠纷的情况中,"面子"往往成为暂时性规范,进而约束争执双方的行为。这样,基于人情的社会关系网络得以形成和运作,村落社会结构和秩序也得以维系。

如前所述,在村落社会中,"人情"和"面子"一样,都是一种嵌入许多社会资源的"关系"。正如米格代尔所分析的那样,"相互间送礼是维持内部团结的主要方法,这几乎不存在再分配的作用。送礼作为互惠关系的一种途径,减少了交往中出现敌对的可能性。合作劳动和互相帮助也是建立互惠关系的一种方法"[1]。村民运作"人情"和"面子"的过程,正是获取这些资源的过程,而这些资源也正是面子所对应的"里子"之所在。为维系人情再生产机制的持续运作,村民在生活实践中"发明"

---

[1] [美]米格代尔:《农民、政治与革命:第三世界政治与社会变革的压力》,李玉琪、袁宁译,中央编译出版社1996年版,第61页。

和创设了各种各样的仪式场合，这些仪式场合可以看作地方知识中的制度性安排，通过这些场合，村民之间实现了互动，村庄关系网络得以生产，村落社会资本得以积累，村落生活共同体得以延续。由此，村落中传统人情的现代生活实践，实际上是村落内聚力对外在市场机制的反抗。大多数情况下，村落都是村民抵御市场带来风险社会的重要且有效的社会机制①，而这也是村落内聚力的源泉，进而也是村民实践"面子"和"里子"的逻辑之所在。

从农民生计方式和生活方式的改变来看，"人情"和"面子"实际上也发挥了极大的作用，正如学者徐勇所分析的那样，"人情可以说是农民进入陌生的工商业社会最重要的交往理性：依靠亲邻外出务工经商，既可以减少和避免外部性风险，降低外部性成本，获得更多收益，又可以进一步增进人情往来。人情可以说是改革开放后中国经济运行的助推剂和润滑剂。"② 事实也正如此，正像我在姚庄村田野作业时所了解的那样，许多在村子里租房住的外来务工人员正是借着"老乡""邻居"或者"亲戚"的关系通过"拉帮带"的形式离开家乡来到陌生的城市里谋生，正是这些人情的存在，让这些初出家门的务工人员不至于与城市生活产生过分的疏离。接下来，我将讨论在京村租住的外来流动人口，尤其是外来个体户在日常生活中建立在人情基础上的"老乡圈子"的运作情况。

第三节　流动的圈子与社会资本

对于大多数寄居在京村的外来务工农民来说，他们的社会关系要相对简单得多。毕竟，他们在这个地方生活的时间并不长，很难积累起更为复杂的社会关系网络。不过，迫于生计压力，他们需要建立起基本的关系网络。就像田野资料显示的那样，老乡圈子往往成为他们在打工地建立社会关系的起点，现在在京村居住的大多数外来务工人员最初都是经由"老乡"介绍进城"闯社会"的，直到现在仍有许多新来租房的年轻务工人员，借由此路径来到北京。虽然，在京村这样的城郊村，老乡群体并不总

---

① 李向振：《跨地域家庭模式：进城务工农民的生计选择》，《武汉大学学报》（人文科学版）2017 年第 5 期。

② 徐勇：《农民理性的扩张："中国奇迹"的创造主体分析——对既有理论的挑战及新的分析进路的提出》，《中国社会科学》2010 年第 1 期。

是闭合的圈子，甚至是分散到周边村落呈点状分布，但在"遇到事儿"时，这些人仍然能提供力所能及的帮助，尽管很多时候这些帮助因该群体同质性太强而收效甚微。除了老乡圈子，作为租客，外来务工人员不可避免地要在日常生活中与房东发生各种联系。表面上房东与租客是一种纯粹的"金钱"关系，日常生活中彼此互动并不多，但他们在面对外来政策压力时，会结成暂时的利益相关体，以共同抵御外部政策带来的困境。从社会资本理论来看，对于他们来说，最"有用"的关系恐怕还是被刘晓芳称之为"相熟"的群体。因其群体成员差异较大，"相熟"能提供更为丰富多样的信息和解决问题的途径。虽然很多时候，相熟是一种很弱的社会关系，甚至是需要不菲金钱维持的关系，但不可否认，这些关系在某些关键时刻所能发挥的能量，的确能满足外来务工人员的需要。

拉面馆老板夫妇也像村里其他个体户一样，寄居在京村，他们对这个村子没有太多认同，也没有太多留恋。在日常生活中，他们很难融入该村，除行政和政策壁垒外，村里大多村民还是会将这类人视为"他者"和"外来人"，对村里许多人来说，他们是租客，是可以带来收入的一群人，仅此而已。而对外来务工人员来说，京村就是谋生和挣钱的地方，他们在这里经营着自己的事业，经营着自己的生活，同时也经营着自己的"圈子"，朋友、老乡、"相熟"都是他们需要维护和维持的关系网络。

一 互帮互助的老乡群体

拉面馆主要顾客是住在村里的外来人口，除部分从事其他行业的个体户外，大部分顾客都是流动性极强的建筑工人。另外，如前所述，拉面馆老板夫妇为积累财富，不惜进行严重的"自我剥削"，他们日复一日的辛苦劳动限制了他们的社交行为和社交圈子。对他们而言，建立一个社会关系圈子或加入一个社会圈子都不是很容易。然而，不论来自京村村落内部还是来自更广泛的外部社会空间的压力，都让他们深刻地感觉到，个人单打独斗很难在这个地方长久"混下去"。老板娘刘晓芳告诉我，他们在打工时，就注意到必须要有自己的关系网络，否则，"在遇到事儿的时候，根本没人管你"。

拉面馆老板告诉我，他们夫妻在开面馆之前，都在京村附近打工。老板王永强在京村附近某大学食堂做厨师，而老板娘刘晓芳在京村一家干洗店做工。那时时间相对自由，他们就在空闲时不断参加各种老乡或同事们的社交聚会，也积累了一些关系。后来开了小面馆，他们的身份从"打工者"变成了"老板"，先前经营的社会关系圈子也发生了变化。刘晓芳告诉我，开餐馆之后，他们夫妇二人几乎没有时间外出，原来的关系"都断了"，只好从顾客这里"下手"。

老板娘会记得每一位前来光顾的食客，然后下次看到该客人时寒暄几句。这不仅给小餐馆带来许多回头客，更重要的是通过这一两句带着浓重西北口音的寒暄，让在外的务工人员得到一点被认可的感觉，他们往往会聊更多，看得出，这些人都渴望互相之间多交流。

从多次访谈中，我可以感受到，面馆老板夫妇大体也经历过相似的心路历程。面馆老板娘刘晓芳还多次向我分享她的生存之道，"在这个地方要想立得住，必须得有你在遇到难处时，有愿意拉你一把的人，谁最有可能，老乡。"[①] 他们对于老乡十分热情，我在小面馆里做田野调查时，也经常看到有甘肃老乡前来聊天，有的人会点一些吃的，有的人就是纯粹过来聊天，还有老板夫妇邀请到餐馆里来吃饭的人。他们建有一个老乡微信朋友群，王永强把我也拉了进去，他们经常在群里讨论各种话题，除吃喝玩外，更多的是讨论如何应对"清退"和子女教育问题。虽然众说纷纭，但很少有实际有效的建议或应对策略，他们很难形成共同体来应对各种问题。林南指出："同质性原则告诉我们，拥有相似特征、态度与生活方式的人，倾向于聚集在相似的居住环境、社会环境和工作环境中，这样可以有利于互动和交往。而高互动频率与互动强度反过来促进了相似的态度与生活方式的形成。"[②] 老乡圈子正是这样的关系网络，在这个高度同质的群体里，人们在面临社会问题时，往往会遭遇同样的短板，他们所具有的和所缺乏的大体一致，这就很难找到解决问题的有效途径。或者可以说，老乡圈子虽然凝聚程度较高，但作为组织所嵌入的社会资源往往较为单一。

在研究美国社会结构与社会网络时，帕特南将社会资本区分为"连接性社会资本"和"粘合性社会资本"，并认为"连接性社会资本"可以产生更加广泛的互惠原则，而"粘合性社会资本"则会使人们局限在自

---

① 讲述人：刘晓芳，讲述时间：2014年4月11日，讲述地点：京村西北拉面馆内。
② 林南：《社会资本——关于社会结构与行动的理论》，张磊译，上海人民出版社2005年版，第234页。

己的小圈子里。① 像王永强夫妇建立的老乡圈子所产生的社会资本就属于粘合性社会资本，人们在这个小圈子里有利于获得更广泛的身份认同，但这个圈子所能获得的信息和其他社会资源十分有限。在这种情况下，"老乡见老乡"，就真的"两眼泪汪汪"了。因为他们很难依靠这个老乡圈子获得实质的帮助。"老乡圈子"的这种同质性短板，让其在外出进城务工农民群体那里越来越难以维系。我在京村调查时，就有经营五金的店铺老板告诉我，他从不参加所谓的老乡会，"喝酒时吆五喝六，有事时，都躲躲藏藏，啥也解决不了"②。

前面提到的在京村开设早餐铺的老刘夫妇提起老乡，另有一番感慨。老刘告诉我，大概是在1990年代末，他们夫妇刚来北京"闯荡"时，没少得到老乡帮助，"帮着张罗租房子，弄来三轮车，帮着弄这、弄那的，没少受照顾。那时候，老乡真是老乡，哪像现在？"③ 当我问及现在他对老乡圈子的看法时，老刘忽然有点激动地说：

> 现在，老乡见老乡，骗你没商量。我给你说吧，我是罗山县的，前一段时间，有个某县的。你知道的，罗山、某县都是信阳的啊，是真正的老乡吧。嘿，我给你说，某县的骗子多，我给你说吧。几个月前吧，来我这里一个吃早饭的，我听口音就问她是不是信阳的，（她说）是某县的。我一听，老乡啊，还想着给她算便宜点。她当时要的是两根油条（刘妻：对，还有两个茶叶蛋，一个油饼），要说也不贵，合着是六块钱，我说啥嘞，就这，你给五块钱算了。看着她从小车上下来，穿着也时髦，咱也没多想。她给了一百块钱，我找给她九十五。等她走了，我越想越觉得不对劲。找人一看，她给了我一张假钱。你说气人不气人？这是什么老乡，某县人都是骗子！④

后来，大概在5月的某天下午，我正在拉面馆和老板夫妇聊天，老刘

---

① ［美］罗伯特·帕特南：《独自打保龄球：美国社区的衰落与复兴》，刘波等译，北京大学出版社2011年版，第12页。
② 讲述人：李先生，20世纪70年代出生，东北人，在京村租店铺开了一个小型超市；讲述时间：2014年6月7日，讲述地点：京村联华超市内。
③ 讲述人：老刘，讲述时间：2014年3月19日，讲述地点：京村老刘早餐铺。
④ 讲述人：老刘，讲述时间：2014年3月19日，讲述地点：京村老刘早餐铺。

走进来,又提起这件事,仍然十分生气,"我再也不相信什么老乡了,越是老乡越爱骗你,别人他摸不清脾气,他不敢啊。"①

不过,对面馆老板夫妇来说,"老乡"却是个重要的圈子和关系节点,但并不是唯一的关系网络,他们还会通过老乡去认识更多的人。刘晓芳对我说:

> 你大哥这个人(刘晓芳让我喊老板大哥,每次说话也都这么说)死性的很,我就不这样,咱没关系怎么办,还得办事是不是,请人吃饭这是免不了的,不能等到有事儿了才请,就晚了,必须提前请。请谁啊,谁来啊,是不是,这也是问题。我呢,就从老乡这里打听,村里谁说了算,或者他们是不是有认识的能人,通过他们从中搭个线,我负责请客,认识的人不就多了嘛,是吧。②

在我的观察中,虽然拉面馆老板夫妇平日很少出门,但他们同整条商业街的客户都比较熟悉,尤其是刘晓芳,她曾不止一次对我说,"别看我不出门,京村的所有的事儿,我都知道",而我十分清楚能把村里发生的事儿都摸清的人,社会关系肯定不会太少,至少他们需要有传递和交换这些信息的人。事实也正是如此,他们在京村待了七八年时间,他们所拥有的社会关系已经能够满足他们在本村立足的需求。

二 租客与房东

就像我们在京村很容易观察到的那样,在京村租房屋居住的外来务工人员与本村村民的关系并不是很好。从拉面馆老板夫妇的情况来看,他们虽然十分懂得经营"关系"和"圈子",但对京村村民似乎并没有表现出特别的热情。严格来说,他们对村民的态度是排斥大于融合,我去了其他几个个体户家中,感受大体也是这样。比如,我曾去一个小超市买东西,老板从聊天中得知我是在这个村子里租房住的大学生,到结账时,主动免去了"零头",而同时进去买东西的一个本村村民,要求免去"零头",说了半天老板都没答应。当我问起为什么这样时,老板告诉我:

---

① 讲述人:老刘,讲述时间:2014年5月某天,讲述地点:京村西北拉面馆。
② 讲述人:刘晓芳,讲述时间:2014年4月12日,讲述地点:京村西北拉面馆。

咱们是一样的都是在这里租房子，都不容易，出来挣钱，他们算什么啊，自己盖了房子，什么都不用干，只收房租，他挣钱多容易啊，再说了对这些人好对我有什么好处，我又不违法，又不少给他们交房租。①

刘晓芳也曾说过类似的话，当时是一个村民为女儿举办婚礼。那个村民经常来面馆吃饭，我认识他，拉面馆夫妇也认识，他们有时还说话聊天，而且他女儿的婚礼是刘晓芳告诉我的。我问刘晓芳是否去随了份子，刘晓芳说没去，我问她为什么不去，她告诉我：

我为什么要给他随礼，都说随礼是相互的，他女儿这么大，我女儿这么小，等我女儿结婚的时候，我们还不知道在哪里呢，这钱不就白随了嘛。（给他随一点钱，他有可能会帮助你啊）帮助我？你快别开玩笑了，有事我的房东就管了，他才不会帮我呢，他们村里人都这样，牛气，谁都欠他似的。②

如前所述，在长期的户籍制度影响下，"城市人"与"农村人"，"地方的"和"北京的"等这些本来是地理空间意义上的区隔变成了根深蒂固的身份藩篱。在几十年的发展历程中，城市被塑造成一个特定群体的生存空间，尤其是北京，更因其是首都，而被赋予了一种神圣的意义。或者说，北京已经在很多人心里被当成了"北京人的北京"，外来务工人员来到这里实际上是作为一种"入侵者"形象进入的，对于这一点，我在田野调查中发现，不仅有些北京人这么认为，许多外来务工人员也这么认为。我在京村理发馆理发的时候，有一个来自河北的个体户老板也在理发，他就说，"为什么人家北京人仇视咱啊，实际上人家也有道理，咱们放着家里的地不种，跑人家这来，跟人家争资源，你说不是侵略是什么？"③ 在这种情况下，生活在村子里的外来流动人口，尤其是那些个体

---

① 讲述人：超市老板，东北人，2015年上半年来京村开办超市；讲述时间：2015年11月15日，讲述地点：京村世纪超市内。
② 讲述人：刘晓芳，讲述时间：2014年4月13日，讲述地点：京村西北拉面馆内。
③ 讲述人：王汉林，河北宁晋人，2010年来北京务工，在京村租房住；讲述时间：2014年4月28日，讲述地点：京村西北拉面馆内。

户虽然可能已经生活了好多年,但他们仍然与本村人交往不多,对于村子里一些不讲道理的人,他们也大都是采取容忍态度,这应该说也算得上是一种理性的生计策略。

京村对寄居于此的外来务工人员来说,社会资本能力相当弱,他们没有相应的认同感,他们作出判断时,往往考虑的是村落组织对于他们而言的社会资本能力,即付出之后能否得到合适合理的回报。这里的回报主要包括两个方面:一是物质回报,如金钱或者其他相关物品;二是声望回报,即能否获得他人的尊重和认可等。当他们按照自己的默会知识经过理性思考和衡量之后,认为自己为村落组织的付出将得不偿失时,他们就会消极对待村落里的集体活动,看热闹或者干脆不闻不问,这些态度又进一步隔阂了他们与村落组织之间的关系,形成一种愈行愈远的张力关系。

同样地,从我的房东老太太对居住在她楼房里租客的态度来看,这些租客之于她,大概也仅仅是一种金钱关系。除此之外,至少在我居住期间,没有见过他们发生过任何除交涉房租之外的互动。房东老太太甚至不和住在她家的房客多说一句话,有好几次我们坐在门口的破沙发上聊天,进进出出的房客见到她也不说话,她同样也不和这些人说话。当我问起这些人的情况时,老太太努努嘴,"我才不管他们是干吗的呢,别少了我的房钱就行,我就告诉他们,别把房间弄得太脏了,弄脏就罚钱"①。从她的话语中不难看出,在她眼里,这些人只意味着房租来源,至于他们的生活如何,这并不是她所关心的,也不想去关心,更谈不上建立一种更深入的社会联系。

不过,房东老太太并不是对租住在她家楼里的房客都这么漠然。前面讲过的老郑,长期居住在这里,主要负责在冬天烧锅炉保证整个楼的供暖。老郑还负责整个楼的房租收取以及各个房间的日常维护。老太太不收取老郑的房租,原因是老郑是其儿媳的朋友,而整个楼都是她儿子儿媳修建的。虽然对此她经常颇有微词,但终归还是容忍了老郑的存在,事实上,她在日常生活中也经常有事去找老郑帮忙。在我入住的时候,她还找老郑借了一辆弃置的自行车给我使用。老太太有时做了好吃的,也会给老郑送一些,不过这种互动是非常少的。我在那里居住期间,只见过一次。

---

① 讲述人:刘国芳,房东老太太;讲述时间:2014 年 5 月 18 日,讲述地点:京村刘国芳家门口。

三 "相熟"：能办事的人

就像前面描述的那样，拉面馆王永强和刘晓芳对于他们的社会关系网络有一套自己的逻辑。在他们看来，"老乡圈子"虽然已经不及以前那么重要，但一方面自己最初"闯北京"就是老乡介绍的，少走了不少弯路；另一方面，老乡圈子经常会成为一种跳板，让他们接触到更多可能会"用得上"的人。在他们看来，"能办事的人"，是需要他们费大力气结交的人。他们将结交成功的能办事的人称为"相熟"。

作为一种表述，"相熟"反映了他们与所结交的人的关系。对于王永强、刘晓芳夫妇来说，任何一个在他们看来是来自较高社会地位的人，都可能成为他们"相熟"的对象，比如我。我作为一种潜在"相熟"的感受，是在和他们交往一段时间之后，才发觉的。

2014年5月的一天下午，我从北京市里办完事儿回到京村，由于快到晚饭时间，在经过小面馆时，我就径直走进去。刚刚落脚，老板娘刘晓芳就急匆匆地走到我身边说"刚要去找你呢，你就来了，正好，帮忙给王彤（她的二女儿）输入信息"，我这才发现她手里拿着厚厚一沓材料。没等我问，她就告诉我，这两天昌平出台了一个政策，所有在京居住半年以上的外来务工人员，其子女为义务教育阶段的适龄儿童，都可以去登记开具借读证明，到就近小学入读。这需要在网上输入一些基本信息，刘晓芳找我就是要我帮忙把他们家人和王彤的基本信息输入到网上。我告诉她没问题。刘晓芳流露出感激的神情，"幸亏我认识你这个大学生，村里其他人只好去网吧录入了"，而我知道，对于刘晓芳这样的个体户来说，去网吧是一件非常奢侈的事情，不仅是金钱上的花费，更重要的是他们需要专门拿出半天甚至更长的时间来做这件事。

这是一个看起来非常不错的政策，在很大程度上解决了外来务工人员子女的入学问题。实际上，在得知这个政策之前，面馆老板夫妇就已经为他们二女儿的入学问题奔波开了。有一段时间，他们几乎到了有病乱投医的地步，遇到他们熟识的京村人或其他本地人时，刘晓芳都会殷勤地问，是否有门路帮忙介绍一个小学。结果是口头答应的不少，真正办事的并不多。就在前几天，刘晓芳打听到孩子无法在此就读后，他们夫妇就开始商量为了孩子读书准备回老家。

虽说两三年前，就已经有政策，解决这些外来务工人员子女的教育问题，但到了基层实践部门，一切变得都不那么明朗了。

刘晓芳告诉我，现在昌平一带，外来务工人员的子女入学基本都得靠花钱打理关系才能实现。面对这样的情况，作为弱势群体的外来务工人员，大多数采取的是随行就市。在他们心里，孩子的教育马虎不得，自己苦点累点没关系。于是，各个外来务工人员就使出浑身解数，寻求各种关系。

这样，基层社会就出现了一批权力寻租者，这些人大多是本地人，且有亲戚朋友等在教育、学校等部门，他们通过向外来务工人员索取所谓的借读费获取利润。对这些外来打工者来说，尽管借读费不是一个小数目，但在他们看来烧香能找到庙门，已经是很幸运的事情了。

我打算吃过晚饭后去帮忙录入信息。吃饭过程中，刘晓芳还是有点闷闷不乐，按说现在昌平区落实政策，允许外来务工人员的子女就近入学，这是好事儿。在她和她丈夫的聊天中，我隐隐约约听出了门道。刘晓芳的意思是，虽然上面有了政策，还是要找关系打理，而王永强坚持认为既然上面已经落实了政策，就不需要花那份冤枉钱了，他说他去开家长会时，人家老师明确告诉他的，不用交任何费用，所有外来务工子女一律就近入学。刘晓芳还是坚持，现在政策是政策，对策是对策，要是万一把孩子分到十三陵那边就麻烦了（虽说十三陵距离京村并不远，但是翻山越岭对于刚读书的小孩子来说，也是个不小的麻烦）。

吃过晚饭，我在住的地方，帮他们录入信息。刘晓芳告诉我，她今天一整天都在跑孩子的教育这个事情，根据通知的内容，她需要准备"五证"，"五证"俱全就可以去办理子女入学借读证明，"说是五证，实际上是七证，暂住证、户口本、营业执照、大队证明、准生证、租房合同、纳税人证明"。根据规定，凡是在村子里生活和纳税超过半年的，其子女都可以享受这个待遇。

不过，对于刘晓芳来说，这里面又有一些琐碎的问题。比如，他们的营业执照一直都是几年前以刘晓芳名义办的干洗店的营业执照，虽然两个人开餐馆已经好几年，却没有更新营业执照。不过这一点她已经打听了，应该没问题，毕竟那个干洗店也没有关门，一直由她的妹妹在经营着。还有一点是"大队证明"（京村居委会证明），主要是证明他们在这个村子生活了半年以上。大队不给他们开具这个证明，原因是他们租来经营面馆的房子属于"违建"，又经过一番周折，她终于凭着他们租住的那个小平房，办理了村委会证明。刘晓芳告诉我，有些商户就没这么幸运了，由于店铺与住处都属于"违建"，对于违建，居委会统一规定是不予承认。

　　本来"违建"属于村委会与京村村民之间的矛盾，通过这样一个环节，转移成村干部与外来务工人员的矛盾。这个看起来很简单的转变，实际上蕴含了很大的文章在里面。通过这样的转换，由强势之间的对决，变成地位完全不平等的强势与弱势的对决，外来务工人员当然属于弱势，由于各种原因他们不能离开京村，而因为租住的房子是"违建"，又影响到孩子读书等，这样的两难境地中，"灰色地带"开始出现，那就是关系的运作，而事后我在同村干部的访谈中，也证实了这一点，这些居住在违建里的小商户，必须缴纳一笔"卫生费"，才能开办这个证明。

　　信息录入完，他们夫妇离开了我居住的房间。等他们走后，我才意识到，子女的教育问题，才是新生代外来务工人员最关心的问题，这个问题比身份认同、社区融入都来的真实、来的迫切。他们可以一门心思合理合法地经营自己的小店铺，可以不和整个社区的任何人建立亲密的关系，或者只和很少的人建立亲密关系即可，他们对于共同体的需求并没有那么强烈。但有关子女的教育问题，他们就不能弃之不顾了，这是一个现实问题，无论经济上多么困难，都没有将他们打败，他们在这个城市里通过勤劳的双手，一次次摔倒又一次次起来，虽然挣得不多，倒也能够养家糊口。他们是家乡人眼里的老板，是在北京混生活的能人，他们在这个地方吃的苦，都被小心翼翼地隐藏起来。能把他们彻底打败的可能就是子女的教育问题。子女受教育上的被歧视，直接使得他们的弱势地位凸显出来，在这个问题面前，他们无处躲藏，没办法遮掩，许多外来务工人员正是在这种压力下，选择了回乡。

　　这件事之后，他们和我聊天时，专门再次提到，认识我这样一个博士生有多么重要，关键时候能够帮上大忙之类的。不可否认的是，也许正因为他们将我当作了"相熟"的对象，所以才会在我调查时，表现得那么热情，甚至在我去美国之后，还通过视频给我提供相关材料。

第六章

村治：国家视角下的村落政治运作

国家与社会间的互动关系是现代社会学的经典命题。许多"三农"问题领域的学者在"国家—社会"框架下进行了相应研究。就研究成果而言，大体形成了三条研究思路：一是认为国家与社会间是自上而下的权力渗透关系；二是认为国家政权建设与权力渗透过程中，民众并非总是被动接受，而会进行抗争，即所谓的抗争政治；三是强调将国家与民众分别看成独立的行动者和利益主体，二者之间是双向型构关系。无论哪种思路，都有个基本的预设前提，即国家与社会是既成社会事实的结构性存在。在这些研究中，国家与社会处于"跷跷板"的两端，是非此即彼、此起彼伏的关系。这些研究思路，在解释部分社会问题时具有较强的阐释力，但具体研究中也存在风险，即容易陷入"冲突"或"对抗"视角，而忽视国家与社会间的"妥协"与"合作"。日常生活经验表明，"妥协"与"合作"是国家与社会间更为常态的政治型构关系。

在分析国家与社会如何相互改变与相互构成时，米格代尔提出"社会中的国家"研究路径，其讨论重点从"制度—结构"转向了过程，即讨论国家与社会如何创造和保持各种不同的日常建构方式。① 研究路径的转变，实际上是对亨廷顿②等学者所秉持的"冲突论""国家中心观"等学说的批判性反思，后者在研究中认为现代国家在运行过程中，往往借助法律、官僚、暴力机构等工具塑造社会上人们的诸多行为，并以此实现对整个社会的控制，"那些被控制的对象在这些理论中几乎不发挥任何作

---

① [美] 米格代尔：《社会中的国家——国家与社会如何相互改变与相互构成》，李杨、郭一聪译，江苏人民出版社2013年版，第101页。
② [美] 塞缪尔·亨廷顿：《文明的冲突》，周琪等译，新华出版社2013年版。

用，他们是被动的改变者，是其他规则的被动接受者"①。这种视角深刻影响了其后的农民学学者，如前面提到的斯科特对越南前资本主义时期乡村民众日常抗争问题的研究等。虽然斯科特指出了农民日常反抗行为及其具体形式，并将之概括为"弱者的武器"，但总的来说，他倾向于将农民视为政治上的无效群体，仍未突破亨廷顿等人设定的理论框架。正如本书所述，自20世纪90年代以来，研究中国农民学的学者，无论是从哪个思路出发，最终几乎都汇聚到了基于"国家中心观"和"冲突论"形成的"国家—社会"二元分析框架之中。大量研究成果围绕此分析框架展开，从"制度—结构"研究入手，分析国家与农民非此即彼的斗争或抗争关系。这些研究成果为我们理解国家与农民间对立的一面提供了良好的视角和分析路径，但问题在于，在国家与农民间截取一个断面或寻找一个支点，以对其进行结构性剖析，本身可能存在非常大的风险，它过分强调国家与农民间的结构稳定性，而对其相互影响相互生成的动态性重视不足，从而形成对国家与社会关系的片面认知。因此，本书认为，在当前农民学中，需要嵌入一种"过程—实践"视角，即将国家和社会视为通过不断互动而相互形塑的过程，来弥补当前农民学在关注国家与农民关系时所遇到的困境。

高丙中从仪式入手，分析了"国家的民间在场"问题，在他看来，改革开放以后，从国家经济层面的计划经济体制逐渐向市场经济体制过渡，"计划体制派生出市场，原来受国家行政指挥的单位人和社员组成了相对自主的社会。国家和人民的关系出现了新的模式，其基本原则是国家和社会通过交换来界定相互的关系"②。正如我在京村观察和感受到的那样，虽然自20世纪80年代以来，随着原来集体"大队"向村委会转变，国家政治权力逐渐退出了村民的日常生活领域，但这并不意味着国家已经在村落社会中"离场"。相反，在我看来，在市场化和城镇化过程中，国家非但没有在村落社会里"离场"，反而加强了其"在场"。只不过，这种"在场"的表现较之集体农业时代更为隐蔽一些，借由"村委会"及村干部间接地影响和干预着村民的日常生活。接下来在本章里，我将着重

---

① [美]米格代尔：《社会中的国家——国家与社会如何相互改变与相互构成》，李杨、郭一聪译，江苏人民出版社2013年版，第8页。
② 高丙中：《民间的仪式和国家的在场》，《北京大学学报》（哲学社会科学版）2001年第1期。

分析城镇化过程中，城郊村村落社会里"国家在场"的具体表现，并通过"泼粪"这样一个"非常"事件，具体分析村民、村委会与基层政府之间错综复杂的博弈关系。

第一节 京村组织结构与组织过程

如前所述，20世纪70年代末，随着集体农业"大锅饭"的弊端日益突出，对农村经济体制进行改革已经成为"文革"后最为迫切的任务之一。1978年从安徽省小岗村试点开始，到20世纪80年代初中央基本确立在全国范围内实行农村改革。总的来说，1980年以后，农村改革工作主要从两方面开展：一是土地经营方式的变革，即从集体经营方式转为家庭联产承包责任制；二是农村政治改革，核心点就是变过去的"政社合一"的人民公社制为"政社分开"的乡镇政府，同时废除村子里过去"革命生产一把抓"的生产大队，改为行政村，并设立村民自治委员会，简称村委会。

当然，我们也应该看到，这些已经变成数据的历史状态，其过程实际上并不是那么一帆风顺，我们看到的仅仅是结果而已。实际情况是，当时主要大队干部是不赞成改制的，在他们看来，土地经营方式包产到户，实际上是对集体农业时代的否定，是在农村地区恢复个体生产。同时他们对于失去既有的权力，以及对于未来充满了迷茫。

北京郊区农村，从1981年开始在丰台区黄土岗公社和昌平县沙河公社对"政社合一"进行改革试点，1983年后开始普遍实行，到1984年上半年时已经基本完成。据资料记载，"原来的269个公社，改建为358个乡（包括以大队为基础建立的乡），成立了乡政府和中共乡委员会。公社变成了集体经济联合组织，大部分称农工商联合总公司"[①]。作为村一级的生产大队的改革稍稍迟后了一点，京村大队部于1986年改为"村委会"，此时土地经过短暂的包产到户之后，已经重新收归集体所有，随后村子里又数次出让土地，村集体收入在集体农业时代结束后不降反升，这使得当时的村干部并未直接反对村制改建。接下来本部分将着重分析京村

[①] 邓力群、马洪、武衡主编：《当代中国的北京（上）》，中国社会科学出版社1989年版，第208页。

当前组织架构的形成历程，以及村落组织权威的类型和村落选举的相关问题。

一 科层化的京村组织

据姚德合老人回忆，京村在 1956 年前后，完成了农业社会主义改造并建立了集体农业制度，与之相配合，从村落行政设置上，建立了集生产、核算于一体的大队，从行政隶属上，归当时的昌平公社管辖，并下设三个小队，归京村大队管辖。主要村领导包括大队支部书记、大队队长、各小队队长、妇女主任、贫管会主任，以及数名支部委员。由于村落人口不足千人，村落事务相对较少，许多村干部都是身兼数职，并且几乎没有工资收入，所有村干部开会或者开展其他公务活动，都会按照一定比例折算工分。

如前所述，实行家庭联产承包责任制以后，原有的"社队一体"的村落组织模式已经难以适应新的情况，于是在 1983 年 10 月，中共中央、国务院发布通知，要求各地实行政社分离，建立乡政府。这一工作在 1984 年大体完成，存在了二十余年的人民公社体制就这样黯然退出了中国农村政治的历史舞台。伴随着人民公社退场的还有原来村级治理单位"生产大队"和"生产队"，它们被"村民委员会"逐步取代。

> 在政社分离以后，村级也进行了相应的改革，即按照行政村范围建立村民委员会，同时把生产大队变为单纯的合作经济组织。这项工作从一九八二年开始试点，一九八四年底基本结束。4171 个村级合作组织中，80%仍沿用大队管委会的名称，10%改为农工商联合公司，2%改为经济合作社或农工商联合社，叫其他名称的约占 8%。大部分村采取村民委员会和村合作组织分立的办法，小部分规模较小、经营单一的村，实行"村合作"与"村自治"合为一体，一套班子，两块牌子。①

实际上，早在 1980 年广西就有村民成立了自发群众组织，即村民委

---

① 邓力群、马洪、武衡主编：《当代中国的北京（上）》，中国社会科学出版社 1989 年版，第 593 页。

员会的雏形①。到 1982 年修正宪法时，进一步确定了村民委员会的合法地位，为这一农村自治制度给予了法理上的认证。之后又陆续出台《中华人民共和国村民委员会组织法》（1988 年）和《村民委员会组织法（修订稿）》（1998 年），使得村民委员会这种村民自治组织得到了更广泛的法律保护。根据《村民委员会组织法》的规定，在政府与村庄的关系上，有两个方面值得注意：一是从法律上确定村委会是村民自我管理、自我教育、自我服务的基层群众性自治组织，而不是国家政权组织，也不是政权组织的派出机构或附属单位；二是明确规定基层政府与村委会不是上下级的行政隶属关系，而是"指导—协助"关系，基层政府对村委会的工作给予"指导、支持和帮助"，但是"不得干预依法属于村民自治范围内的事项"，而村委会也要"协助"基层政府开展工作。

京村村委会建立于 1986 年，同时以原有的村社组织为基础，设立村民委员会党支部书记一名、村民委员会主任一名、村民委员会党支部委员两名，还有其他办事人员若干名。实际上，早在村委会设立之前，村子已经开始了城镇化进程，并且如前所述在各种关系的运作下，许多村民已经实现了"农转居"。不过，直到村委会成立十多年以后，整个村子中的居民户仍然只占很少比例。对于这些村民的各项事务，由镇政府（后于 1999 年改设城北街道办事处）委托村委会代为管理。

20 世纪 90 年代中期以来，受到各种因素的影响，更多的村民实现了身份上的"农转非"，到 2000 年前后，京村已经有超过半数农民转成了居民。根据现行的户籍管理制度，城镇户口与农村户口在社会保障、子女教育、医疗保险等方面有所不同，而且京村居民人数过多，已经难以委托村委会代为管理。在这种情况下，2003 年在京村居民代表要求下，经过昌平区委以及城北街道办事处同意，在京村原有的村委会基础上成立京村社区②，并建立了相应的居民支部委员会，设立了居委会主任，及其他数名办事员。这样，京村村委会形成了比较奇特的"一个大院，两个支委"的局面。从职责分工与日常运作上看，京村社区"两委"主要负责管理京村已经实现"农转非"的城镇人口和没有获得北京户口的外来流动人口；京村"两委"主要负责管理现在仍然拥有农村户口的五

---

① 徐勇：《最早的村委会诞生追记》，《炎黄春秋》2000 年第 9 期。
② 现在京村对外宣传的村落组织单位是"京村村（居）委会"。

百余村民。由于两套班子所管辖的人口户籍不同，相应的一系列社会政策也不尽相同，所以虽然在一起办公，但大多数情况下是各司其职、互不干扰。

后来，随着越来越多外来流动人口涌入，村子里掀起了翻建房屋以供出租的热潮。除了拥有城镇户籍的居民户翻建了房屋，许多农民户也翻建了房屋，这样就出现了需要两套班子交叉管理的情况。按照分工，村委会负责管理农民原住民，居委会管理外来流动人口，而对于入住在农民家庭的流动人口管辖必然会涉及农民的事务。虽然在访谈时，无论是村干部还是居委会干部都没有告诉我具体发生过什么事情，但大都提起交叉管理产生过许多摩擦。在这种情况下，昌平区城北街道办事处在京村成立了京村社区党总支部，设立党总支书记一名，同时居委会支书、村委会支书担任党总支部副书记，另外设立党总支委员。

> （京村）它有一个体制，一个总支的体制，等于说城市化进程，进展到一半儿，然后就停止了。停止以后，就成立居委会了，居民和村民，半儿对半儿，居委会、村委会，谁听谁的啊，对吧，都管辖着同一个地域、同一个地方，所以就设一个党总支，实际上设一个党总支就咱城北有这个体制，其他地方儿没听说过。①

按照京村社区办公室展板上宣传的资料，各自分工负责如下：

党总支书记：主管京村社区全面工作，主抓社区经济和社会发展工作，负责财务管理及税收征缴工作，是社区所有工作的第一责任人；

党总支部副书记兼村支部书记、村委会主任（纪检委员）：协助书记工作，主抓党风廉政建设、纪检、信访和民事调解工作，负责村党支部和村委会全面工作，主管社区环境卫生、卫生防疫、集体资产租赁、村民福利发放、村民就业、水电管理和各项费用的收缴工作；

党总支部副书记兼居民委员会支部书记（组织委员）：协助书记工作，主抓社区党务等工作，负责居委会全面工作，主管社区妇联、

---

① 讲述人：姚金伟，讲述时间：2014年5月6日，讲述地点：京村村（居）委会。

民政优抚，社会保障，工会、司法、残联、文化体育和辖区单位共建工作；

  党总支部委员、综治主任（宣传委员）：协助书记工作，负责社区宣传和社会治安综合治理工作，主管流管站、消防安全、生产安全、交通安全、护林防火、防汛和民兵工作等。

  在这里，之所以不厌其烦地将这些宣传资料抄录下来，是因为通过这些分工和职责大体上能够看得出，虽然京村响应上级号召实行"社区化"管理已经多年，但从实质上，无论其空间存在形式还是人事安排，京村仍然是一个传统村落。同样都是担任社区总支部副书记，村委会支部书记兼村主任所行使的职责明显"重"于居民委员会支部书记。由于在名义上，村落里所有的固定资产以及村落土地收入都归具有本村农村户口的村民所有，所以村委会虽然所管辖的总人数不占优势，但它的职权却相对大得多，主抓村落经济与其他社会重大问题。相对而言，社区支部委员，虽然从名义上管辖的人口数倍于村支书，但其在村子里并不享有经济和社会资源的分配权力，这就极大地削弱了居委会的存在意义。事实上，我在村子里调查时，许多人并不知道居民委员会支部书记是谁，更有甚者，许多村民都不知道有这样一个职位。

  在这种尴尬的局面下，从提出京村实行社区化管理那天起，基本上就停留在了口头表述之中。我从村民口里得知，办奥运会时，为了便于管理本村人口和外来流动人口，曾在主要通道路口处设置了伸缩门并设立岗亭，实行早晚关闭式管理。但奥运会过后没多久，这些门就被弃置不用了。原因之一便是，村民的流动性过大，实行社区式管理成本过高。其实，当我们仔细分析居支书职责便不难发现，社区化管理难以实现的内在原因并不在于管理成本高，而在于社区居委会职能权力太小。一位村干部告诉我，"在京村，村里就俩人说了算，一个是大书记（即京村社区党总支书记），一个是村书记兼村主任，其他的都是打工的、跟班的"[①]。因为在这位村干部看来，"大书记"和"村书记"是两个部门的实际决策者，对于村集体固定资产和土地以及村落资源分配具有最终决定权，这就使得

[①] 讲述人：某姚姓村干部，四十岁左右，讲述时间：2014年5月11日，讲述地点：京村大槐树下。

他们看起来更加具有政治权威。

前面说过,几十年前,京村将西北部山前平地 609 亩出让给某建筑公司,供其进行房地产开发。经过近三十年的发展,现在别墅区已经颇具规模,入住人口也日益增多。

> 那边儿,别墅那边应该不算咱们村里的,它虽然归咱们组织领导,但是它跟村里还是没太大关系,因为地全给征走了。征走了以后,不是就修建了许多别墅嘛,后边,没人管,老出现问题,主要就是业主和开发商物业矛盾比较多,因为遗留问题特别多,后边就乱了,后来老是找政府,政府找我们,我们跟那儿又没人,又没派驻人,又没有一个机构,所以咱们这边就感觉挺被动的,后来就申请成立这个居委会,给了 5 个编制,等于说也有一个财政拨款,就是一套居委会班子吧。①

为了便于管理别墅区居民日常事务,在京村社区的申请下,城北街道办事处决定设立别墅区居民委员会,给予包括居民委员会支书 1 名、支部委员 2 名、主任 1 名、综合办事员 1 名五个干部名额,整体归京村社区党总支部管辖并于 2014 年完成了班子组建与首次选举。所有居委会干部均来自京村拥有城镇户籍的村民。

二 京村政治权力的运作

在中国底层社会,制度性权力的非制度化运作并不是一个新奇的事情。② 总体来说,中国社会是一个人情的社会。人情社会的主要特征之一就是错综复杂的关系网络,每一个社会个体一出生便已经被捆绑在了这样一张看不见的网络上面。在这样的社会里权力也形成一种网络,在这张网络上,人们进行着各种博弈。③

从实践上来看,权力与利益之间并不总是直接相关的,更多的是在进行了一系列错综复杂的运作之后才完成了一个闭合圈。这样的权力网络以

---

① 讲述人:姚金伟,讲述时间:2014 年 5 月 6 日,讲述地点:京村村(居)委会。
② 叶本乾:《生成与重构:现代国家构建中的农村基层政权——以河南豫乡为例》,博士学位论文,华中师范大学,2007 年。
③ [美]杜赞奇:《文化、权力与国家》,王福明译,江苏人民出版社 1994 年版。

及围绕着"权力—利益"形成的圈子，在注重人情的农村社会表现得更加赤裸一些。虽然乡镇政府已经处于国家权力末梢，而村落干部甚至没有真正进入国家权力体系，但他们将权力变现为实际利益的能力却很强。有时候，他们的行为是不得已，有时候却是故意为之。正如姚金伟所说的，在京村建别墅区，按照昌平区建委的要求，需要为居民留足公益空间，其中包括居委会办公室，否则按照相关规定，建委不会准予验房，更不会颁给房产产权证。不过，别墅区并没有留足公共空间，但也获得了房屋产权证。

当把关注权力运作与权力结构的视角下移到村落社会时，就不免涉及"村治模式"问题。"村治模式"是贺雪峰等人提出的学术术语，根据他的界定，村治模式大体包括三个构成要素：一是特定的农村社会结构，尤其是村庄社会结构；二是特定村庄社会结构对政策反应的过程与机制；三是后果，即自上而下政策在特定结构的村庄社会形成的特定政治社会后果。贺雪峰根据村治资源的基础不同，将村治模式区分为"动员型村治模式"和"分配型村治模式"，二者的主要区别在于面对村落公共事务时，村集体是否能够通过自有资产实现村落福利。村落集体资产较少的村落，主要是动员型模式，相反则为分配型村治模式。应该说，一定程度上这种区分解释了不同资源禀赋和集体资产村落村治模式并不相同的情形，但也忽视了动员与分配之外的第三种情形，即不作为，或许我们可以称其为"庸治"模式。① 在我的田野调查中，在临镇镇政府当公务员的阿玉告诉我：

> 总体来说，村子是很复杂的，有钱的村子，福利也多，各种村落配套设施也齐全。上级给钱更好，不给他们自己搞，也搞得很热乎；有的村子，比较穷，村集体没什么收入，存款更是没有，这样的村子又分为两种情况，一种是村干部积极争取，一方面争取上级拨款，一方面动员村民集资，想办法把一个事儿弄成了；还有一种情况是什么呢，村子里也没钱，村干部也不管，上级派了好事儿，也不积极，更别说让他去找村民集资了，（就是在那里等、靠、要？）要？他要是要就好了，他就当没这回事儿，不给自己找事儿，这样的村子还不在

---

① 贺雪峰：《论村治模式》，《江西师范大学学报》（哲学社会科学版）2005年第2期。

少数，就是庸政。①

不过，京村与以上说的村子情况都不太一样，受村落组织架构影响，村庄各项职权都进行了分配。虽然也有某些特定村干部说了算的情形，但总体而言，仍然能够坚持"民主决策"。这种民主决策的治理模式，一定程度上避免了动员型村治中出现的"权威"不足，难以调动村民积极性的问题，同时也避免了分配型村治中出现过度贪腐和权力过大的问题，对于"庸治"也有一定的制约作用。据街道干部介绍，村落（社区）设立党总支以管理不同支部的做法并不多见，而城北街道办事处大概有四五个社区属于这种情况，"算是比较多的"。居支书姚金伟告诉我，这种村落内部设立两级管理机构的模式并不是一种凭空想象出来的事物，而是一种"历史遗留物"：

> 咱们城北这一块吧，它是怎么出现的呢？我觉得还是有一个历史的因素，就是现在各个地方的党总支，实际上就是过去的老大队，农村老大队没有放弃自己的势力范围，等于说是，比如说小街②吧，小街设一个党组织，现在这亢山，包括我现在住的那地儿，就那沃尔玛对面，这些都是老小街的地，就是原来是小街自己的耕地，土地是人家的。最后呢，小街慢慢步入城市化进程，有的呢，小街给卖了，有的呢，小街没有卖，给租出去了，就像金五星、大宅门，这些地儿呢。自己盖房子，然后往外租，要不他们一年怎么收入好多钱啊，好几千万。然后呢，他肯定不会放弃这些势力范围，最后呢，城市化起来以后呢，到处建小区，一个居委会你管得了这么多人吗，原来你这小街农村才一千来人，现在整个小街，恨不得得有几万人，对吧？然后它只能是不同的片儿，建居委会，因为按照政府的规定，超过多少人就可以建居委会，而且有人员编制，有政府拨款，是不是，又不用小街大队花钱，是不是，书记还能安排几个人，人还能托他找工作。然后呢，就是申请，只要有大的小区就申请成立居委会，原来可能说

---

① 讲述人：阿玉，在我田野调查时，阿玉正在临镇党委办当公务员，其主要负责该镇管辖范围内的农村选举等工作；讲述时间：2015 年 11 月 9 日，讲述地点：昌平区县城某小区阿玉家中。

② 位于昌平区县城边缘的另一个城郊村。

只有一个居委会,现在呢,比如京村,添了一个别墅区,对吧,以后其他地方要开发了,没准还能分设出小区来,没准车站(456快公交车站)那儿也能成立一个居委会,但是这个范围一直都没出咱们京村老大队这个范围。城北呢,也没放弃这个体制,但是其他的像回龙观那边,放弃了,村一没,整个就没了,就是居委会了,就完了……①

从历史脉络上看,正如姚金伟所分析的那样,村落里设立总支与分支两级管理体系是直接来自集体农业时代中的"大队"与"小队"的架构体系。集体农业时代,"大队"统筹整个村子的各项事务,而具体的生产责任则分配到各小队执行,这样分级科层管理,一方面提高了管理效率,更重要的是能够保障上一级行政机关的各项指标顺利落实到每个村民。20世纪80年代以后实行村委会改革,大多数农村地区直接去掉了村落中的"小队"编制。如前所述,京村在1986年村委会改革时,也撤掉了当时的三个"小队",直接将"大队"改编成了现在的村委会。如果不是在城郊村,或者没有遇到城镇化"中止"的情况,至少到现在,京村应该和其他邻村一样,村落内部设置一个党支部和村委会。如前所述,京村设立这种党总支和支部的管理体系实际上有自己的历史渊源,而正是这种历史渊源为当前村落治理模式提供了某种"合法性"。

从权力运作和管理体系来看,在京村,村委会和居委会以及后来成立的别墅区居委会都直接接受党总支书记的领导。从干部人员产生机制上来看,党总支书记是街道办事处直接任命的,不需要经过本村党员投票选举,而其任免权也在街道;居委会支部书记则由本村居民党员选举产生,居委会主任及其他人员由全体拥有选举权与被选举权的居民选举产生,村委会大体也是这样。还有一点不同的是,在其他只有村支部的村落,村干部并没有实质性工资收入,而每个村子都会按照县财政情况,酌情给予两个名额补贴(一般为书记和村委会主任)。在京村,所有居委会成员及党总支书记都是有工资收入和其他补贴收入的,这一款项由街道拨付,而村委会成员的收入则从村集体财产中拨付。这种干部选任机制和收入分配机制,在很大程度上起到了相互监督作用,尤其在选举过程中,分散的权力

---

① 讲述人:姚金伟,讲述时间:2015年12月3日,讲述地点:京村村(居)委会。

一定程度上减少了贿选或者暴力干预选举的事件发生。

三 村落资源与组织过程

由于村落社会中实行村民自治，由村民选举产生的村委会便具有了代行管理村落集体资源的权力。从法理上看，虽然这种权力并不属于国家行政权力，但因直接与相关利益接触，也会产生大量的权力寻租行为。村落社会存在权力寻租行为的可能，使得许多村民对于村干部，尤其是对作为村子里实际"说了算"的村支书或村主任职位充满向往。然而更多的情况是，觊觎职位的人多，职位却有限，这就很容易产生采取不正当手段获得"选票"的行为。

在我田野调查过程中，京村居委会支部书记姚金伟告诉我，周边有些村子最常用的不正当手段主要有两种形式，一种是贿选，即候选村民给拥有选票的村民送钱或送物，也就是常说的"买票"；一种是暴力干预选举，其中又分为两种情况：一种是家族势力比较强的村落，家族势力干预选举，另一种情况就是候选人雇佣一些社会闲散人员通过威吓或其他暴力手段干扰村民选举。这些人采取非正常手段干扰选举，最主要的原因大概就是选举获胜之后的"利益"是非常可观的。

阿玉告诉我，几十年来，虽然村子里一直实行村支书和村主任并存的做法，村支书代表党的领导，原则上是村子里的"一把手"，但在具体实践中，事情并非这么简单。很多时候，村支书与村主任的势力是不均衡的。以北京郊区的村落为例，主要有三个类型：一是村支书能管得住村主任，在这种村里，村支书说了算，其权力最大，村主任沦为"跟班"，在处理村落集体资源时，并不能得心应手，这样的村落进行村主任选举，竞争不会特别激烈，也很少出现大规模的贿选或暴力干预选举行为；第二种是村主任为人较为强势，村支书"管不住"村主任，这样的村子，村主任竞选较为激烈，出现贿选的情形也多一些；第三种是村支书与村主任势力相当，互不相让，有时甚至大打出手，在这种情况下，获选成功的村主任，必须拥有后续的支持力量才能维护既得利益和获得未来利益。在这样的村子里暴力干预选举的情况也比较多。

……村里这个问题，你说是主任说了算还是书记说了算，按照政策，书记是党的领导核心，是书记说了算，但是实际上，村子里有好几种情况，一种是书记比较强势，这是比较好的，也是地方政府最愿意看到的；还有一种就是书记听村主任的，两个人也比较和谐，这也是地方政府所许可的，但是就考虑着把主任发展成党员，这也是允许的；还有一种就是，主任不听书记的，书记又不甘心被欺负，两个人闹，村子里分成两派，这是政府不愿意看到的。但是有一个总体的趋势，就是你当选之后，如果说你有能力，你的油水很大。村子里谁说了算，还得看这个人是不是厉害。像这种他花钱上来的主任一般都比较厉害，多数情况是他能够把书记压下去，所以村里很多事儿，就他说了算……①

从京村周边村落的情况来看，在这三种类型的村委会中，第二类较为普遍，也即村主任势力比较强，在村子里说了算，他们有能力获得并掌控村落资源的分配权力。

一般来说，村落集体资源主要分为两部分：一部分是村落自有的集体财产；一部分是来自上级政府的行政拨款或项目拨款。其中村落自有集体财产主要包括多年积累下来的固定资金及其各种收益。在实际操作中，京村于数年前已经实行了村民股份制，即将所有集体资金按照一定比例分给拥有本村农村户籍的村民，村民每年可以按照自己持有的股份获取红利收益，但由于这属于公共款项，村民不能提取本金。村委会主要用来维护村落公共事务的资金也来自这部分财产，比如修建下水道或者给五保户、贫困户发放各种补贴，以及对所有拥有农村户籍的村民发放过节费、老人费等，同时村委会有义务负责这一部分资金保值，按照村民的说法，这一部分最容易出现问题，"谁知道村干部拿着钱干什么去了？他挣了一万他就说是一千，谁有办法"②。

除了自有固定资金以外，还有一些其他公共收入，比如出租或出让土地获得的收入，这一部分也被视为"油水"最大，原因是土地出让或出租金并没有统一标准或规定，承租方直接和村委会达成协议即可。在这种情况下，村委会不用太费力就能从承租方那里获得类似"权力寻租"的

---

① 讲述人：阿玉，讲述时间：2015 年 11 月 9 日，讲述地点：昌平区县城某小区阿玉家中。
② 讲述人：袁某，"趴活儿"司机；讲述时间：2015 年 11 月 15 日，讲述地点：京村大槐树下。

收益,"拆迁卖地,对外租赁,当然还得看你会不会整,会整办法多着呢"①。除了这两部分集体自有财产之外,还有一种情况,即遇到城镇化整体"拆迁",代表村民的村干部直接与开发商谈判,在这个过程中,也极容易产生权钱交易:

就是村委会这边,村委会不是管集体经济吗,你要是把书记镇住了,这里边就是你说了算,北京的地利益太大了,就是你开发一个小产权房吧。就是流镇(距离京村不远的一个镇),有一个村,他那个主任,弄出了二百多亩的地,然后盖小产权房,盖别墅啊,盖一栋别墅,你比方说卖200万吧,他盖了比如300栋别墅,你想啊,开发商他开发300多栋别墅,这就是6亿啊,这6个亿,说开发商给你个5000万,这算事儿吗?对不对?你把价稍微压低一点,比如说,本来市里给你1亿的那个土地租赁费什么的,从这边你弄个两三千万,这出入很正常,你选举才花几百万。这并不是唯一来钱的啊。(村里的集体财产他凭什么能够处理),走程序了啊,开村民代表大会,开户代表会,走程序呗,这事儿都能操作。(这个也需要贿赂吗?)这个不用贿赂,村民也想你把这块地给开发了啊,开发了村民也有好处啊,只不过他得到的好处比较大啊。②

有的村落自有资产并不多,但村委会换届选举时,贿选或者暴力干扰选举的情况还时常发生。原因是这些村子还有另一部分集体资源,即来自上级的拨款。

你想,新农村建设这块儿,现在投入越来越大,一个是基础设施这一块儿,上水下水改造这一块,你包括那些什么,就是绿化啊,环境整治啊这些,现在你政府越来越重视这些东西了,工程啊,他工程有利益啊,假如说你是包工头,我是书记,我把这工程给你,是不是有利益?③

---

① 讲述人:阿玉,讲述时间:2015年11月9日,讲述地点:昌平区县城某小区阿玉家中。
② 讲述人:阿玉,讲述时间:2015年11月9日,讲述地点:昌平区县城某小区阿玉家中。
③ 讲述人:姚金伟,讲述时间:2015年12月3日,讲述地点:京村村(居)委会。

相对而言，京村总支下设分支的管理模式降低了村（居）委会换届选举时村民的竞争压力，由于无论是象征居委会最高"权力"的支部书记还是象征村委会最高"权力"的支部书记都担任党总支副书记，而在京村真正掌握实权的是党总支书记。如前所述，党总支书记并不是村民党员选举产生的，而依靠直接选举产生的副书记并不掌握实权。在这种情况下，村民通过贿选获得的村支书或居支书职位的变现能力降低，很可能出现难以"回本"的情况，用姚金伟的话来说，"毕竟村里的事儿你说了不算"。

　　从历史过程来看，从集体农业时代到现在，几十年来，随着村落集体资源形式的变化，村干部的角色也发生了变化，村干部竞选时的期待也发生了变化。据曾担任过村里大队会计的姚德合老人介绍，过去集体农业时代选举村干部，大都是看"出身"以及在村子里的威望，再加上当时驻村干部的推荐引导，基本上就能确定大队干部人选，很少出现贿选的情况，"当时人们觉悟高，很少听说贪污的"①。

　　从20世纪70年代末到80年代初，集体农业逐步解体，村落组织的社会功能发生了改变，尤其是村委会成立以后，村落组织功能进一步从生产生活领域退出来，嵌入其中的政治资源也随着各种限制人口流动藩篱的瓦解而丧失了其原有的意义，考学、参军、入党等不再是改变身份、改变生活区域的稀有途径，人们可以通过更为便利的进城务工等形式进城生活。与此同时，村落组织嵌入的可变现经济资源变多，实行了村民自治以后，村干部的选拔机制也发生了极大的改变，从上级推荐引导，变成了村民普选（至少形式上如此），这就为普通村民竞选村干部提供了契机。

　　农村税费改革以前，嵌入村落组织的经济资源主要包括村集体收取的"三提五统"，其中"三提"是村级集体经济组织按照规定，从农民生产收入中提取的用于村一级维持或扩大再生产、兴办公益事业和日常管理开支费用的总称。由于每年"三提五统"并不确定具体数目，而是根据年景收入按比例收取。这就提供了很大的"运作"空间，村落集体组织每户多收取一些，集腋成裘，总体数目也变得十分可观，再加上本来"三提"中就包括了日常管理开支费用，这一项相对比较宽泛，也容易产生"运作"空间。

---

① 讲述人：姚德合，讲述时间：2014年5月7日，讲述地点：京村姚德合家中。

另外，由于村民缴纳的是粮食或者其他实物，而按照国家相关规定，这些实物是需要折价收购的（只是比普通市场价格低一些），有些村干部即与一些粮站或者棉站勾结在一起，将价格压得更低或者干脆给农民"打白条"，这样也会衍生获利空间。因此在"三提五统"时代，村干部尤其是村委会主要领导（村支书和村主任）主要获利渠道是提留款项收入。2006年1月1日《农业税条例》废止，"三提五统"也随之成为历史。实际上，早在这之前，2001年京村就已经实现了税费改革，村民所缴纳的款项，由实物变成货币，这在一定程度上避免了粮食或其他实物变现过程中的缩水。农业税条例废除之后，村落集体通过"三提五统"获得收入的情形就画上了终止符，而其他经济收入日益凸显，正如前面分析的那样，城郊村城镇化过程中的"拆迁""卖地"或者上级拨付的各种款项，都成为村民竞选村干部的获利预期。

在各种物质利益的刺激下，许多村民竞选村落主要村干部时，更多的是将其视为"投资"行为。不过这种"投资"并不完全符合市场理性，至多看起来形式有点像。在我田野调查过程中，有村民告诉我，现在北京周边村落集体资源尤其是经济资源比较丰富，有的村民为了获得选举成功，甚至不惜一切代价，其中最常见的也就是前面所分析的"贿选"和"暴力干扰选举"等。

我在和实际参选的村民访谈时了解到，村民在作出贿选行为时，他所思考的问题已经远超过了普通的市场投资理性，而成功与失败也就不仅仅是财物是否送到位的问题了。也就是说，很多时候村民在竞选中的博弈，表面上是一种财物的投入，实际深层次上，还是村落内部社会关系的整合。毕竟在村落社会中，村民之间都是熟人关系，这种积年累月形成的社会关系和社会印象，往往成为左右人们作出选择的关键因素。可以说，每次村委会选举都是整个村落关系的一次洗牌，虽然很多时候看起来村委会成员没有发生变化，但从整个村庄秩序来看，已经进行了重新调整，村落结构也发生了变化，各种权力与利益制衡也发生了调整。

选票，不仅对于候选人来说至关重要，对于选民来说也至关重要。大多数村落社会里都存在比较强势的村民和相对弱势的村民。比较强势的村民，无论是经济上处于强势还是其他方面处于强势，在竞选时总是具有优势，他们也极容易掌握村落集体资源，对于他们而言，村落集体资源主要表现为经济资源。对于其他村民来说，村落集体资源远不仅是经济资源，很多时候他们看中的是嵌入在村干部这一"政治"职位上的社会资源，比如他们办理许多证件或其他事务，都需要村委会盖章或开具证明，能否得到村干部支持与帮助，直接关系到整个事务办理是否顺利。有村民告诉我，"村里当官的可不能得罪，比如说你去盖个章，他就找碴不给你盖，你一点办法也没有"。在这种情况下，本来就处于弱势地位的村民更显得难以应付，而选举中的选票充当了普通村民的一个"社会资本"，村民可以借此和极有希望当选的村干部"搞好关系"，以便在其当选后，能够对自己好一点。这样看来，村民投票也像是一种"投资"行为，只不过，他们的"投资"变现能力充满了更多的不确定性因素而已。

需要提及的是，许多村子村委会成员中，村委会支部书记和村委会主任并不是同一个人，而在这种情况下，选举程序也大为不同。按照相关规定，村委会主任的选举依照《村委会组织法》进行，由具备选举与被选举权的村民进行普选。村支书则按照党内组织程序，由本村符合条件的党员选举产生，奉行党内选举的办法。如前所述，很多村子里管理村落集体经济的村主任的势力往往比书记强，在这种情况下，就难以保证党组织的领导。另外，即使二人势均力敌也不利于村落整体秩序的构建，而书记比村主任强势的情况又不多见。鉴于此种情况，城北街道所辖的村落形成了一种惯制，即村主任同时兼任村支书。这种书记、主任"一肩挑"的组织模式，既保证了其在村落集体经济管理方面的积极性，同时其也被纳入党组织内，听从上级党组织安排。①

京村村委会也实行这种办法，在村委会支部进行换届选举时，在全村符合条件的党员投票前，主持人会提前向投票人说清楚，根据惯制，村委会主任和书记为同一人，所以村委会支部书记为等额选举。这样能够保证村主任在支部书记选举过程中获得绝对票数。

事实也是如此。2015年11月15日该村进行村委会换届选举，主要任务是选举出村委会支部书记和两个委员。会议由京村社区党总支书记主持，为了保证选举程序的合法和避免出现摩擦，城北街道办事处派出了一位科长前来"坐镇"，另外派出一名"片警"。选举工作定于下午3点开

---

① 实际上，在2019年中共中央印发的《中国共产党农村工作条例》中，已经明确规定："村党组织书记应当通过法定程序担任村民委员会主任和村级集体经济组织、合作经济组织负责人，推行村'两委'班子成员交叉任职。"这相当于对"一肩挑"做法给予制度性确认。

始。首先是全体起立唱国歌。接着会议主持人宣布会议议题主要有两个：一是村党支部书记兼村主任做过去三年的工作报告，二是选举新一届村委会党支部成员。

村书记兼主任做完报告后，会议主持人询问所有到场党员是否予以通过，举手表决，人们全部举了手，不过通过他们的表情以及漫不经心的样子，就能看出他们认为这样的表决并没有实际意义，不过是个形式或仅仅是个仪式而已。

之后进行选举，选举之前，按照相关规定会议主持人提名推荐了一名监票员，大家举手表决没有异议。接着主持人宣读了选举办法及填写选票的具体注意事项，大家再次举手表决没有异议（实际上，有没有异议都是一个形式，因为我看到还没等两位年纪较长的党员举起手，主持人就宣布全部通过了）。

正式填写选票之前，全体党员起立面向党旗，播放国际歌。这首曲子给整个会场带来了一种神圣感。从老党员们的神情可以看出，至少在这种氛围的渲染下，他们意识到自己所要进行的行为是神圣的、是有意义的，虽然选举完成之后，一切都会恢复如常。

根据事先安排，人们按照程序进行了投票，村主任再次当选村委会支部书记。在唱票过程中，有一个小小的插曲，按照规定，虽然是等额选举，但是村民党员可以在候选人之后，填写自己认可的非候选人，而当时恰巧又碰到第一票村民就选了其他人，所以唱票员念出这个名字时，会议主持人说了声："是不是读错了"，还强调了一下，"这次读的是村委会书记"（之前选举的是村委会支部委员）。唱票员说："没错，是填写的"。作为主持人的党总支书记才醒悟过来说了句，"这样啊，接着唱吧"。之后的选票都是指向候选人的，结果候选人以 14 票赞成 1 票反对获选连任。

选举完成之后，人们又商讨了一些其他问题。事后，我问了一个党员，他告诉我，换届选举，就是走一个过场，结果都是定好了的，按照人家说的选就行了。虽然整个投票过程看起来就像简单走了一个过场，和那些出现"贿选"或"暴力干预"选举的村庄大为不同，但这绝不意味着京村村民都是"弱者"。在这种情况下，村干部在处理村落事务时，不免会遭遇到村民的不合作，而村民的不合作将导致村落秩序的不稳定。

第二节 "两头哄"：村干部的行动

作为城郊村，京村的村落政治与村庄治理因其人口构成的多样性而具有独特的复杂性。处于基层政府与村民之间的村干部，始终扮演着双重甚至多重角色。正如吴毅所分析的那样，"一个精明的村干部不是选择成为某一个角色，而是去学习和磨炼自己，以适应身处国家与农民夹缝之中的两难困境，说得具体一些就是学习和掌握踩钢丝与摆平衡的游戏规则，即在完成政府任务的同时尽可能不损害村民的利益"①。实际上，村干部徘徊于双重角色的两难境地，是受到多种因素影响的，其中最重要的因素恐怕正是来自国家政治体系。

2014年4月17日，我第一次见到京村社区居委会支部书记姚金伟，大概是由于我们初次见面的缘故，聊得并不多，他问清楚了我的来意，给了我一些村里的资料。在闲聊的时候，我提起京村有居支书、村支书两套管理班子，我对这种组织模式很感兴趣。他告诉我，这种体制看起来很好，消除了很多弊端，实际上，还存在很多问题。

一 "风箱里的老鼠"

多年前研究中国乡村地区村落政治的许慧文（Vivienne Shue）就认为，在乡村地区，普遍存在的干部网络体系扮演着一种双重角色来缓解中央与地方之间的紧张关系。② 这两种角色的互换往往并非十分容易，经常会出现两边角色都没扮演好的情况。正如姚金伟所说的，现在村干部就是"风箱里的老鼠——两头受气"：

> 说村干部是风箱里的老鼠，怎么讲呢，就是说不管怎样，只要来事儿了，就两头不讨好人。你就说这一次赶流动人口吧，上边来了指标了，说你们村什么什么时候，赶走多少多少人，他指标下完，一拍屁股走人了。我们这些村干部怎么办呢？赶谁走啊，赶谁谁也得给你

---

① 吴毅：《记述村庄的政治》，湖北人民出版社2007年版，第61—62页。
② Vivienne Shue, *The Reach of the State: Sketches of the Chinese Body Politic*, Stanford, Calif.: Standford University Press, 1988.

玩命，流动人口玩命倒是不怕，毕竟有文件，有政策，你要闹，我就报警，是吧，关键是咱们村村民闹怎么办？（村民还闹呢？）他当然得闹了，你把流动人口赶走了，谁去租他们家房子，他费了那么大劲儿盖了房子搞出租，好家伙，你说撵走，就撵走了。你断了他的财路，他能不和你玩命吗？是不是？（也可以报警吧？）报警？都是乡里乡亲的，你报警，这个梁子就算结下了，出了村委会大院，还过不过日子了？你要撵不走，完不成指标吧，就得罪了上边，回头出了村委会大院，再一选举，你就得下去。你说，村干部是不是不好当？①

实际上，不只是像京村这样的城郊村，在我所调查的其他村子也或多或少存在这样的问题。夹在政府与老百姓之间的村干部，在遇到事情时往往难以决断，尤其是面对基层政府目标与村民利益不一致的情况时，表现就更为明显。

在我们的谈话中，姚金伟多次提到，村委会基本都是按政策办事，主要日常工作也是围绕着上级的政策，甚至许多工作都是上级应该做的，全都摊派给下级来做。村委会很难真正代表村民，为村民做一些事情，他们存在的意义似乎更多的是维持秩序。不过，当说起村落"拆迁"时，从他的话语里，还是可以看出，在这件事上，村委会与村民的利益是一致的，他们都想从整个"拆迁"中获利。而从具体实践来看，他们在面对问题（既可能是来自村落内部的问题，也可能是来自基层政府派来的任务）时，其选择不外乎两种，要么选择站在村民一方，要么选择站在基层政府一方。

有些村子村干部选择站在基层政府一方，也有其内在逻辑。如前所述，20世纪70年代末以后，随着农村实行家庭联产承包责任制，村落原有的集体大队体制已经不符合生产生活需要，于是逐步建立了村委会这一村民自治组织。从形式上看，村民自治组织是村民选举出的自我管理、自我服务、自我教育的组织，但实际上它并没有完全脱离其行政组织的影子。很多时候，它承担着完成基层政府行政指标的功能，这就决定了它的出现本身就是一种国家赋权的过程，而不是产生于村落社会内部各种力量之间的制衡。在这个意义上，村干部更像传统社会的"乡绅阶层"，他们

---

① 讲述人：姚金伟，讲述时间：2014年4月17日，讲述地点：京村村（居）委会。

的权威依靠政府来赋予和保证，用老百姓的话来说就是，"他们上面有人"。而基层政府很多时候也愿意充当"上面的人"，因为他们也需要村干部配合管理村落事务，以完成自中央到地方再到基层层层加码的指标，这样就形成了一种实实在在的利益之间的交换。

在这种情况下，村干部为了维持与地方政府的"利益交换"，他们选择站在基层政府这一边。在面对村民时，他们所依仗的也正是代表国家公权力的基层政府的威信，传统社会流传下来的生活智慧告诉大多数村民，"民不与官斗"，于是他们在面对村干部执行某种看起来不合理的政策或者会损害个人利益的政府文件时，只要不是太过分一般都会选择配合。正如金太军所分析的那样，"无论如何农民总是希望在自己耕作与生活的土地上能够保持一个安定的秩序，尽管这种秩序的保持可能是以牺牲自己其他方面的利益为代价，但是，对秩序价值的高度张扬使他们认为这种牺牲是值得的"①。

但这并不是说，村干部选择了站在政府一方就可以高枕无忧了，事实正如姚金伟所说的那样，当他们真的为完成基层政府部门相关指标而激起村民愤怒时，基层政府部门为了息事宁人，会首先考虑通过动用行政权力罢黜村干部以平民怨。即使没有激起大规模民怨，碰上少数村民前来村委会"闹事"，村干部也只能好言相劝，即使遭到"泼粪"那样的威胁，也没办法。

> 现在当村干部，怎么说呢？这得看你怎么看了。上级来了指标了，你执行吧，得罪村民，你不执行吧，得罪上边。夹在缝里，弄不好就被撸了（指撤职），（村委会不是实行自治吗？基层政府怎么能直接罢免村干部呢）不是直接撸你啊，你不是不合作吗，好，村子里什么好事儿都不给你了，让村民的唾沫星子喷死你，换届选举的时候，虽然说现在是村民选举，但组织是可以引导的啊，不让选你，你有什么脾气？是吧。②

---

① 金太军：《村庄治理中的三重权力互动的政治社会学分析》，《战略与管理》2002年第2期。

② 讲述人：姚金伟，讲述时间：2014年4月17日，讲述地点：京村村（居）委会。

实际上，村干部的这种尴尬境地是有其历史渊源的，同时也与其所掌握的村落社会资源有关。从深层次的组织结构来看，村干部是一种双重的且摇摆不定的角色。他们既是村民，又往往被赋予了处理村落事务、分配村落集体资源的权力，而与普通村民不同。但从国家行政体系上看，他们的这种权力又不是国家公权力的组成部分，而是村民赋予的一种个人权威。然而，基层政府要对其进行管理，又必须动用政府公权力干预其日常行政。这样，村干部不得不成为基层政府管理村民的"工具"，或者说是"代理人"，而掌握着个人权威赋予权的村民，又可以在选举中通过选票的方式，或者在日常生活中用比较激烈的方式反对村干部的某些行政行为，为了能够在村落里继续生活下去，村干部又不得不考虑其作为村民"保护人"的角色。所以，在这样的社会结构里，如果想要避免两头受气，村干部就必须练就一种能够在不同场合下迅速选择最合适的角色的本领。

二 代理人抑或保护人？

1949年新中国成立以来，随着土地改革、合作化运动的展开，农村社会结构逐渐发生了改变，传统的"乡绅"或"士绅"阶层逐渐消失，取而代之的是村干部，尤其是村支书，无论在老百姓看来还是在政府看来，他们都充当了国家代理人的角色，成为国家政策的传达者，他们的许多行为也被认为代表了国家和政府的意志。[①] 过去的"国家—士绅—农民"[②] 的三层政治结构被"国家（村干部）—农民"双层结构取代。国家意志通过村干部直接下达到农民个体，其权力也借此渗透到了村民日常生活之中，在事实上建立了一种"总体性"社会。[③]

改革开放以后，村落政治结构并未发生实质性改变，仍然是村干部，尤其是代表国家和政府意志的村支书，作为"代理人"的角色继续代表政府治理村落。从学术研究看，对村干部及其以此为切入点分析农民与国家的关系的著述，主要集中在两个方面，一是立足于农民税费的征收过程，通过嵌入"过程—事件"视角，分析改革开放以来村干部以及基层乡镇干

---

① 周飞舟：《从汲取型政权到"悬浮型"政权——税费改革对国家与农民关系之影响》，《社会学研究》2006年第3期。

② 费孝通：《乡土中国 生育制度 乡土重建》，商务印书馆2011年版。

③ 孙立平：《总体性资本与转型期精英形成》，《浙江学刊》2002年第3期。

部与农民的互动方式,并深入挖掘农村社会的权力机构及其运作方式等①;二是立足于村民选举与村落自治、村庄治理等。②

这两种切入点对于我们理解农村政治结构和农民与国家的关系都有一定的借鉴意义。但问题在于,这两个关注点都有一种或隐或现的预设,即国家权力是一种强势的存在,而作为国家权力的代表以及国家治理村庄的"代理人"的村干部,往往是一种站在农民对立面的形象。

实际上,正如前面多次提到的,在"农民—国家"关系中,农民并不总是表现为弱者或者反抗者,而国家也不总是表现为强势一方,而村干部的角色也同样十分复杂。尤其在日常生活中,村干部一直处于政府或国家的"代理人"与村民或村庄的"保护人"两种角色的摇摆之中。对于村干部这种"双重角色"的认定,需要放下站在村落外围"当医生"的姿态,进入到村落日常生活里,通过具体事件去具体分析。

从身份属性上来看,无论村干部秉持哪种角色,他们仍然是村民,仍然是生活在以村落空间为主的地域之中。相对于通过选拔考试而产生的国家行政人员或公务人员,村干部生存空间基本没变,生活场景基本没变,村干部们从本村或本家族上辈传承而来的生存智慧与默会知识仍然在很大程度上保持着有效性,因此,当我们去分析村干部在一些行动中所扮演的角色时,不能忽视了这一点。③

米格代尔曾强调,"尽管市场参与的扩大使农民看到了他们想从政治集团那里得到各种实惠,但是农民与统治集团的关系仍然是一种依赖性和从属性的关系,社会交易的实质内容现在可能变了,但其交易的形式还没

---

① 过程事件分析作为一种研究民众生活逻辑的策略,主要是契合了皮埃尔·布迪厄的"实践社会学"思想(参见[法]皮埃尔·布迪厄、[美]华康德《实践与反思——反思社会学导引》,李猛、李康译,中央编译出版社1998年版),这种分析路径主要是针对"制度结构分析"(参见谢立中《结构—制度分析,还是过程—事件分析?——从多元话语分析的视角看》,《中国农业大学学报》(社会科学版)2007年第4期)的不足而提出,它的基本假定是"将所研究的对象作为或者是当作一个事件性过程来描述和理解",认为"不同事物或同一事物内部不同因素之间的复杂而微妙的关系,只有通过事件或过程才能比较充分地展现出来"(参见孙立平《"过程—事件分析"作为一种研究策略》,载谢立中主编《结构—制度分析,还是过程—事件分析》,社会科学文献出版社2010年版,第132—154页)。
② 贺雪峰:《村治模式——若干案例研究》,山东人民出版社2009年版。
③ 吴毅:《记述村庄的政治》,湖北人民出版社2007年版,第57页。

有变"①。在与国家的博弈过程中,虽然农民手中的土地对市场而言是稀有产品,但在谈判过程中,农民显然处于弱势地位,他们能够作为资本与国家谈判的只有身体。②

目前国家对于农村地区的公共基础设施建设,主要是通过项目的形式,即帮助村子打井、修路,甚至修建健身场所等,这一切看起来很平常,实际上,中间充满了各种利益的博弈,最关键的是给村干部提供了非正式权力的寻租机会,他们通过控制这些项目的实施,渔利上级拨款。就国家政治过程来看,这是属于社会动员的政治技术,他们打算通过看起来像是直接给予农民好处的方式,获得农民对政府的支持。然而,从实际效果来看,村干部在面对上级的项目时,有时表现出的是渔利人角色。

当我们深入村落生活实践时,不难发现,村干部的双重角色并不总是截然分开的。一方面,作为基层政府的代理人,农业税费改革前,曾经极为有效地保障了农村地区"三提五统"和"公粮"的收售;另一方面,作为村民的保护人,这类村干部在涉及本村全体利益(当然个人利益已经嵌入其中)时,往往会选择一种看起来像"当家人"或者"保护人"的角色。也有些时候,他们是一种双重角色兼而有之的形象,尤其是在面对自上而下的项目时,村干部是国家与农民之间的中间人,他们也期待在项目经费中获得额外收入。在这种经济利益的刺激下,他们可能会积极申请上级的各种项目或拨款,他们的这些行动实际上是将个人利益嵌入为民谋利之中了;另外,在这些项目实施或拨款使用过程中,他们还充当着上级政府的"代理人"角色,负责保证整个过程的顺利进行。

在分析华北村落社会中的精英时,杜赞奇曾指出,"换句话说,是出于提高社会地位、威望、荣耀并向大众负责的考虑,而并不是为了追求物质利益,这是文化网络中出任乡村领袖的主要动机"③。传统社会可能如此,但在传统文化网络已经遭到破坏的情况下,乡村精英担任乡村干部的动力是十分复杂的。不过,我们从调查可以看出,在比较开放的村落社

---

① [美]米格代尔:《农民、政治与革命:第三世界政治与社会变革的压力》,李玉琪、袁宁译,中央编译出版社1996年版,第183页。

② 刘怡然:《城中村拆迁中的身体与底层抗争——以北京市城中村A为例》,《社会科学战线》2014年第5期。

③ [美]杜赞奇:《文化、权力与国家——1900—1942年的华北农村》,王福明译,江苏人民出版社1994年版,第5页。

会，原有的村落组织所嵌入的社会资源已经日益稀少，甚至无足轻重。村落精英极力获取村干部的职位，或许是为了现实的物质利益，而这些物质利益都是嵌入村干部这一象征着社会地位的资源中，比如国家为了促进农村发展而以项目的形式给予的经济补助，需要通过村干部具体分配，他们会通过克扣项目经费等各种方式中饱私囊，对此，其他村民虽有不满，大多数时候却也无计可施。

实际上，杜赞奇还是将问题简单化了，村干部要面临的局面更为复杂，尤其是在京村这样的城郊村，在国家权力已经随着农业税费改革以及本村土地的丧失而逐步退出了村落社会生活的情况下，村落集体资源往往成为部分村干部谋求个人利益的所在。从国家政权建设来看，像京村这样的城郊村，往往部分承担着城市职能，比如分散流动人口居住等，因此，城市基层政府需要对村落进行管理，这样村干部还要面对基层政府的公权力。国家权力借助村干部渗透到村民的日常生活之中，诚如杨美惠所分析的那样：

> 国家进入乡村，把它作为新的领地、新的行政单位、新的财政单位，以当地新的经纪人阶层代替了旧的以"权力的文化网络"实现国家对乡村的间接统治的体制。旧的体制以重叠的各种地方性组织所组成，如家族、庙会、神的崇拜、管理水的团体，以及非正式的姻亲关系、雇主与佃户、老师与学生的关系的网络。1949年共产党革命政权建立后，通过在农村建立互助组、合作社以及后来人民公社三级单位——公社、大队、生产队的新的组织形式，农村被更紧密地包容到新的国家秩序的行政机构之内。①

虽然多数情况下，村干部的角色是在"代理人"和"保护人"之间摇摆不定的，但总体来看，由于村干部中的主要职位——村支书是受基层党委政府任命的，而不是由村民选举产生的（因为就目前来看，大多数村落的村民党员并不占总人口的多数）。为自身利益计，他们需要维持好与直接管辖自己的基层政府官员的关系，正如斯科特所分析的那样，他们

---

① ［美］杨美惠：《礼物、关系学与国家：中国人际关系与主体性建构》，赵旭东、孙珉译，江苏人民出版社2009年版，第39页。

"根本无意维系当地民心。他们的沉浮取决于他们取悦上级官僚的本领,而不是他们保护当地民众的能力。特别是在税收问题上,中央政府对其代理人的满意程度,往往直接因他们提交的款项多寡而异;取悦中央,意味着压榨地方民众,只要不激起民变就行"①。在这种生存逻辑的指导下,村干部在面对本村村民利益受损时,尤其是在征地拆迁补偿过程中,遇到本村村民合法权益受损时,他们可能不会心甘情愿地站出来为村民说话。

从整个国家政治组织结构来看,自上而下来自中央的"指标"制做法,极大地形塑了各级政府的政策行为,各级政府都会将指标下派到更低一级的政府中。在最底层(一般是乡镇一级),他们面对的是名义上不受行政直接管制的农民(在法律意义上,我国广大农村地区实行的是村民自治制度),于是只好在村落社会中寻求"合作者",通过这些代理人来转移他们的指标压力。他们必须给予"合作者"以"好处"。在这些好处的驱使下,"合作者"倾向于基层政府的行政命令,因为失去基层政府的庇护,就意味着失去了许多社会资源,而这些社会资源是村民所不能给予的。

实际上,自税费改革以后,尤其是取消农业税之后,村落集体收入迅速减少,收入来源也从向农民伸手要钱变成了向政府要钱,而村干部的收益又直接与村落集体收入相关。在这种情况下,村干部不得不与政府,尤其是基层政府搞好关系,因为政府可以通过各种形式给村落以补助,尤其是各种名目繁多、数额颇高的专项补助,比如修路、打井等,以及其他农村基础设施建设项目。由于村干部的收益直接与基层政府挂钩,因此,在遇到一些村落公共问题时,比如村民集体上访或"闹事"时,村干部或是保持"中立",或是选择站在基层政府一边。

在村落政治中,夹在基层政府和村民之间的村干部,之所以在处理村落事务时经常遭遇这种"站队"问题,背后实际上是村干部的权威来源及其实践问题。

第三节 威权与村干部的权威

虽然就整个社会形态来看,我们现在无可置疑地处于现代社会,社会

---

① [美]詹姆斯·C.斯科特:《农民的道义经济学:东南亚的反叛与生存》,程立显等译,译林出版社2001年版,第126页。

治理也遵循法制，各权力部门主要领导的权威也大都来自法律的赋予，但是当我们深入广大农村社会时，不难发现，在这里传统社会结构、传统文化、传统生活观念都不同程度地存续着。可以说，不管这个村子是远离城市，还是位于城市边缘地带，不管这个村子在多大程度上受到现代化的影响，只要村落社会和空间还在，传统的威权治理方式①就是村落有序治理的重要保证。

一 村庄的政治过程

从政治运作来看，国家的政治体系中的管理与控制一般都是通过"派指标""下任务"来实现的。正如杨雪冬所分析的那样，"从中央制定宏观计划开始，逐级下达，每经过一个层级，这些宏观指标和任务就会被具体化和围观化。从省经市到县，再到乡。等到乡这级时，指标和任务已被规定得细致入微。乡的任务是把这些指标进一步具体落实到各个行政村，再到村民组"②。这样形成的层层递进层层细化的指标体系，在很大程度上维持了整个政治体系纵向上的秩序稳定。从社会治理和政治过程来看，这一套运作体系堪称完美，从上往下看，这是一种"放权"过程，从中央到地方，逐层将行动权力下放，但是从下往上看，则是一种层层权力向上集中的方式。

在这个链条中，乡镇干部与村干部的角色最为尴尬，乡镇干部是国家行政体系与权力体系的终端，理论上他们直接面对广大农民，而实际上，由于村民委员会的存在，乡镇干部并没有直接干预村落日常生活，对于村民的管理也交由村委会主要负责人（一般是村支书）进行代办，从这个角度来看，村干部尤其是村支书实际上是乡镇干部的"代理人"，他们是"代表"乡镇干部管理村民的。无怪有学者认为，中国村民的自治权不是

---

① 对于何为村落威权治理方式，目前学界尚无定论，本书认为，所谓威权治理就是在村庄治理过程中，村落组织领导人主要依靠个人权威或者传统文化赋予其的权威进行管理的方式。在这种治理方式中，最显著的特点就是，在整个村落主要事务决策中，主要村干部处于整个组织的核心地位，其拥有村落资源分配和村落事务处理的绝对性权威，能够在治理过程中维持整个村落社区的秩序稳定等。

② 杨雪冬：《利益的分化和保护：现代化与市场进程中的中原农村》，《中国社会科学季刊》春季号，2000年，第15页。

自然生成的,而是国家赋予的。① 由于存在这样一种关系,乡镇干部会通过各种形式,实质上是给予村干部以政治上的"合法"地位,有学者将这种情况称之为村民组织的"政府化","村民组织的'政府化'倾向,主要体现在两点:一是村民组织在关系上成了乡镇政府的隶属下级……二是村民委员会在职能上不是完成'自我管理、自我教育、自我服务',而是担负乡镇下派的任务,成为村级'政府'"②。在乡镇干部眼里,村干部应该积极维护村落秩序,并顺利完成政府指派的指标或任务,积极落实各项有关农村事务的政策——不管这些政策是否会在村民那里遇到阻力——因为在乡镇干部看来,完成指标才能有业绩,有业绩才有机会实现政治地位上的"升迁"。

从村落关系和公共空间来看,村干部是本村人,用村民的话来说,"大家都生活在一个村子里,谁对谁不知根知底?"村干部所有的社会关系和社会生活几乎要在村落里完成,因此,他们在管理村民时,实际上是要顾及"走出村委会大院"之后的生活,另外,在许多关乎村落集体的事务上,村干部及其家属本身就是直接受益者或受害者,他们也不能不考虑这一层利害关系。从村民对他们的期待来看,他们往往又是村落的"代言人",他们被期望是与乡镇政府代表的国家进行谈判的专家。对于事关村落集体或个体利益的项目,村干部应责无旁贷地积极争取,而对于不利于村落集体或个体利益的政策,村干部也应该毫不犹豫地予以抵制。如果村干部没能保护村落集体利益,或者作为乡镇级政策的执行者损害了村民的个体利益,那么他们将很容易受到"报复性伤害"。

当我们把视线从村落的组织架构转移到村干部本身来看时,也许很多问题就没想象得那么简单了。在我的田野访谈中,几乎所有村民都对村干部没有好感,在他们看来村干部都是"搞贪腐的"。但实际上,当我去找京村干部聊了之后,才发现受到当前行政制度和政策影响,许多村干部并没有村民和外界想象得那样"威风",恰恰相反,很多时候他们反倒夹在村民和基层政府之间,"两头不落好,两头受气"。

---

① 徐勇:《村民自治的成长:行政放权与社会发育——1990 年代后期以来中国村民自治发展进程的反思》,《华中师范大学学报》(人文社会科学版) 2005 年第 2 期。
② 杨雪冬:《利益的分化和保护:现代化与市场进程中的中原农村》,《中国社会科学季刊》春季号,2000 年,第 18 页。

二 "进退维谷"：微妙的干群关系

从1949年到现在，先后担任京村党组织支部书记的人员一共有十二位，其中自1949年起至1976年先后有四位党组织支部书记，现均已去世多年。1976年至1986年，姚瑞广担任姚大队支部书记，在其任期内，1983年出让京村土地609亩给昌平中房公司，获得土地补偿款224余万元，再加上村子里其他一些收入，村集体资产一度达到250余万元。据姚金伟介绍，这笔在当时看来无疑为巨款的资金，让包括支部书记在内的村干部有点不知所措，经历了数十年的贫困，忽然有了这样一笔资金，除了给村民部分福利外（给村子里小学修建了二层教学楼，还准备给全村村民修建用于居住的二层楼等）[1]，主要资金用于投资村办工厂。

> 当时，说白了，都穷惯了，谁一下子见到这么多钱不眼红啊，那时候村委会就有点被钱砸晕了的意思，那家伙，最大票是大团结，十块啊，那时候，多大一堆钱啊。大队先用这些钱盖了村里小学教学楼，才花了30多万，后来还盖了一些其他楼。还办了好几个工厂，像什么木材厂啊、铝箔印刷厂啊，还有好几个厂子，最后都赔了，最让人生气的是一个什么项目和内蒙古那边一个厂子合作，人家拿着钱直接跑了，后来又去找过，哪能找来啊，是吧。后来钱还是花不完啊，就有人提议给村子里盖楼，说让每户都上楼，结果刚搬上去30来户，就出事了，好几个大队干部，包括书记都被抓了，听说后来一看账本，原来的250多万没剩多少了。也就是这时候，干群关系就比较紧张了。村民不信任你大队了……[2]

据说，1986年修建住宅楼时，由于分配不合理，许多村民曾经大规模围攻了当时的京村大队部，愤怒的村民甚至用锁将大队部的门锁上，不让村干部出门。还有的村民用小推车运来大粪，泼到大队部院子里。这些

---

[1] 根据村里一些残缺不全的档案材料记载，仅1985年京村就新建三栋楼，分别为村小学教学楼一栋投资21.33万元，办公楼一栋投资15.52万元，住宅楼10栋，投资28.88万元；1986年再建3栋住宅楼，投资8.84万元，其他投资没有留下任何记载，只能依靠村民口述。

[2] 讲述人：姚金伟，讲述时间：2015年11月24日，讲述地点：京村村（居）委会。

激烈的抗议活动持续了一整天，直到当时的昌平镇派出所来了警察将村民驱散才算解围。后来镇里来了领导查京村的账本，才发现村干部在处理村集体资产时存在重大过失，同时存在部分账目不明的情况，为平息民愤，当时的昌平县公检法部门将村大队书记、大队长以及会计等几个负责人拘留，审讯之后，分别判以三年到五年不等的刑期，其中有一位村干部死在了监狱中。

同一年，京村将大队改为了村民委员会，过去的大队书记也变成了村委会支部书记。作为最后一位大队书记，姚瑞广入狱之后，村子里又选举出新的村民委员会支部书记，也就是常说的"村支书"，从那时起到现在，二十多年时间里，先后有八位村民担任过这一职位，其中有两位担任过两次，现任支部书记是姚立英，他于2005年入党，同时兼任村委会主任。为了便于管理，从20世纪90年代中期以来，村支书同时兼任村主任，此惯例一直沿袭至今。

虽然1986年村民围攻大队部的结果是抓捕了数名村干部，并且裁撤了大队部设立了村民委员会，但村民与村干部之间的关系并没有得到修复，反而又因收售公粮、计划生育、身份转换、征地补偿、违章建房等问题多次与村委会干部发生小规模正面冲突。由于京村干群关系持续恶化，一直紧张的干群关系得不到缓解，当时的昌平镇镇委、镇政府在京村设立了"京村管区"，原来的村委会书记任职管区主任，统一归昌平镇管辖。2000年已经改县为区的昌平区设立城北街道办事处，京村管区划归城北街道办事处管辖。

另外，为了统一管理京村管区集体财产，在1994年成立的经济合作社基础上设立镇安实业总公司，作为一个管理自有资金的空壳公司，公司总经理由管区党支部书记兼任。如前所述，随着村子里居民数量超过了农民数量，而且又出现了户口转换停滞现象，为了便于管理，街道办事处重新改组了管理机构，裁撤了原来的京村管区，设立京村社区党总支，并在下面分别设立村委会和居委会。这次改革之后，村委会、居委会各司其职，各项村务工作也顺利展开。村落集体经济方面，自20世纪90年代中期以后，原来用于建设村办工厂的厂房相继有偿出租，同时新的征用地块也带来不少补偿款，在京村管区时期村子里就已经积累了不少集体资产，村委会将这些资产一部分留为储备金，一部分用于改善村民生活及村落公益事业，主要表现为给村民发放过节费以及老人费。从2004年起，村委会决定给村子内考上大学的学生以奖励,"其中对考上研究生的奖励3000元;考上统招大本生的奖励2000元;考上大专的奖励500元"。后来这一额度继续扩大,2008年以后扩至"一类本6000元,二类本5000元,三类本4000元,大专生3000元"。同时村民的养老补贴额度也不断增长。村委会这些行为一定程度上缓解了干群矛盾。不过,当我就这些福利待遇和房东老太太交流时,她撇撇嘴,表示不屑,"还不知道他们贪污多少呢?哼!"

无论如何,村民与村干部之间的隔膜也是存在的。正如有位村干部半开玩笑说的那样,世界上有三种矛盾最难调和,一是婆媳矛盾,一是姑嫂矛盾,还有一个就是干群矛盾。这种说法看起来有点调侃的意味,却反映出在京村虽然村民对于村干部的不满已经大不如前,但总体来说,二者之间还是存在一些问题。正是这些问题的存在,说明集体农业时代结束后,随着村落组织所嵌入的社会资本减少,加上整个村落公共生活的式微,村干部个人权威受到了影响。

三 "两头讨好":村干部的权威制作与转换

韦伯曾经将理想型科层制社会的权威类型分为三类,一类是个人魅力型权威,即克里斯玛型权威,一类是传统权威,一类是法理权威。① 这三种权威类型主要对应着两种社会类型,克里斯玛型权威和传统权威对应着传统社会,法理权威对应着现代社会。

自从20世纪50年代京村出现合作社进而组建"政社合一"大队部以来,村干部的权威就从过去的克里斯玛型和传统型向法理型转变了。当时大队干部选拔的主要标准是身份上的纯洁性和政治上的正确性,而个人能力并不是最重要考核内容。同时,赋予大队干部掌握社队资源权力的部门来自公社,而公社代表国家。在这种模式下,村民对于村干部某种治理行为进行反抗,则有可能会被扣上"与国家作对、与社会主义作对"的帽子,进而会面临被剥夺社队资源(包括政治资源和物质资源),而这在处处依靠集体,几乎没有私人财产的农民看来,无疑是一项极大的冒险活动。另外,村民的生活方式被模式化,传统文化也在历次社会运动中被破

---

① [德]韦伯:《学术与政治:韦伯的两篇演说》,冯克利译,生活·读书·新知三联书店1999年版,第56页。

坏殆尽，这在一定程度上破坏了传统型权威和克里斯玛型权威存在的社会土壤。在这些因素的共同影响下，在集体农业的数十年中，社队干部（村干部）的法理型权威并没有受到太多冲击，反倒是随着传统文化观念和生活方式被批判而出现传统权威和克里斯玛型权威不断式微。

20世纪70年代末期以来，随着越来越多的村落参与到经济体制改革中来，家庭联产承包责任制被越来越多的家户所接受，原有的村社大队的独立核算功能日益被村民家庭所取代，村民的生存资源不再完全掌握在村社大队手中，至少在日常生存所必需的物品供应方面，不再依靠村社大队的分配供应。另外，传统文化也得到了大幅度的复苏。20世纪80年代以来，户籍制度设定的身份藩篱越来越弱，越来越多的村民开始进城务工，城市生活方式日益渗透到乡村社会中来，现代化、全球化等各种社会潮流也进入村落社会的日常生活之中。正如王春光所分析的那样，"计划体制的一个特点是用行政手段将人们捆绑在一起，使他们有了一种集体意识和单位意识，相反，市场化则在很大程度上削弱了这样的意识，没有了单位或集体归属，同时，市场化也使人们摆脱了对家庭、家族的依赖，而增大了对劳动力市场的依赖，这一点在很大程度上抵消了改革开放后传统社会关系的回归和复兴"①。再者，最重要的是实行村民自治制度以后，按照政策规定，村民委员会主任是由村民选举产生，基层政府不得干预，这样村干部所依靠的法理型权威就失去了法理渊源，村民变得不再"怕"村干部了，正如京村居委会书记姚金伟所说的那样，"现在村民比村干部厉害"。

从目前的实践来看，大多数村落村干部仍然依靠已经失去根基的法理型权威，比如京村，这样的村干部在管理村务时难免会"两头受气"，而他们所能依靠的策略只能是"两头讨好"，他们既要"讨"老百姓开心，这样才能得到他们的合作，又要"讨"基层政府满意，这样才能得到他们的照顾。当然，采取"两头讨好"的策略并不能从根源上解决干群关系问题，"有的村民得到实惠了，也不说你好，他说你贪得更多。在村里，村干部没有权威，大书记还好点，许多村民可能还能求得着他，我们这些跟班的，基本白费"②。

---

① 王春光：《个体化背景下社会建设的可能性问题研究》，《人文杂志》2013年第11期。
② 讲述人：姚金伟，讲述时间：2015年11月24日，讲述地点：京村村（居）委会。

法理型权威有一个预设的前提,即来自外部的制度体系得到了原有组织内部的广泛同意和认同。在这个前提下,法理型权威代理人或者拥有者,才具备了获得组织内部成员广泛认可的条件。如果预设的前提并不存在,或者已经不复存在,或者组织内部成员的认同感已经变得非常微弱,那么整个法理型权威也就难以发挥其力量了。具体到村落社会,实际上,我们不能否认,建立在法理型权威也就是外部制度体系之上的村支书,在其设置初期的很长一段时间里,其权威是得到广大村民认可的,并且由于当时实行的是集体农业劳作模式,村支书职位被嵌入许多社会资源,村民一般对村支书是支持的,对其法理型权威也是认可的。改革开放以后,集体农业时代结束,村支书职位被嵌入的社会资源越来越少,另外,受到多种社会问题困扰,村民对于外部制度体系产生了部分质疑,在这种情况下,法理型权威自然也就受到了质疑。

也有一些村子的村干部治理村落社会时,所凭借的是克里斯玛型权威或传统型权威。依靠克里斯玛型权威的村干部往往凭借个人能力带领整个村子致富,而且也是凭借个人能力得到村民认可从而维持村落社会秩序。学界从"混混儿治村""能人治村",甚至"新乡贤"治村等方面给予了广泛讨论,[1] 其中不乏有益洞见。

在北京周边的农村地区,"能人"或"强人"治村现象并不少见,这些村落最明显的特点是,从生活水平上看整体比较富裕,同时村落社区治理比较有秩序(至少看起来有秩序),作为村落管理组织的"一把手"。他们往往通过制定村规来管理村民,就像二十多年前的电影《被告山杠爷》里山杠爷所说的那样,在他们眼里村子就是缩小了的国家,国有国法,村有村规,在村落里违背了村规是要受到村规处理的。

从本质上看,法理型权威与传统权威和个人权威由于来源不同,很多时候在实践中的表现并不完全一致。传统权威和个人权威是组织内部产生的一种服从机制,这些人在村落社会里拥有一定的话语权,甚至有对于集体事务的决定权。他们的权威是长期生活在一起的村民,基于生存智慧和默会知识所达成的一种长期的共识。这种共识,一般来说,一经建立就会

---

[1] 如夏柱智:《乡村合谋视角下的混混治村及后果——基于中部 G 村"示范点"的调查》,《青年研究》2014 年第 1 期;王先明:《"新乡贤"的历史传承与当代建构》,《光明日报》2014 年 8 月 20 日;颜德如:《以新乡贤推进当代中国乡村治理》,《理论探讨》2016 年第 1 期等。

相对比较稳固,如果没有强大的外部力量干涉,或权威拥有主体施为了反村落传统的行为,那么这种权威就会持续发挥作用。法理型权威正是以强大的外部力量作为支撑的一种权威形式。由于其不依赖村落传统,所以村落传统的制约和监督机制对其并不总是发挥效力,甚至在很多开放性较强的城郊村,传统的制约机制几乎已经完全失去了牵制作用。用村民的话说,"村支书往往都是上面支持的人,谁能怎么着他们?"在这种村子里,即便传统道德规则依然存在,其所能发挥的力量也已经明显减弱。

传统型权威主要表现在家族组织比较强的村子,主要村干部均出自家族组织,所具有的权威多来自家族势力的支持。北方许多村子家族组织并不完善。虽然在学界以姓氏作为宗族的符号来划分的做法已经受到批评①,但在某种程度上,运用姓氏符号对华北村落社会类型进行划分,仍然有其现实意义。从我的田野资料来看,以姓氏混杂程度为主要标准华北地区的村落主要可以分为两大类:单姓村和多姓混合村。

回到村落治理方面来,单姓村治理更多混杂了家族或者类似家族的管理模式,当然如果进一步细分,单姓村内部也会根据亲疏远近分出不同房支,这些不同的房支在村落事务中也会形成竞争,甚至对抗。多姓混合的村子,如果没有特别明显的家族组织,那么按照亲疏不同姓氏往往会分成不同派系,这些村落派系不仅在选举时占有优势,在治理方面也是如此,出自比较大且有亲属关系派系的村干部,在管理村落其他人数较少的姓氏村民时,其权威渊源往往出自整个同姓氏派系的支持,在"人多力量大"传统观念的引导下,这对于统一整个村落行动和动员村民参与村落公共服务,具有相当的威信力。同时,这些村干部在同姓派系内部,一般会实行威权统治,也即大家长或家族长式治理,通过亲属网络以及控制嵌入其中的社会资源而实现"善治"。不过,这种治理模式的问题在于,如果村落里其他较小姓氏中出现一位"能人",这些人数较少的姓氏村民联合起来,也会给村子带来更多的治理问题。

还有一种情况,也正是我在京村看到的那样,该村主要有姚、袁、李

---

① 比如兰林友在研究中就指出,宗族与姓氏符号严格对应并不符合华北村落的实际宗族状况(参见兰林友《论华北宗族的典型特征》,《中央民族大学学报》2004年第1期);刁统菊等在山东红山峪调查的资料也表明将二者完全对应起来,不符合华北地区一些乡村社会的具体情况(参见刁统菊、杨洲《多姓聚居与联姻关系——华北村落的另一种形态》,《河北师范大学学报》(哲学社会科学版)2006年第2期)。

等数个姓氏,其中姚姓占据全村总人口的80%,并且大都同出一宗,同辈之间都按照字辈谱取名字,但是姚姓内部并不团结,各个分支势力也都相当,"互不服气",结果姚姓村干部权威非但没有加固,反而从内部遭到瓦解,一位村干部就这样说过,"别说外人了,你说个什么话,本家人都现出来反对,闹事的时候本家人领头儿,你说有什么办法?"① 在这种情况下,虽然村委会中大多数干部都出自姚姓派系,但并没有形成合力,反而在处理很多事务时遭遇更多的尴尬,因此本来有可能形成这种传统型权威的治理模式,反而更依赖法理型权威了。

不过,正如前面所述,在很大程度上,依靠威权治理的方式也许能够适应农村地区尤其是北方"分裂型村庄"② 的实际情况。从村治模式方面来考虑,也许主要问题不是威权治理的方式是否正确,而是如何对这些村干部进行监督和引导。比如当前上至中央下至地方都在提倡的"新乡贤"治理,就专门提到了必须"讲政治"的前提。"讲政治"既是一个基本标准,同时也在一定程度上起到了监督引导作用。或者说,"讲政治"本身就是一个道德范畴,虽然对于"讲政治"有诸多评判标准,但总体来说具有很大的能动性,这与通过法律和政策限制村干部行为相比,具有很大的灵活性。换言之,有时候,村干部的行为即使没有违法,也有可能因为"政治不过硬"而被诫勉谈话,这实际上是抬高了村干部失范的门槛。

不管是依靠哪种权威,最主要的是村干部掌握着村落集体资源,并且在国家权力机关面前,也比普通村民更占优势,在这种情况下,要想确立十分融洽的干群关系,并不是一件十分容易的事情。

第四节 村民"闹事儿"的深层逻辑

2014年5月的一天,我正在村委会同居委会支部书记姚金伟聊天,忽然阵阵刺鼻的恶臭味飘入办公室。刚开始,我们两个人都不以为意,以为是有清理粪便和垃圾的清洁车经过了——虽然办公室与道路之间还隔着

---

① 讲述人:姚立英,京村村民委员会委员;讲述时间:2015年11月15日,讲述地点:京村村(居)委员会。
② 贺雪峰:《论熟人社会的人情》,《南京师大学报》(社会科学版)2011年第4期。

一个院子，但各种奇怪的味道总是会穿越这个院子传到办公室来。然而，随着恶臭越来越明显，我们终于没办法继续交流。我们一起走出办公室来查看，结果发现，办公室门口被人泼了一桶粪便，装粪便的铁桶还倒放在地面上。粪便正在四处流散，恶臭就是从这里传出的。姚金伟当时就有点恼火，立即打电话询问是怎么回事儿，同时安排了保洁员前来处理。面对地面上散发出阵阵恶臭的粪便，姚金伟对着我无奈地耸耸肩，"我们可能得再约时间聊了，我现在要处理这件事"。

一 "走钢丝"的违建当事人

正如前面多次提及的，近几十年来，随着京村原有土地的变卖或租赁，以及交通等条件的便利，村民的劳作模式发生了根本变化，从过去以种地为主转变成了"种房"为主。

随着北京市市区房价的攀升，水涨船高，市区内房屋租赁价格也越发升高。在这种情况下，许多外来务工人员，包括所谓的农民工和初入职场的城市白领，不得不到远离工作场所的城市边缘地带租住房屋。京村的"翻建风"大体也是在这种社会背景下兴起的。

根据村民介绍，京村村民大规模翻盖房屋兴起于2010年前后，在短短的两三年内，翻建房屋达到了70%以上。[①] 在翻建过程中，作为基层政府部门的城北街道办事处，曾多次派人前来制止，但效果并不明显。在我调查的时候，我问村民为什么不担心政府强制拆除违建房屋时，有一位村民告诉我，"在中国有种说法叫作'法不责众'，大家都翻建了，你还能都给拆了？"随后，城北街道办事处根据北京市相关规定，将这些未经许可而出现的所有翻建房屋一律视为"违建"，并从其他方面给以政策性制裁，比如不给有违建房屋的村民分户，或者不给更换更高功率的电表，或者从供水上给予限制等。但这些举措并没有阻止村民翻建房屋并以租房作为主要收入来源的热情。

在我访谈中得知，村子里几位村干部及其家属也都不同程度上存在着违建行为，这样在街道办事处就"违建"问题进行整治时，为了维护自己的既得利益，村干部也不会给予真正的配合。在这种情况下，街道办事处只能默认了"违建"存在。然而，根据《北京市禁止违法建设若干规

[①] 姚金伟告诉我，现在京村大概有民居300余间，其中已经翻建用于出租的大概有260余家。

定》中的有关规定，基层政府对于所辖区域内的违法违章建筑有监管义务，按照现行的问责机制，下级需要对上级负责，而且所辖范围内的各种社会问题都直接关系到基层政府主要领导的晋升机会，同时也关系到该基层单位获取来自上级（区政府、市政府，乃至国家）层面的扶持项目。在村民和上级政府的双重压力下，基层政府相关领导最终选择了相对折中的办法，即对已成事实的违建，采取"睁一只眼闭一只眼"的态度。几年下来，"上面"的虽然来查了几次，但都没有作出实质性处罚，基层政府部门也乐得清静，彼此相安无事，并且基层政府部门、村（居）委会与村民之间，也基本达成了一种"默契"①。

在这种变相"鼓励"之下，2013年春天起，越来越多的村民开始"接楼"，即在自家原有翻建的二层楼上接一层作为出租屋。到2014年夏天时，全村接楼层或翻建三层楼的住户已达到了近百家规模。无疑，这种接楼行为与翻建相比，更充满了危险。我在田野调查中至少发现在以下几个方面存在危险，一是原有的电线线路没有及时更改，许多住户接完楼层后，电线基本与第三层持平或者低于第三层楼层，出现了推开窗户就是电线的情形；二是地基不稳，这是在与村干部聊天中得知的，村干部告诉我，原来村民翻建的时候，并没有想到会有以后"接楼层"的情况，所以楼基打得比较浅，而且楼体承重墙也难以达到标准，轻微的路面晃动都有可能造成高层楼房的震感；三是一些住户不顾及其他人的利益及公共利益，在接楼层时，为了多获得住房面积，竟然将道路上空的公共空间全面据为己有，这样就使得村落里原本通透的过道，变成了抬头不见天的弄堂，更有邻里之间为了争夺这些公共空间大打出手。

在这种情况下，基层政府管理部门与村委会在遇到村民因接楼层而引发矛盾时，只好充当"和事佬"角色，同时迫不得已进行线路改造和供水设备改造。这些原本是基层政府用来惩治村民违建的措施，在"违建"之风倒逼下，成为不得不为的行动。即使这样，村民、基层政府管理部门和村委会之间也小心翼翼地维持着不超过三层的"君子协定"，直到"泼粪"事件出现，一切都发生了改变。

---

① 姚金伟告诉我，所谓的"默契"就是政府最大的容忍限度是村民翻建房屋不能超过三层。

二 "泼妇"与秩序的破坏者

2014年开春以来,先后有将近十户村民在自家的二层楼上接上了第三层,对此基层政府管理人员和村委会进行了象征性的劝阻。由于大家都心知肚明,所以劝阻归劝阻,接楼层行为还是在继续。大多数村民在自家楼层接好后,就基本封顶竣工了。按照村里的习惯,还要在上梁和封顶的"大日子"里,燃放鞭炮进行庆祝,门框和房屋立柱上还要贴上"上梁大吉""立柱平安"等吉祥话语。家中有老人的,还要摆上供品,进行祈祷。

听村子里的老人说,在过去村子里有谁家盖好了房屋,在上梁或立柱时,主家都要举办宴席,一来过去大多数修建房屋都要依靠邻居帮忙,要进行酬谢;二来修房盖屋对于大多数村民来说都是一生中重要的事,在房屋即将建成之时,进行庆祝是极有必要的;还有就是人们相信冥冥之中有专门负责管理房屋的神祇存在,人们举行庆祝活动时,不忘犒劳和祭祀这些神祇;再有就是修建房屋本身是一个充满危险的工作,尤其是上梁和立柱,稍有不慎就会造成建筑工人受伤,因此顺利完成上梁和立柱之后,要贴上象征吉利的话语。

> 现在上梁立柱的仪式简单多了,过去那阵儿,上梁时,还要在梁上贴那个什么,就是说,太公在此,诸神退位,什么意思呐,就是说啊,这块地儿归我姜子牙管了,你们别的神鬼的,就别来闹事儿了。那阵儿,上完梁,主家要干什么呢,上供,大馒头上供,拜完之后呢,就把馒头往上扔,我们都吃不饱饭啊,就争着去抢,也挺有意思……①

村南边姚春明、姚春发两兄弟家紧挨着,前几年两家几乎同时翻建了自家房屋,2014年又几乎同时在自家楼房上接楼层。从动工开始,差不多三个月后,两兄弟家的楼层都接好了。兄长姚春明家在立柱、封顶完成之后,举行了庆祝活动,而姚春发家并没有如期举行庆祝活动,而且他家的建筑工人也没有停工,仍然在刚接好的第三层上,继续插入钢筋制作水

---

① 讲述人:姚德合,讲述时间:2014年6月2日,讲述地点:京村姚德合家中。

泥立柱。人们明白，他这是要接第四层。不过，大家都奉行多一事不如少一事的原则，也就没有过分关注这件事。我在就这件事与房东老太太交流时，她摆了摆手，简单地回了我一句，"他家有钱，有钱就接呗，现在谁有钱谁接"。

三四天后，姚春发家的楼房接的第四层一面山墙已初成规模，村干部找到他进行了劝阻，并告知其北京市有关违建的惩治和处罚的相关条例，姚春发并没有听劝阻，而是继续修建第四层楼房。大约二十天后，四层楼房已经有了一定的规模，而地方政府也没有进行干预，村委会就把这件事放下了，也没再进一步追究。然而，谁也没想到，在几辆公家车来到村子考察以后的一周内，就"出事了"。

据村民介绍，2014 年 5 月某一天，姚春发及其媳妇两个人正在跟着十几个建筑工人忙碌的时候，村子里来了几辆写着"公安"字样的警车。他们下来之后，寻找到作为主家的姚春发，并向他出示了相关文件和规定。①

接着执法人员将建筑工人的主要工具搬上了汽车，将主要工人和姚春发带走问话，并封锁了施工现场。虽然到了晚上，姚春发和工人都回来了，但是施工工具却没有立即返还。我并不知道姚春发和工人被带走之后的情形，村民大概也不知道，他们在说起这件事时，添油加醋地说了几个版本，但依据经验判断，这些说法大都属于臆测。

饶有意味的是，当基层政府部门在没收建筑工具和带人问话时，村委会并不知情，至少在事发当天他们并没有直接参与其中，直到下午接到电话通知，村里的大书记和村支书才匆忙赶到综合执法大队，将姚春发和工人"保"回来。

三 泼粪：抗争，还是撒泼？

"抓人"的第二天上午，姚春发的妻子到村委会找村干部理论此事。村干部告诉她，这一次是"上边的"直接来抓的人，并没有事先告知村委会。但是姚春发的妻子并不接受这种说法，她坚持认为是村干部向上级

---

① 宣读该条例时我并没在现场，事后也没有找到知道这一条例的村民，但我从《北京市禁止违法建设若干规定》中找到了这样一条，即第十五条之规定："乡镇人民政府发现正在建设的乡村违法建设后，应当立即书面责令停止建设，当事人不停止建设的，可以查封施工现场。"我想，可能政府部门出示的是这一条依据。

部门告"黑状",并且她提出让村委会出面,将没收的工具要回来,让他们继续修建第四层楼房。村干部并没有接受这种要求。

到了下午,也就是我正在和姚金伟访谈的时候,姚春发的妻子带着两桶粪便,来到了村委会,直接将其中一桶倒进了村委会的大厅里。在其准备倒第二桶的时候被制止了。在得知这一事件后,村委会主任姚立英率先给派出所打电话报了警。很快警察就来到这里,勘察完现场之后,以扰乱治安的名义将姚春发的妻子带走。

姚春发的妻子被带走后,我们的访谈也难以继续下去。姚金伟立即向其上级主管单位城北街道办事处就相关情况进行汇报。在他汇报完之后,我问他,这个人为什么要泼粪,他告诉我整个事情的大体情况,随后说了一句:"这个人就是一个泼妇。"

之后,我就离开了村委会大院。在回住处的路上,我一直在琢磨这个问题。村干部说姚春发的妻子是个"泼妇",这个带有污名性质的标签,到底是村干部在泄愤,还是该村民明明就是不讲理?如果是村干部在泄愤,那么就可以说明,村民的行为至少是有一定道理的,她的这种"泼粪"行为可能是一种"抗争"——在面对村干部不作为或者"施恶"时的一种反抗;但如果是村民个人品质问题,那么我们就不得不重新思考包括"拆迁"时钉子户或者"以命抗争"的那些村民行动背后的具体因素了。很多现有学术著述都倾向于前者。也就是说,我的判断是,这是作为弱势的村民在面对信息和权力都不对称的村干部时,所采取的一种抗争行为。

当我走到狭窄、无序的商业街尽头时,正好到了王永强、刘晓芳夫妇开的拉面馆。由于正是傍晚吃饭时分,他们根本没有工夫顾及我,在几个月的田野过程中,我们已经成为熟人关系。他们继续忙自己的,我也识趣地自己找了一个桌子坐下来。等过了一会儿,店里不太忙了。刘晓芳走过来,问我:"你去了哪里?你到处跑,有一个热闹你错过了。你知道有人闹事吗,好像是往村委会泼粪了。"当时,我甚至有点错愕。真是见识到了村落社会里信息传播速度之快了。按理说,我目睹了整个事件的过程,应该是最早得知这个消息的。我还没到这个店,店里的老板居然知道了这件事。也许是发现我并没表现出她预料中的兴奋,她接着解释了,是谁谁告诉她的,那个人正好当时去村委会办事。然后,我问刘晓芳对这件事的看法。这个三十刚出头,已经是两个孩子妈妈的女人说:"这两个都不是什么好东西,那个女的,听说挺厉害的,算是个泼妇。"这是我听到的第二种声音,也是第二次听到"泼妇"这个词。如前所述,在京村像刘晓芳这样的外来流动人口并不在少数,他们对于村委会自然是讨厌大于热爱的。每次上级政府有驱散外来流动人口的政策时,具体实施的部门都是村委会,这无疑加重了外来务工人员同村委会的紧张关系。于是,每次村委会出点乱子,他们都持一种类似幸灾乐祸的态度。

过了一段时间,刘晓芳见我没有说话,她以为我不相信,于是说,"小李啊,你不信?别的不敢说,我们在这个村子七八年,村子里有头有脸的风云人物那些事,我们全知道,也就是一个说,一个不说的事儿。"她说这些话,是为了证明她告诉我那个"泼粪"的女人是"泼皮",是有根据的,而不是自己瞎说的。

当走回住的地方,我同房东老太太聊天。我说起了下午发生的"泼粪"事件。她说她一直在家里没有听说,不过说起那个"泼粪"的女人,她直摇头,并没有说话。我说,我要找个时间,去采访一下这个女人。房东立马告诉我,千万不要去,这个女人不怎么说理,就是一"泼妇"。然后,她又告诉了我几件关于这个女人的"事迹"。我听了以后说,"当时我还以为是她受委屈了呢,原来这是她一贯的作风"。房东老太太接过话头说:

> 那可不是?委屈,这年头谁没有?有理说理,没事干吗给人家泼粪啊。好人谁干这事儿啊,是不是?这个人从过门那天起,就不是省油的灯,我们做街坊都多少年了。人缘混得特差。都没几个人愿意和她言语,早些年,我俩还呛呛过呢。①

这些人的表述,让我彻底陷入了混乱。我不愿意相信"泼粪"仅是一种撒泼行为。然而,更多的田野资料,让我不得不重新思考在土地制度变迁与城镇化"拆迁"中民众与国家之间的关系了。在传统观点看来,民众与国家之间的关系实际上是一种权力的下移,也就是说权力是一种单向度转移的过程,民众处于权力的被动地位,他们在面对来自外

---

① 讲述人:刘国芳,房东老太太;讲述时间:2014 年 5 月 9 日,讲述地点:京村刘国芳家中。

部的压力时，可以选择的路径大概只有两条，一条是忍气吞声，另一条是忍无可忍时，揭竿而起，奋起反抗。这大概也符合传统史观对于农民起义的想象。然而，越来越多的事实告诉我们，实际上在许多情况下，村民在日常生活中，并不只是权力的被动方，而是经常性地充分发挥其生存智慧，通过各种"武器"与政府进行抗争，也就是斯科特意义上的"弱者的武器"。

然而，更多的事实告诉我们，实际上，民众在与国家（或者代表国家的权力机构）进行互动时，并不总是处于弱势地位，甚至弱者的身份会成为其与国家进行谈判的资本。正如文中姚春发妻子的行为，从村民角度来看，她并不是弱者，相反，还经常表现为一个"泼妇"的形象。但从整个农民群体来说，她无疑是整个被视为弱势群体中的一员。在整个社会舆论看来，在强大的国家权力面前，农民群体必然会被看作弱者，而弱者的社会特权之一，就是有反抗的权利和被同情的权利，而这些权利助长了一些农民不再依法维权，甚至直接通过暴力行为来实现自己诉求的风气。在他们看来，只要"闹"就有胜算。在乡土语境中，"闹"是一种被赋予了贬义色彩的方式，"是一种不说理"或"泼皮无赖"的行为。董海军总结了这一群体的特征，并提出了"作为武器的弱者身份"，他指出：

> （这些人）强调利用自身的弱者符号来抗争，以社会公正、生存道德等普适性观念为诉求对象，他们希望以自身的弱者抗争符号直接与抗争对象形成的对照，展示自身的弱势，反衬对方的强横，以不惜付出自身的尊严甚至是生命的损失这样一种带有"破釜沉舟式"的（被一般人视为"无赖"的）缠闹式抗争，从而引起社会关注或政府重视。[①]

不过，除了采取"泼粪"这种较为激烈的抗争行为之外，更多的农民在权益受到损害时，尤其是施害方来自地方政府时，他们往往会采取"上访"这样一种司法体系之外的制度化方式。不过，某天我在和姚戈聊天时，提到了"上访"的问题，姚戈说："不是我说啊，这个上访闹事儿

---

① 董海军：《"作为武器的弱者身份"：农民维权抗争的底层政治》，《社会》2008年第4期。

的，有些人，说白了，他们在村子里本来就是混混儿，你想啊，正常老百姓谁敢闹那个事儿去啊，是吧？"① 她这一番话，让我对村民"闹事"这样一种社会事件，进行了重新思考，也许这些事件背后还蕴含着比我从既有著述中了解到的还要多得多的东西。

四 "闹事"："维稳"思维下的民众行动

通过与姚春发及其他村民交流得知，京村村民与地方政府或政策所进行的抗争，多数情况下并非没有理性，而是权衡了各种资本之后的"一搏"，至少在他们看来是这样的。他们会运用一种逻辑，将其行为纳入一种合乎道德的范畴中，比如当他们决定要去村委会"闹"时，他们给出的理由是，"村里那些当官的太欺负人了，这么多人违建他不管，偏偏把我的工人的工具给没收了，就是欺负人"。也就是说，作为村民他感受到来自村委会的歧视，在他看来，村委会应该是维护村民利益的，至少是能够维持公平的。当这一平衡不复存在，村民感受到的就是必须要通过反抗表达自己的愤怒，以引起村委会的注意，"不能让他们骑到脖子上拉屎，老实人也不能吃亏"。他们自认为是"老实人"。这样，一个鲜明的"闹事"逻辑就出现了：村委会欺负他，是因为他是老实人，他要报复村委会，就是为了证明，他并不是随便可以欺负的老实人。当这些"闹事"的人开始行动时，他们就已经不再考虑自己的诉求是否合理，他们的目标就是实现自己所预想的目的，而这个目的很可能不符合公序良俗，或者不符合村落整体利益。

我在京村以及周边其他几个村子做调查时，也发现了同样的问题。在我调查中，有个村民给我讲过类似的故事。大体上是说，在几年前朝阳区望京一带拆迁时，有开发商和村民谈判，最后与大多数村民达成了协议，每个拥有户口的村民补偿几十万，同时给予相应的房产补偿。这对于许多并不富裕的村民来说，一大笔补偿款和几处价格不菲的房产，绝对是可以接受的。在这种情况下，大多数村民都与开发商签订了合同。然而，占据村子中央附近的一家，在签字时兄弟几个临时变卦，要在原有基础上加一倍的补偿。这使得开发商非常为难，如果同意，那么整个村的村民都会要

---

① 讲述人：姚戈，讲述时间：2014年5月某天，讲述地点：京村姚戈奶奶家中（即我所租住的楼房里）。

求提高补偿额,如果不同意,这几家占据村子中央,村落整体拆迁将变得非常棘手。最开始时,开发商为了赶进度,以占据有利地形为依据,同意给予其高于其他村民的补偿。这几个兄弟看到开发商妥协了,于是更加强硬,坚持他们提出的不合理的补偿额度。最终的结果是,开发商放弃了对整个村子的开发。其他村民对此十分不满。当看到他们的利益受到损害时,他们几兄弟又找到开发商,准备以开发商给予的高于其他村民的补偿额度出让宅基地时,开发商并没有答应他们的要求。又经过了几年,开发商将村子里其他村民家的房屋都进行了拆迁,并按照以前的协议给予了各种补偿,而这几家要高价的房屋则保留了。据说,现在这几个兄弟天天到政府"闹访",大体就是要求政府找开发商对其房屋进行"拆迁"。我曾去这个村子看过,大体情况确实和村民讲述的一样,我也曾见过其中两兄弟在乡政府大厅里大声喧哗,他们还自制了一些口号性的标语。

我在河北一个村子做调查的时候,也听到过类似的故事。不过结果不同,当村子里的"二流子"(无赖)成为钉子户将开发商"吓跑"之后,其他眼看到手的利益不翼而飞的村民非常愤怒,最后趁"二流子"不注意,将其房屋点燃了。后来县里也派人来查,但最终还是不了了之了。

从这些不同地方的相似事例来看,有些村民的确是将"弱者的身份"作为自己的武器,或者谈判的资本同政府博弈。在我访谈的时候,经常听到这样一种说法,"我已经是农民了,你还能把我怎样,大不了连地也不让种了"。

实际上,很多问题就是从"不让农民种地了"的前提下生发出来的,对于很多农民来说,不让种地了,就是剥夺了他们"过日子"的权利。很多时候,在农村地区,"过日子"是一种"生存伦理"的具体表达。①"日子"能否过得下去,是他们判断是否应该"闹事"或者"拼命"的主要依据。在城镇化过程中,农民不仅失去了土地,而且随着农业生产方式的改进,他们原先在农业生产中的重要作用也随之丧失。城市放开了外来劳动力进入的限制条件,一定程度上造成城郊村许多缺少技能的农民面临更窘迫的局面,一些不太需要技能的工种,被来自更偏远地区的农民所占据,因为这些人的薪酬相对更低;城郊村村民自身又没有能够胜任技能

---

① 何绍辉:《"过日子":农民日常维权行动的分析框架》,《中国农村观察》2012年第6期。

型或者知识密集型工作的能力，于是他们变成了村落中游手好闲的群体，他们只好通过其他办法获得生活所必需的资金。于是，在一些面临拆迁的村子里，出现了许多"坐地抬价"的极端分子，他们将身体变成资本，用来作为与地方政府或开发商谈判的砝码，以期获得更多的收益。[①] 但不同的村落，这方面的问题是不同的，对于一些在城镇化之前就已经将剩余劳动力成功转移的村子，这些问题相对就少，相反这类问题就更明显一些。

虽然，从表面看来，这些行动以及本书中的"泼粪"行为，无论在其他村民眼里，还是村干部眼里都是"泼皮"行为，但不可否认的是，他们之所以施为这样的行动，除了极个别有心理问题或精神问题外，多数都是在日常生活中形成的一种生存智慧。正如学者吴毅所分析的那样：

> 在某种程度上，"种房"农民那貌似无理与刁蛮的背后，其实深藏着他们自身所寻求的理性与道理，这种特殊的理性与道理是他们长期生活于其中的底边社会的环境教给他们的，更是一定的社会现实和政策所塑造出来的。[②]

老百姓常说，"衙门口，朝南开，有理无钱别进来"，这种千百年来形成的观念，造成一些"大胆"的村民不再寻求"合法"途径维护自身权利，而是通过"唯恐天下不乱"式的"造势"，以达到实现现实利益诉求的目的。与斯科特提出的"隐藏的文本"不同，这些人的行为已经超过了通常意义上所说的"弱者的武器"范畴，而是极端地以身体、尊严等为代价进行的公开反抗，应该说，"公开的文本"也算是一些身处底层的民众为维护既有利益或者获取额外收益的一种生计策略，只不过对于这样的一种生计策略，我并不知道应该给予一种什么样的态度。

正如斯科特所说的，"对于穷人而言，政府首先是收税者，而它也正

[①] 田先红：《从维权到谋利——农民上访行为逻辑变迁的一个解释框架》，《开放时代》2010年第6期。

[②] 吴毅：《记述村庄的政治》，湖北人民出版社2007年版，第116页。

是作为收税者，才遭到攻击的"①。换言之，穷人将政府视为自己生存变得没有着落的根源，而不是一种制度。

对于许多农民来说，他们的抗争并不总是为了获得社会公平，更不是藉此获得社会地位的提升，而是将其作为一种反抗。当他们感到自己的生存受到威胁时，这样的抗争就会出现，无论是个人的还是集体的。因此，我们要考察农民的抗争行为，就必须深入他们的日常生活，去了解他们对于生存安全的判断和评估的标准到底是什么。斯科特认为，这种标准是"安全第一"的原则。问题就在于，到底什么是安全的？这是一个非常复杂的问题。除了果腹之外，还有哪些因素被村民视为安全必要保障，都是需要我们通过细致的田野作业去探寻的。"没法干了""没法活了""老实人太吃亏了"，这都是村民作出的判断，在这种判断下，寻找能继续干下去和继续活下去的路径，就成为他们抗争行动的原初动机之所在。

田野资料表明，无论外来政策如何，只要来自外部的力量打破了村落社会内部的平衡，就会使得一部分或整个村落的农民陷入一种恐慌状态。在现有的生活条件下，他们的恐慌也许并不直接来自生存压力，而更多的是一种公平感丧失带来的压力，也就是在社会资源重新配置中，他们对于是否能够得到平等对待的感受，往往会出现偏差。这些偏差，在绝大多数"老实人"那里，可能变成了"生闷气"，但在"刺儿头""混混儿"或"村霸"那里可能就会变成激进的反抗行为，这些行为主要以闹访、自残或者聚众围攻地方政府的形式表现出来。

通过"泼粪"事件，我们不难看出，在村落政治的另一端，村民在感受到自己的利益受到损害时，也积极进行反抗。尽管这些抗争在很多时候，并不总是有道理的，甚至是违背传统伦理观念的，但正是这些事件告诉我们，在快速城市化的现在，城郊村土地增值方式的改变，让更多的村民意识到了土地与财富的关系，以及土地资源与国家权力之间的关系，更多的是，人们利用各种可以利用的资源，比如身体、社会名誉或者弱势群体的身份与村委会或基层政府进行谈判，以实现利益最大化。

抛却价值判断不提，我们可以看出，在城镇化进程中，随着城市版图的扩展与土地增值方式的改变，村民与村委会、村民与政府、村委会与基

---

① ［美］詹姆斯·C.斯科特：《农民的道义经济学：东南亚的反叛与生存》，程立显、刘建等译，译林出版社2001年版，第184页。

层政府之间的关系正在发生着微妙的变化，传统的伦理道德在维系新的社会秩序方面的作用正在变弱，代之而起的是，一种建立在多方博弈之上而暂时稳定的社会结构和社会秩序。可以预见的是，由于这种新秩序是建立在各方充分发挥和调动其社会资源基础之上的，这就注定了在未来某一个节点上，随着某一方力量的消解，失去平衡的城郊村社会还将会出现新的社会结构重组和秩序的重建。

结　论

当代民俗学与民众生活意义的探寻

　　作为城市化过程中出现的一个社会事实，聚集了大量流动人口的城郊村需要引起研究者的特别注意，而不能将其简单地视为城市化过程中暂时出现的过渡性现象。在进城务工农民生计策略的影响下，城郊村有可能会长期存在，并成为一种有别于农村和城市的独特社区形态。这种社区形态最重要的特征是具有很强的流动性，它既会随城市版图的扩张而不断向城市外围扩展，同时也会随流动人口的城乡间流动而流动。对城郊村社会结构与社会问题进行关注，不能不对聚居于此的流动人口的生计安排与日常生活进行分析。

　　当研究者将研究视线转向进城务工农民群体的日常生活与个体感受时，也许会发现许多进城务工农民并没真正想过要变成"市民"或实现"完全城市化"。这需要研究者改变过去从外而内的研究思路。具体来说，在关注城市化问题时，研究者需要从以"城市"为核心转到以"人"为核心，不仅关注人的生活及人的发展问题，而且要有一种内部眼光，亦即站在城市化过程中人的立场上来看待这些问题。正如郭星华等人指出的，"只有站在'主位'的立场上，坚持主体建构的视角，对农民工的生活世界进行'深描'，才能真正对其认同状况进行析解，而不至于使得结论显得过于粗浅"①。

　　某种意义上说，民俗学既是关于民众生活世界的学问，同时又是理解民众生活世界的路径。从对具体民俗事象的关注转向对村落生活的整体研究，既是民俗学研究对象的扩展，又是其贴近现实社会的方式。关注村落

---

　　① 郭星华等：《漂泊与寻根：流动人口的社会认同研究》，中国人民大学出版社2001年版，第152页。

生活，把村落中的人、行动、文化传统、惯习等视为整体进行"深描"，并以此为基础，理解村落运行逻辑和村落生活意义，是通过民俗进行村落研究的题中之义。

第一节　道义与经济：村民日常生活的逻辑

自韦伯将社会分为传统社会与现代理性社会以来，带有传统主义色彩的农民群体①就被视为一种不理性的存在。恰亚诺夫在研究农民经济组织时认为小农生产的目的主要是满足家庭生产而非利润最大化，因而得出农民的生产选择是非理性的②，这与韦伯的观点基本一致。在韦伯看来，"人并非'天生'渴望赚越来越多的钱，而是简单地要过一种自己已经习惯的生活，并为了这一目标去赚需要的钱而已"③。这种观点到斯科特那里变得更为明晰，他在关于东南亚国家农民社会生活变革问题的研究结论中，提出基于"生存伦理"和"安全第一"的农民"道义经济学"。他认为，在传统农村社会，对农民来说，追求利润最大化，远不如追求生存上的安全感更重要，或者说农民宁愿在温饱线上挣扎，也不愿意轻易冒险去改变一种生存生产方式。④

这种将处于传统农业社会农民视为不理性人群的观点受到一些学者挑战，比如西奥多·舒尔茨即认为农民在行动选择尤其是农业再生产方面，作为经济人比任何资本家都不逊色，因此，他认为传统农业改造可以寄希望于农民为追求利润而进行的创新行为，他认为，"农民在他们的经济活动中一般是精明的、讲究实效的和善于算计的"⑤。

---

① 实际上，本书所关注的并不是传统意义上的"农民"，而是一种人地关系已经发生极大改变，身份认同也发生了重要转变的"农民"，为了减少讨论上的麻烦，本书采用了"村民"这一概念。不过需要说明的是，从大的方面来看，本书所要讨论的问题，仍然属于广义"农民学"范畴。所以本部分仍然是以传统"农民学"相关研究作为切入点，进而讨论当"农民"身份在外力的影响下发生置换时，这些理论的意义与不足。
② ［俄］A.恰亚诺夫：《农民经济组织》，萧正洪译，中央编译出版社1996年版。
③ ［德］马克斯·韦伯：《新教伦理与资本主义精神》，马奇光、陈婧译，北京大学出版社2012年版，第54—55页。
④ ［美］詹姆斯·C.斯科特：《农民的道义经济学：东南亚的反叛与生存》，程立显、刘建等译，译林出版社2001年版。
⑤ ［美］西奥多·舒尔茨：《经济增长与农业》，郭熙保、周开年译，北京经济学院出版社1991年版，第13页。

后来，波普金以越南、泰国等东南亚国家的农民社会行为为研究对象，发展出"理性的小农"理论模型，"认为农民是使其个人福利或家庭福利最大化的理性人，他们主要出于家庭福利的考虑而不是被群体利益或道义价值观所驱使"[①]。

本书认为，从小农的理性选择方面来看，斯科特与波普金并没有根本的分歧，二人都承认小农的行为选择基于理性。不同的是，二人强调重点不同，斯科特强调小农作出选择时，主要考虑的是道义理性，或是道德理性，即小农理性选择来自其所处的村落社区的规范与准则；而波普金则强调经济理性对小农行为选择的影响。斯科特与波普金之间的分歧一定程度上与其选择的研究地点有关。斯科特研究的村落相对远离城市，并且现代化程度不高，村落原有社会规范与传统约定俗成仍在发挥着比较重要的影响，而波普金选择的村落则靠近城市，现代化程度较高，村民与外界联系较频繁，原有村落社会规范与传统约束力量已遭到市场化和现代化冲击，在日常生活中的影响已经式微。

斯科特指出，"把生存作为目的的农民，在规避经济灾难而不愿冒险追逐平均收入最大化方面很有代表性"[②]。问题在于，当农民生存状况已经大为好转，并且在可预见的未来中，不会轻易遭受生存威胁的情况下，他们的行为是否从安全、可靠性转变到"长远的利润"？如果真是这样，那么他们的选择对村落团结和生活共同体的巩固来说，是一种聚合力，还是一种拉伸力？现有的田野资料表明，生活在城郊村的村民在选择行动时，的确更多考虑了长远的或未来的获益问题，也就是说，他们将许多社会行动看成投资行为，甚至在一定条件下是一种投机行为。在这种情况下，追求利润最大化成为他们社会交往的重要目标。根据社会资本流动原理，打算获得更多社会资源的人们往往会选择比自己拥有更多社会资本的人交往，这样整个村落的社会交往，就从闭合圆圈，变成无数条放射状的单行线。线的一端在村里，而另一端早已突破村落范围，通向更广阔的世界。然而，这会产生另一个问题。原来村落中呈现圆圈状的社会关系，能够实现村民心理上的平衡感，尤其是在集体参与的仪式或其他活动中，有

---

① 李金铮：《求利或谋生：国际视域下中国近代农民经济行为的论证》，《史学集刊》2015年第3期。

② [美]詹姆斯·C.斯科特：《农民的道义经济学：东南亚的反叛与生存》，程立显等译，译林出版社2001年版，前言。

钱人多出钱，有力者多出力，没钱又没力的，可以出谋划策，正如过去江湖卖艺者常说的那样，"有钱的捧个钱场，没钱的捧个人场"。在这种社会机制下，村里最贫穷的人往往也会得到救助，整个圆圈大体上会将所有成员包含在内。而呈放射状的直线式社会关系，则将那些缺少社会资本的村民放逐，他们凭借自己能力难以获得生存必需品，同时也失去了可以获得救助的邻里关系资源，他们中一部分人变成"社会动荡因素"，另一部分人则继续在极度贫困中挣扎。

当然，即便是在传统约束力量已遭受市场化和现代化冲击比较明显的相对开放的村落里，波普金的理性小农理论仍然有其局限性，主要表现在他选用公共物品供给的理论来解释小农的行为选择，过分强调了小农的经济理性，虽然对村落中"搭便车""囚徒困境"等现象进行了阐释，但其回避了村落社会中仍会发生集体行动的事实，另外对于"耗材买脸"、面子、关系等现象也无法进一步深入解释。

实际上，正如京村经验所显示的那样，无论斯科特的"道义经济"，还是波普金的"理性小农"，二者都并行不悖地存在于华北地区乡村社会农民的具体行动中。正如杜赞奇所说，在华北农村社会里，不同理性之间"似乎相处的十分融洽"①。黄宗智在具体研究中也注意到传统的中国小农既是追求"利润者"，又是维持生计的"生产者"，当然更是受剥削的"耕作者"。②

美国学者米格代尔在研究第三世界国家农民的政治行为时，特别注意到农村与它所处的社会政治环境间的互动关系，认为"农民的行为和农民的制度至少在某种程度上是对来自外部世界的压力所作出的反应"③。这种观点为我们进一步研究农民行为提供了可供借鉴的分析视角。我们对农民行为进行分析，必须将其放在特定的、具体的生存境遇、制度安排和社会变迁的背景中。可以说，农民的行为选择大都是在特定社会语境与社会制度安排下对外部压力作出的策略性回应。当然，分析农民行为选择时，也不能忽视外部环境在很大程度上只是必要条件，真正促使村民作出

---

① [美]杜赞奇：《文化、权力与国家——1900—1942年的华北农村》，王福明译，江苏人民出版社1994年版，第249页。
② [美]黄宗智：《华北的小农经济与社会变迁》，中华书局2000年版，第1页。
③ [美]米格代尔：《农民、政治与革命：第三世界政治与社会变革的压力》，李玉琪、袁宁译，中央编译出版社1996年版，第9页。

行为选择的机制，还是来自其个体与家庭的内部生活需要。

我在京村田野调查中发现，无论是本村村民还是进城务工农民，他们所面临的一个旷日持久的问题是外部索要与家户生计的紧张对立关系。面对这个问题，提供给农民的解决方案并不是很多，从具体实践上看，他们往往采取两类生存性策略：一是来自家庭内部，他们会不断增加劳动投入以获取持续的收入增长，甚至不惜进行恰亚诺夫意义上的"自我剥削"①或黄宗智所谓的"内卷化"生产②，或者他们可能也会采取更为消极的办法，即"勒紧裤腰带"模式，他们会减少整个家庭的生活预算和开支以期渡过难关；另一个策略来自对外部社会的直接反抗，在面对不期而至的额外索取时，他们可能会运用"弱者的武器"③，采取不合作、逃走，甚至小范围的轻微暴力；有时也可能会将"弱者的身份"变成"武器"④，采取极端行为以扩大影响，借助身份"优势"博取社会同情，以达到预期效果。

如果据此就完全肯定斯科特"安全第一"的道义经济学原理，那么我们将有可能错过一个事实，即如果农民与外部环境的关系发生置换，外部环境不再是对农民进行索取或压榨，而是"给予"，那么农民将会采取何种行动策略呢？单纯地遵循道义经济学原理就会得出这样的结论：如果外部力量是给予而不是索取农民的生存资源，他们在满足生存之需外，为获取"不劳而获"的额外收益，将会毫不犹豫地选择服从政府或社会组织等外部力量的政策性安排。

然而，事实并非如此。正如京村故事所展示的那样，来自外部环境的"给予"（包括可预期的口头承诺）并没有让村民生活质量得到提高，他们的集体观念也没有得以加强，他们对地方政府的认可度也没有明显提升，相反，围绕如何获取更多的额外获益，他们下足了功夫。这些行动的选择无不显示出其理性计算尤其是经济理性能力。比如，村民听说京村将要面临"拆迁"，在城镇化语境下，"拆迁"很大程度上意味着"高额补

---

① ［俄］恰亚诺夫：《农民经济组织》，萧正洪译，中央编译出版社1996年版，第47页。
② ［美］黄宗智：《长江三角洲小农家庭与乡村发展》，中华书局2000年版。
③ ［美］詹姆斯·C.斯科特：《弱者的武器》，郑广怀、张敏、何江穗译，译林出版社2011年版。
④ 董海军：《"作为武器的弱者身份"：农民维权抗争的底层政治》，《社会》2008年第4期。

偿",为获得更多补偿,大多村民选择了扩建或翻建家庭原有住房,一方面可借机增加可获得更多额外收益的地表附着物面积,另一方面即便短时间得不到拆迁,也可将多余房屋改造成"出租房"以赚取房租收入。这种"旱涝保收"的经济行为,很难说仅仅是基于生存需要的"安全第一"原则。事实是,如前所述,很多村民依靠借债翻建房屋,至少说明他们已经综合评估了投入回报以及市场风险等问题,可看作一种基于预期市场或国家赔偿的投资行为。

从京村田野资料来看,村民在日常生活中根据所需随时调整行动安排,他们总是能将斯科特意义上的道义理性与波普金意义上的经济理性并行不悖地纳入行动判断之中。对于当地村民来说,无论是道义理性还是经济理性,实际上都是一种"活法",即生活之法则。这个法则指导着村民适时作出合适的行动选择。所谓合适的选择,既可能表现为个体利益最大化也可能表现为家庭利益最大化,而利益既可以表现为物质资本,还可能表现为社会资本和文化资本。在京村调研时,我的房东经常提起一句老话,"吃不穷,喝不穷,算计不到就受穷"。这里的"算计",并不是贬义词,而是村民实践道义理性和经济理性,里面包含着村民的生活智慧。

第二节 算计:村民生存性智慧的实践

村民的行动总是充满意义的,而意义赋予与生成过程本身,就是理性判断的结果。村民在作出某种行动和策略选择时,会"计算"各种可能出现的情况,包括需要付出的代价,可能获得的结果等。比如种地,他们根据既有经验,很容易计算出需要下多少种子、上多少肥料、能获得什么样的收成,这些收成对于家庭生存生活意味着什么,等等。这些"计算"的实践过程,在当地被称为"算计"。

算计基于既有经验。既有经验,源自生活实践形成的地方性知识体系。这些知识,有些可以通过言语表达出来,比如在村落中关于"随份子"的知识,或农具的使用知识等,长辈只需在特定场合将这些知识以口头表达的方式传达给后辈即可。然而,有些知识并不总是这么容易找到合适方式传达,或者人们习得这些知识并不总能通过特定场合而获知,这种知识被称为"默会知识"①。邓正来在反思"中国模式"时,立足中国本土实践,引入"生存性智慧"反思了"默会知识"的概念,但总体而言,就内涵而言,二者并无明显差异,在他看来,生存性智慧是"活生生的、有效的、灵活的,或在某种程度上可模仿传播的;它主要是中国人家庭教育和人际聚分的结果,而非正规学校教育的知识、学科和科学范式的产物;它因时空不同而不同,因个人地位不同而不同,甚至因个人性格不同而不同,因此它的品格和有效性都是具体的,也是受时空限制的"②。徐勇在分析"中国奇迹"的形成时,特别强调中国农民的主体地位,并认为正是农民特有的理性促成了"中国经验"的形成。在他看来,中国农民特有的理性或特质,包括勤劳、勤俭、精于"算计"、强调互惠、重视人情、好学、求稳、忍耐等。③可以说,中国农民的这些品质正是在长期生活实践中,形成的生存性智慧。生存性智慧的实践,往往表现为村民对待村落传统的态度。从日常生活角度来看,村落传统是个实践的过程,村落传统的实践正是村民生存性智慧集中展示的社会情境。

传统是维持村落社会延续最重要的生活法则和文化资源。某种意义上说,村落传统是集体惯习和记忆以及由此凝聚而成的地方性知识体系。正如希尔斯所言,"那些接受传统的人不必把它叫作传统;对他们来说,接受这种传统是不言而喻的。这一传统与他们的任何其他行动和信仰一样生动且富有生命力。它是现存的过去但它又与任何新事物一样,是现在的一部分"④。很多时候,村落传统的实践是地方性知识和生存性智慧的显性表达,同时也是传递和传承这些知识和智慧的重要过程。生活在村落中的人们从出生的那刻起,就被"无形的"、先在的知识体系包围起来。这些知识有些可通过学习或言语或其他符号获得,有些属于默会知识范畴,并不能将其符号化,难以通过学习获得,需要生活其中耳濡目染、潜移默化。这类知识往往是"知其然不知其所以然"的知识。对很多村民来说,

---

① [英]齐格蒙特·鲍曼、[英]蒂姆·梅:《社会学之思》,李康译,社会科学文献出版社2010年版,第6页。
② 邓正来:《"生存性智慧模式"——对中国市民社会研究既有理论模式的检视》,《吉林大学社会科学学报》2011年第2期。
③ 徐勇:《农民理性的扩张:"中国奇迹"的创造主体分析——对既有理论的挑战及新的分析进路的提出》,《中国社会科学》2010年第1期。
④ [美]爱德华·希尔斯:《论传统》,傅铿、吕乐译,上海世纪出版集团2009年版,第13页。

他们很多行动选择的依据都是来自长辈的经验，即长辈这样做，且被证明能够获得生存所需社会资源，就是合理的有效的做法，于是，在面临问题时，他们会模仿长辈作出相应选择。这种行为选择模式，如果没有遇到明显的外力冲击，会通过代际传递的方式持续实践下去最终形成稳定的村落传统。

不过，这种知识传递方式至少存在两个风险：其一，一旦外部环境发生改变，有强有力的外部力量介入，比如国家层面的"移风易俗"或市场力量的冲击，很多村落传统就会消失，附着在这些传统上的地方性知识及生存性智慧也会随之消失；其二，某些特定传统或传统的特定环节，一旦失去代际传承土壤，比如某项传统的关键性传承人未能将知识传递给下一代而突然病重或辞世等，那么可以预见，这种传统或传统的特定环节极有可能会面临消失。除这两种风险外，还存在另一种可能，即这些传统及其所承载的地方性知识与生存性智慧失去了实践情境。正如前面邓正来所说的，生存性智慧明显地受到时空限制。特定生活时空发生改变，这些生存性智慧就会面临变异或消失的危险。在市场化与城市化冲击下，越来越多的农民走出村落，来到城市务工谋生，他们从祖、父辈那里获得的默会知识显然难以应付这种突如其来的新式生活方式，为此，他们会逐渐习得新的默会知识以应对新的生活情境，原有的以村落生活为根基的默会知识自然会不断遭到舍弃。

如前所述，村落社会的运行依靠的是辈辈传承、相沿成习的各种村落传统。在这些传统中，金钱被高度符号化，比如在随份子、"走人情"等行为中，金钱的往来并非完全遵循市场交易原则，而更多是象征性行为，关于这一点，已经有不少学者进行了论证。在村落社会中，村民之间的社会行动更多是基于血缘、地缘或其他非金钱性联系（如基于共同信仰或共同兴趣等）组织起来。漫长的传统农业社会，耕作作为最基本的劳作模式和生产方式，很多时候，单凭一家一户难以完成繁重的农业活计，这就需要基于血缘的家族或基于地缘的邻里施以援手，当然，这种体力或物力上的援助是双向的和互惠的。因此，传统村落自然就生成了特定的社会机制。① 其中，依靠互帮互助建立的邻里关系是一种看起来很简单的社会关系，主要以地缘为基础，以日常生活中互帮互助为主要表现的关系形

---

① 基于血缘形成的家族关系，比较复杂，与本书主题也不甚相关，因此不再赘述。

式。俗话说"远亲不如近邻",指的是在遇到生活难题时,传统"五服"制之外的亲戚远不如邻居所能提供的帮助大。这句谚语直言村落社会中邻里关系的重要性。在几乎所有生活资料只能在村落内部获取的传统农村,没有良好的邻里关系,村民在村落中的生存甚至都会面临威胁。然而,随着城市生活方式和生活观念逐渐渗透到传统村落,商品化和市场化迅速冲击了原来的村落社会价值体系,使得这些传统社会关系也发生了根本性改变,同样冲击了嵌入在这些传统社会关系中的地方性知识与生存性智慧。

当更多的农民走出村落,依靠个人汗水和能力获得更多金钱性收入时,他们越发意识到,为他人提供服务需要获得金钱性收入,服务本身是一种有价行为。这种观念一旦进入农村社会,建立在互帮互助基础上的价值体系很快就会崩塌。过去温情脉脉的邻里关系被打破,代之而起的是金钱雇佣关系。可以说,现代市场观念蚕食了村落社会中最坚固的纽带,打破了村落社会团结的道德基础。随着市场化和城市化进一步发展,村民生活来源变得更加丰富,他们甚至抛弃了传统农耕生产方式。这使得村落最终走向终结,虽然很多时候它们仍然占据着地理意义上的空间,但维持它们成为生活共同体的力量或嵌入在村落中的社会资本已经发生改变,这不可避免地会造成村落的彻底瓦解。对很多村子来说,解体或消失也许仅仅是时间问题。

这在城郊村表现得尤为明显。村民放弃传统生活方式后,随即被抛弃的是建立在耕种劳作模式基础上的整套价值和知识体系。在新的价值和知识体系形成前,金钱成为其判断社会行为施为与否的重要甚至唯一标准。因此,我们看到城镇化过程中,"拆迁""占地"等带来的巨额补偿,非但没有加强或巩固村落、家庭的稳定,反而成为"离间"各种社会关系的负面资源,为争夺资源和利益,许多父子、兄弟、邻居反目成仇,甚至大打出手,不断上演着一幕幕人间悲剧。北京卫视有档节目,专门以调节这类关系为演播内容,据说有很好的收视率。我在田野调查时,的确经常听到村民讨论这档节目,虽然评价极端案例时,他们也会指责和愤愤不平,但涉及具体利益时,他们仍会作出相似选择,所不同的大概只有程度差异。

村落社会传统知识体系和价值体系的崩溃,使得原来得以维系村落秩序的社会机制失去效力,尤其是建立在道德约束基础上的传统规约,以及人言可畏带来的压迫感,都变得无足轻重,用某村民的话来说,

"现在的人都变得不要脸了"。村民之所以认为有些人"不要脸"是因为他们的行为触碰了村落社会传统知识体系和道德观念的底线,而有人之所以选择"不要脸"的行为,是因为嵌入"脸面"的社会资源已很难满足其生存生活需要,而通过扩大与外界的交往,从其他社会组织中能够获得更多的社会资源,在这种情况下,村落社会中的"脸面"及其蕴含的道德耻感,就失去了原有的约束功能。应该说,这正是城市化、现代化带给村落的一种负面效应,它摧毁了村落传统价值观念,让秉持传统理性的村民在面临选择时,经常陷入矛盾状态。在村民对待土地的态度方面,表现得尤为明显。按照传统生存理性观念,土地是农民的命根子,他们无论如何也不会放弃土地,但现代城市生活方式正在渗透到村落中,外界提供的谋生机会越来越多,许多农民开始选择外出打工,或已经选择了非农耕职业的城郊村农民越发地倾向离开土地。

不过,应该看到,在"惜地"与"离地"选择之间,无论是进城务工农民,还是城郊村村民,他们改变的只是生计策略,对土地那种根植于骨子里的依恋并没有完全消失。无论对失去土地的城郊村村民来说,还是对离开土地的进城务工农民来说,土地都是至关重要的。尤其对于进城务工农民来说,很多时候,在生存理性认知下,土地是一种"安全阀"。土地作为"安全阀"的意义在于,它能为农民提供最基本的生存需要,而这也成为农民为谋求更好的生活而离开土地的重要前提。或者说,土地能为农民带来生存意义上的安全感。在这种安全感的鼓励下,许多农民甘愿暂时离开土地去尝试某种新生活,对于进城务工农民来说,他们选择了充满不确定因素的城市生活,而对于城郊村来说,他们更倾向于从事比耕种充满更大挑战性的其他行业。当生存不再成为人们首要考虑因素时,他们将会追求更为经济的生存状态,将会为耕作以外的能力寻求市场,并期待着卖个好价钱。一旦这种市场交易形成,农民选择某种行动就不再单纯地以满足生存生活需要为主要动力,而是追求尽可能多的利润。这样,建立在新的人地关系上的社会结构和社会秩序将得以重构。

第三节 民俗志:民众生活意义的文字呈现

日常生活总是充满意义的,但又是零散的、碎片化的。作为民俗学研究者，我们的工作就是将这些零散的、碎片化的生活像拼图游戏一样，拼接成一幅完整的图景。在这个图景里，既包括当地人的叙事和行动，也包括当地人对叙事及其行动的解释，还包括研究者带着问题意识的分析。发生在村落社会里的故事，每天都在上演，当我们将其拼凑成完整生活图景时，嵌入其中的意义也许就会一目了然了。

就像一开始我反复阐述过的那样，本书是关于京北城郊村日常生活的民俗志。与古典人类学相比，民俗学研究更多是关注"己"文化，在解读田野资料时，更强调研究者和讲述者的身体感受。正如刘铁梁所指出的，"大多数民俗学者意识到，民俗的逻辑既是蕴藏也是呈现于生活的，所以就以尊重生活的态度，选择了以民俗志为主要研究途径和书写成果形式的治学道路"①。本书即立足于此，将民俗视为民众文化和日常生活本身，而立足田野作业的民俗研究，即是将民众生活变成文字的过程。然而，民众生活并不总是十分容易把握，恰恰相反，很多时候，我们会因生活本身琐碎的特点而陷入无所适从，这需要我们充分发挥社会科学的想象力，找寻到可以呈现生活多样性的线索。本书认为，对于关注民众生活的民俗研究来说，除关注民众行动外，还要关注民众日常叙事，尤其是个体叙事。因为无论是行动，还是叙事，都可以看作民众对其生活本身所蕴含的意义的呈现和诠释。

解读和阐释民众生活的意义，需要将民俗视为一种研究路径，即"通过民俗"的研究。刘铁梁曾指出，"'通过民俗的研究'，作为研究民俗的根本方法，关乎民俗学是否指向关于人的一种超越主客观二元对立分离的认识的问题，关乎民俗学是否可以确立服务于人们之间相互交流的问题"②。所谓通过民俗，"是这样一种研究路径，它把研究者的目光从呆板的、被研究者想象出来的传统中拉回到现实社会，并在传统与现实之间搭建某种学术联系"③。这也正是本民俗志的学术关怀和追求之所在。

对很多人来说，北京是一个隐喻。因其是首都所在地，而被套上至高无上的政治权力光环。对于生活在北京城区或城郊村的人们来说，这种权力是真实存在且能影响到日常生活方方面面的。如同我们在乘坐北京出租

---

① 刘铁梁：《感受生活的民俗学》，《民俗研究》2011年第2期。
② 刘铁梁：《感受生活的民俗学》，《民俗研究》2011年第2期。
③ 李向振：《"通过民俗"：从生活文化到行动意义的摆渡——兼论当代民俗学研究的日常生活转向》，《云南师范大学学报》（哲学社会科学版）2018年第1期。

车时都会遇到的经验一样，每位"的哥"好像都是政治家，他们不但愿意讨论政治，而且能根据生活经验说出许多颇有见地的看法。谈论政治仿佛是生活在北京人们的"通病"，而这并不是现代社会才有的现象。近代以来，北京地区较早受到现代化冲击，成为较早进入现代化国际都市的地区，民众日常生活受到现代都市生活影响。可以说，现代北京底边社会是传统与现代混融的交错地带。同时，在过去数百年里，北京从不是封闭的、停滞的存在，而是开放的且不断生成的区域。由于地处政治权力中心，人们有更多机会同国家进行互动，政策也往往最先影响到居住在这座城市的人们的生活。正如本书所描述的那样，北京的城市化并不总是遵循着市场经济规律，或者说它并不总是自然而然地随着经济发展和城市版图扩张而发生，而是处处透露着政府政策的身影。或者说，许多北京城郊村的城市化，本身就是政治推动的结果，京村即是其中一例。

鉴于此，本书主要关注的是在受政府和市场双重影响的城郊村里，村民如何面对来自外部的生存压力，如何利用生存性智慧作出回应，以及如何通过行动和个体叙事重整社会结构与秩序。本书着重强调的是村民的日常行动与生计策略。在我看来，许多时候，村民与家庭之间、村民与村民之间、村民与村落之间、村民与国家之间的互动，并不总是直接的、明显的、对抗性的或忍气吞声、逆来顺受的，而是在看似平静的日常生活中，隐蔽地发生着深刻的联系。

如前所述，无论是从地理空间上还是社会文化意义上，京村都是典型的城郊村形象。它的边界正处于昌平城区边缘，从更大范围来看，它又属于北京市区的边缘村落。村里仍有为数不多的耕地，这成为京村仍然是村落而没有变成大城市一隅的象征。有耕地就有农民。从户籍上看，村里目前还有为数不少的农民（实际上是接近半数），但在过去的数十年里，随着各种政策性征地和商业性租地的进行，村里耕地已大为减少，随之而来的是许多村民将户籍从"农民"变成"居民"（实际上居民人数已经超过半数）。如果说农民生存空间主要是村落的话，那么居民的生存空间应该对应的是城区，然而两种户籍和身份的人却同时生活在京村，这使得京村既具有传统村落生活的遗存，又有城市生活的表征。当前，受多种因素影响，京村城市化进程处于尴尬的停滞状态，村民已经在这种半城半村的状态下生活了十余年。

几十年来，随着交通的发展与北京城市版图的扩张，越来越多的流动人口被压缩到城市边缘地带，其中很大部分进入城郊村。外来流动人口大规模进入京村是近十年的事情。京村旁边的水库是2008年北京奥运会的赛场之一，为保证赛事顺利进行，政府修通了该村同北京市区的便捷公交车线路。这为大量流动人口涌入该村提供某种便利。事实也正如此，大概从2007年开始到现在，数年间涌入该村的外来务工人员已高达数千人，数倍于本村原有村民，呈现出明显的"人口倒挂"现象。流动人口的到来，改变了京村原有人口结构，同时也改变了村落的社会结构。外来流动人口带来了瓦片经济，京村村民纷纷改建房屋进行出租，并迅速地将房屋租赁收入变成主要生活来源，劳作模式与生计方式随之改变。随着生计方式的改变，村民的行动观念也发生了改变。当然，改变的过程本身也是新的生活模式的探索过程。传统生活方式被打破，传统生活观念以及由此生发出来的默会知识受到挑战。然而，这并没有让村民在生活面前却步，正如本书所描述的那样，在经营生活过程中，在面临生计方式选择和生存性压力时，他们经常会基于种种理性，作出最有利于生活的策略选择。

无论是本村原有村民，还是外来流动人口，他们在日常生活中的行动与选择都充满理性，只不过这种理性并不能简单地归结为斯科特意义上的基于"生存伦理"形成的"道义经济学"，也不能完全看成波普金意义上的基于"市场逻辑"形成的"经济理性"。实际上，在日常生活中，很多时候，这两种理性并行不悖，正如杜赞奇所说，这两种理性在"华北乡村中似乎相处的十分融洽"①。

对生活在村里的村民来说，他们整套生存性智慧来自长期浸淫的传统生活实践。这套实践中获得的知识体系，构成了他们日常行动的理性渊源。我需要再次申明，在本书看来，村民的行动选择是在一定的理性支配下进行的，或者说，他们在行动之前就已经赋予了行动以社会和生活意义。这个意义本身正是理性的预期。比如在"喝满月酒"的实例中，无论酒席主办方还是被邀请方，所有参与者和参加者，都需要运用大量生存性智慧，应付各种行动选择，作为主办方，他必须考虑酒席规模、邀请人员名单以及参加者座次等问题，这些都是决定酒席能否顺利举办的关键问题，所有决策都是在生存性智慧和默会知识指导下作出各种情形推理后的

---

① [美]杜赞奇：《文化、权力与国家——1900—1942年的华北农村》，王福明译，江苏人民出版社2010年版，第249页。

策略性选择。作为参加者也同样需要考虑许多问题,比如是否亲自参加,随不随份子,随多少份子等,对这些问题的判断仍需我们运用大量的实践知识。

从京村日常生活来看,无论本村原有村民还是外来务工人员,在作出生计策略和行动选择时都进行了理性思考,只不过有的选择具有显性的思考过程,而有的选择决策则是"刹那间"的决定。无论怎样,这其中都有生存性智慧或默会知识在发挥作用。也许社会资本理论更有利于理解这一问题。生活理性告诉村民,在作出行为选择之前应该考虑行为的结果与意义,而默会知识或生存性智慧则告诉他们如何利用现有资源作出最有利的选择。布迪厄将这些资源以资本的形式进行划分,他认为资本可表现为三种基本形态:一是经济资本,这种资本可以立即并且直接转换成金钱,它以财产权的形式被制度化;二是文化资本,这种资本在某些条件下能转化成经济资本,它以教育资格的形式被制度化;三是社会资本,它是以社会义务("联系")组成的,这种资本在一定条件下也可以转换成经济资本,它以某种高贵头衔的形式被制度化。[①] 在林南看来,社会资本是嵌入社会关系与社会组织的资源。[②] 村民的许多社会行动都是为获得社会资本,而从获取社会资本的动机来看,他们的行动大体上又可分为两类:一是维护既有社会资源,二是获取额外社会资源。这两种动机对应的行动又可分为表达性行动和工具性行动。正如京村拉面馆王永强夫妇那样,他们在日常经营与生活上,精打细算,甚至不惜通过严重的"自我剥削"来积累财富,但在对待老乡关系或经营其他关系网络时,又表现得十分大方。老板娘刘晓芳说出了其中的秘密,"自己的生活怎么都好说,别人不知道,自己知道就行了,对待别人可不能马虎,对待老乡要大方,他们回到村里还传你的好,对待各种关系更要大方,现在不拿钱哪有给你办事的,烧香能找到庙门子已经不错了,还舍不得花香钱?"[③]

除面向村落内部的日常交往与行动外,城郊村民还要面对来自外部的政策性压力和城市化、现代化带来的冲击力。在北京城市管理者看来,大

---

① [法]布尔迪厄:《文化资本与社会炼金术——布尔迪厄访谈录》,包亚明译,上海人民出版社 1997 年版,第 192 页。
② [美]林南:《社会资本——关于社会结构与行动的理论》,张磊译,上海人民出版社 2005 年版。
③ 讲述人:刘晓芳,讲述时间:2014 年 5 月 6 日,讲述地点:京村西北拉面馆里。

规模涌入的务工人员始终是许多社会问题的根源之所在。对进城务工人员来说，这些政策犹如紧箍咒一样，让其在城市里难以立足，哪怕在城市周边的城郊村，他们的生存空间也一再被压缩。部分外来务工人员迫于各种政策性和生存性压力，不得不迁离北京，回到老家或其他地方谋生。

这对像京村这样的城郊村原有村民来说，并不是好事儿。流动人口是城郊村民获得租房经济的收入来源，他们的离开意味着城郊村原有村民的生活来源将受到挑战。在这种情况下，原有村民与外来务工人员形成了利益共同体。在这个共同体中，原有村民并不总是占据上风，甚至很多时候，他们不得不为租户提供某些便利，或在这些便利不能解决实际问题时，会去村委会或基层政府"闹事"，以迫使基层政府改变对流动人口来说并不合理的政策规定。另外，我们也不能忽视，进城务工人员与村落原有村民之间并不一定有太多的日常互动。对原有村民来说，进城务工人员除带来租金收入外，其他的都是各种社会问题的根源；对许多务工人员来说，京村本来就是他们的栖身地，是挣钱谋生的地方，并不是最终的归宿，所以他们与本村原有村民很难形成生活共同体，大多时候是"井水不犯河水"。没有生活共同体作支撑，进城务工人员与本村村民之间结成的利益共同体，往往只是权宜之计，等"风声一过，人们该干嘛干嘛"去。

当从这些琐碎的日常生活片段中挣扎出来时，我发现，作为城郊村，京村正在发生的一切都与土地制度与经营方式的改变有关。对本村人来说，他们面临的是城市化过程中的"失地"，而对进城务工人员来说，他们面临的是打工潮过程中的"离地"。某种意义上说，他们都是被土地抛弃了的农民（村里的居民似乎被抛弃得更为彻底）。这些农民要么被迫离开传统农耕生计，要么是在看起来较为主动的情况下自主选择离开家乡到城市务工，以此离开传统农耕生计。不可否认的是，无论是本村村民还是外来务工人员，都保留着传统农耕社会传承下来的实践知识，而这些知识在面对新社会结构时，偶尔会失效，这就造成了社会失序情形。离开土地的人们终究还是要吃饭，正如在京村看到的那样，失去土地的本村农民正在享受着集体土地征占带来的补偿，同时他们也利用有限的宅基地翻建房屋进行出租以获得收入，从"种地"到"种房"，改变的是劳作模式，未改变的是在土地资源里谋生活的生计策略。对外来务工人员来说，虽然家乡的土地没有所有权，但经营权和收益权已给他们带来"进可攻，退可守"的安全感,对他们来说,有朝一日在城市里混不下去,回到乡下还有"自己的二亩地",这不仅是精神上的自足,更是生活上的保障,也许这也是让他们敢于在城市里"冒险"的底气之所在。因此,本书认为土地是村民的安身立命之所在,无论怎样,他们的知识和智慧,以及由此作出的生计策略选择,都透露着浓浓的泥土气息。

参考文献

一　专著

安德明：《天人之际的非常对话》，中国社会科学出版社2003年版。
白希：《开国大土改》，中共党史出版社2009年版。
北京市档案馆：《国民经济恢复时期的北京》，北京出版社1995年版。
昌平区水资源局：《昌平区水旱灾害》，中国水利水电出版社2004年版。
昌平县志编纂委员会：《昌平县志》，北京出版社2007年版。
陈学明、吴松、远东编：《让日常生活成为艺术品——列斐伏尔、赫勒论日常生活》，云南人民出版社1998年版。
邓力群、马洪、武衡主编：《当代中国的北京》（上、下），中国社会科学出版社1989年版。
费孝通：《费孝通文集》（第9卷），群言出版社1999年版。
费孝通：《江村经济》，上海人民出版社2008年版。
费孝通：《乡土中国　生育制度》，北京大学出版社1998年版。
费孝通：《乡土中国　生育制度 乡土重建》，商务印书馆2011年版。
高丙中：《民俗文化与民俗生活》，中国社会科学出版社1994年版。
高丙中：《中国人的生活世界：民俗学的路径》，北京大学出版社2010年版。
郭伟和：《"身份之争"：转型中的北京社区生活模式和生计策略研究》，北京大学出版社2010年版。
郭星华等：《漂泊与寻根——流动人口的社会认同研究》，中国人民大学出版社2011年版。
郭于华：《倾听底层——我们如何讲述苦难》，广西师范大学出版社2011年版。

郭于华：《受苦人的讲述：骥村历史与一种文明的逻辑》，香港中文大学出版社 2013 年版。

郭于华：《仪式与社会变迁》，社会科学文献出版社 2000 年版。

国家统计局：《伟大的十年》，人民出版社 1959 年版。

韩敏：《回应革命与改革：皖北李村的社会变迁与延续》，陆益龙、徐新玉译，江苏人民出版社 2007 年版。

河北省档案馆：《河北土地改革档案史料选编》，河北人民出版社 1990 年版。

贺雪峰：《村治模式——若干案例研究》，山东人民出版社 2009 年版。

户晓辉：《返回爱与自由的生活世界：纯粹民间文学关键词的哲学阐释》，江苏人民出版社 2010 年版。

黄光国、胡先缙等：《中国人的权力游戏》，中国人民大学出版社 2004 年版。

黄宗智：《中国的"公共领域"与"市民社会"》，载《经验与理论：中国社会、经济与法律的实践历史研究》，中国人民大学出版社 2007 年版。

黄宗智：《中国的隐性农业革命》，法律出版社 2010 年版。

江绍原：《发须爪——关于它们的迷信》，中华书局 2007 年版。

蓝宇蕴：《都市里的村庄：一个"新村社共同体"的实地研究》，生活·读书·新知三联书店 2005 年版。

李晶：《人情社会：人际关系与自我观的建构》，台北八方文化企业公司 2002 年版。

李培林：《村落的终结：羊城村的故事》，商务印书馆 2010 年版。

李友梅等：《中国社会生活的变迁》，中国大百科全书出版社 2008 年版。

廉思：《蚁族：大学毕业生聚居村实录》，广西师范大学出版社 2009 年版。

林南：《中国研究如何为社会学理论做贡献》，载周晓虹主编《中国社会与中国研究》，社会科学文献出版社 2004 年版。

林耀华：《金翼——中国家族制度的社会学研究》，生活·读书·新知三联书店 2007 年版。

刘国光、王明哲：《中华人民共和国经济档案资料选编（1949—1952）：农村经济体制卷》，北京教育出版社 1999 年版。

陆学艺:《内发的村庄》,社会科学文献出版社2001年版。

毛泽东:《毛泽东选集》(第1卷),人民出版社1991年版。

潘绥铭:《存在与荒谬——中国地下"性产业"考察》,群言出版社1999年版。

潘绥铭等:《当代中国人的性行为与性关系》,社会科学文献出版社2004年版。

潘毅、卢晖临、张慧鹏:《大工地:建筑业农民工的生存图景》,北京大学出版社2012年版。

荣敬本等:《从压力型体制向民主合作体制的转变——县乡两级政治体制改革》,中央编译出版社1998年版。

时宪民:《体制的突破》,中国社会科学出版社1993年版。

孙立平、郭于华:《"软硬兼施":正式权力非正式运作的过程分析——华北B镇收粮的个案研究》,《清华社会学评论》,鹭江出版社2000年版。

孙立平:《"过程—事件分析"作为一种研究策略》,载谢立中主编《结构—制度分析,还是过程—事件分析》,社会科学文献出版社2010年版。

万向东:《都市边缘的村庄——广州北郊蓼江村的实地研究》,中国社会科学出版社2005年版。

王春光:《社会流动和社会重构——京城"浙江村"研究》,浙江人民出版社1995年版。

王印焕:《1911—1937年冀鲁豫农民离村问题研究》,中国社会出版社2004年版。

吴毅:《记述村庄的政治》,湖北人民出版社2007年版。

项飚:《跨越边界的社区:北京"浙江村"的生活史》,生活·读书·新知三联书店2000年版。

谢立中:《日常生活的现象学社会学分析》,社会科学文献出版社2010年版。

阳翰笙:《柳江怒涛——柳城县土改回忆录》,广西人民出版社1989年版。

杨国枢、余安邦:《中国人的心理与行为——理念及方法篇(一九九二)》,台北桂冠图书公司1992年版。

杨国枢:《中国人的心理》,台北桂冠图书公司1995年版。

杨懋春：《一个中国村庄——山东台头》，江苏人民出版社2001年版。

杨念群：《空间·记忆·社会转型——"新社会史"研究论文精选集》，上海人民出版社2001年版。

杨善华：《感知与洞察：研究实践中的现象学社会学》，载谢立中主编《日常生活的现象学社会学分析》，社会科学文献出版社2010年版。

衣俊卿：《现代化与日常生活批判——人自身现代化的文化透视》，人民出版社2005年版。

应星：《村庄审判史中的道德与政治——1951—1976年中国西南一个山村的故事》，知识产权出版社2009年版。

应星：《农户、集体与国家——国家与农民关系的六十年变迁》，中国社会科学出版社2014年版。

于建嵘：《岳村政治——转型期中国乡村政治结构的变迁》，商务印书馆2001年版。

原源：《钟敬文民俗学思想研究》，中国社会科学出版社2012年版。

张柠：《土地的黄昏：中国乡村经验的微观权力分析》，中国人民大学出版社2013年版。

张士闪：《乡民艺术的文化解读：鲁中四村考察》，山东人民出版社2006年版。

赵旭东：《本土异域间——人类学研究中的自我、文化与他者》，北京大学出版社2011年版。

赵旭东：《反思本土文化建构》，北京大学出版社2003年版。

折晓叶：《村庄的再造：一个超级村庄的社会变迁》，中国社会科学出版社1997年版。

郑有贵：《中国土地改革研究》，中国农业出版社2000年版。

朱力：《中国民工潮》，福建人民出版社2002年版。

二　译著

［奥］阿尔弗雷德·许茨：《社会实在问题》，霍桂桓译，浙江大学出版社2001年版。

［澳］杰华：《都市里的农家女——性别、流动与社会变迁》，吴小英译，江苏人民出版社2006年版。

［德］韦伯：《学术与政治：韦伯的两篇演说》，冯克利译，生活·读书·

新知三联书店1999年版。

［俄］恰亚诺夫：《农民经济组织》，萧正洪译，中央编译出版社1996年版。

［法］罗什：《平常的事情的历史——消费自传统社会中的诞生（17世纪初—19世纪初）》，吴鼐译，百花文艺出版社2005年版。

［法］孟德拉斯：《农民的终结》，李培林译，社会科学文献出版社2005年版。

［法］米歇尔·德·塞托：《日常生活的实践：1. 实践的艺术》，方琳琳、黄春柳译，南京大学出版社2009年版。

［法］皮埃尔·布迪厄、［美］华康德：《实践与反思——反思社会学导引》，李猛、李康译，中央编译出版社1998年。

［加］伊莎贝尔·克鲁克、［英］大卫·克鲁克：《十里店：中国一个村庄的群众运动》，安强、高建译，上海人民出版社2007年版。

［加］朱爱岚：《中国北方村落的社会性别与权力》，胡玉坤译，江苏人民出版社2004年版。

［美］保罗·拉比诺《摩洛哥田野作业反思》，高丙中、康敏译，商务印书馆2008年版。

［美］戴维·哈维：《正义、自然和差异地理学》，胡大平译，上海人民出版社2011年版。

［美］杜赞奇：《文化、权力与国家——1900—1942年的华北农村》，王福明译，江苏人民出版社1996年版。

［美］弗里曼、［美］毕克伟、［美］赛尔登：《中国乡村，社会主义国家》，陶鹤山译，社会科学文献出版社2002年版。

［美］傅高义：《共产主义下的广州：一个省会的规划与政治（1949—1968）》，高申鹏译，广东人民出版社2008年版。

［美］格尔茨：《文化的解释》，韩莉译，译林出版社1999年版。

［美］韩丁：《翻身：中国一个村庄的革命纪实》，韩倞译，北京出版社1980年版。

［美］黄树民：《林村故事：1949年后的中国农村变革》，素兰、纳日碧力戈译，生活·读书·新知三联书店2002年版。

［美］黄宗智：《长江三角洲小农家庭与乡村发展》，中华书局2000年版。

［美］黄宗智：《华北的小农经济与社会变迁》，中华书局2000年版。

[美]黄宗智:《中国研究的范式问题讨论》,社会科学文献出版社2003年版。

[美]吉尔兹:《地方性知识:阐释人类学论文集》,王海龙、张家瑄译,中央编译出版社2000年版。

[美]柯文:《在中国发现历史——中国中心观在美国的兴起》,林同奇译,中华书局2002年版。

[美]赖特·米尔斯:《社会学的想象力》,陈强、王永强译,生活·读书·新知三联书店2005年版。

[美]李丹:《理解农民中国:社会科学哲学的案例研究》,张天虹、张洪云、张胜波译,江苏人民出版社2008年版。

[美]林南:《社会资本——关于社会结构与行动的理论》,张磊译,上海人民出版社2005年版。

[美]流心:《自我的他性:当代中国的自我系谱》,常姝译,上海人民出版社2005年版。

[美]马克·格兰诺维特:《镶嵌:社会网与经济行动》,罗家德译,社会科学文献出版社2007年版。

[美]麦克法夸尔、费正清:《剑桥中华人民共和国史:中国革命内部的革命(1966—1982年)》,俞金尧等,中国社会科学出版社1998年版。

[美]米格代尔:《农民、政治与革命:第三世界政治与社会变革的压力》,李玉琪、袁宁译,中央编译出版社1996年版。

[美]欧文·戈夫曼:《日常接触》,徐江敏、丁晖译,华夏出版社1990年版。

[美]欧文·戈夫曼:《日常生活中的自我呈现》,冯钢译,北京大学出版社2008年版。

[美]欧文·戈夫曼:《污名:受损身份管理札记》,宋立宏译,商务印书馆2009年版。

[美]帕特南:《独自打保龄球:美国社区的衰落与复兴》,刘波等译,北京大学出版社2011年版。

[美]乔治·E.马尔库斯、[美]米开尔·M.J.费彻尔:《作为文化批评的人类学:一个人文学科的实验时代》,王铭铭、蓝达居译,生活·读书·新知三联书店1998年版。

[美]托马斯、[波兰]F.兹纳涅茨基:《身处欧美的波兰农民:一部移

民史经典》，张友云译，译林出版社 2000 年版。

[美] 威廉·富特·怀特：《街角社会——一个意大利人贫民区的社会结构》，黄玉馥译，商务印书馆 1994 年版。

[美] 西奥多·C.贝斯特：《邻里东京》，国云丹译，上海译文出版社 2007 年版。

[美] 西奥多·舒尔茨：《改造传统农业》，梁小民译，商务印书馆 2006 年版。

[美] 许烺光：《祖荫下：中国乡村的亲属·人格与社会流动》，王芃、徐隆德译，台北南天书局有限公司 2001 年版。

[美] 阎云翔：《礼物的流动——一个中国村庄的互惠原则与社会网络》，李放春、刘瑜译，上海人民出版社 1999 年版。

[美] 阎云翔：《私人生活的变革：一个中国村庄里的爱情、家庭与亲密关系（1949—1999）》，龚小夏译，上海书店出版社 2009 年版。

[美] 杨美惠：《礼物、关系学与国家》，赵旭东、孙珉合译，江苏人民出版社 2009 年版。

[美] 詹姆斯·C.斯科特：《农民的道义经济学：东南亚的反叛与生存》，程立显、刘建等译，译林出版社 2001 年版。

[美] 詹姆斯·C.斯科特：《弱者的武器》，郑广怀、张敏、何江穗译，译林出版社 2001 年版。

[美] 詹姆斯·克利福德、[美] 马库斯编：《写文化：民俗志的诗学与政治学》，高丙中、吴晓黎、李霞等译，商务印书馆 2006 年版。

[美] 张鹏：《城市里的陌生人：中国流动人口的空间、权力与社会网络重构》，袁长庚译，江苏人民出版社 2013 年版。

[日] 岩本通弥：《以"民俗"为研究对象即为民俗学吗——为什么民俗学疏离了"近代"》，宫岛琴美译，《文化遗产》2008 年第 2 期。

[日] 岩本通弥：《作为方法的记忆——民俗学研究中"记忆"概念的有效性》，王晓葵译，《文化遗产》2010 年第 4 期。

[匈] 阿格妮丝·赫勒：《日常生活》，衣俊卿译，重庆出版社 2010 年版，第 3 页。

[英] 奥威尔：《一九八四；动物农场》，孙仲旭译，译林出版社 2008 年版。

[英] 格莱德希尔：《权力及其伪装：关于政治的人类学视角》，赵旭东

译，商务印书馆2011年版。

［英］华尔德：《共产党的新传统主义》，龚小夏译，牛津大学出版社1996年版。

［英］卡尔·波兰尼：《大转型：我们时代的政治与经济起源》，冯钢、刘阳译，浙江人民出版社2007年版。

［英］马林诺夫斯基：《西太平洋上的航海者》，张云红译，中国社会科学出版社2009年版。

［英］麦嘉湖：《中国人的生活方式》，秦传安译，电子工业出版社2012年版。

［英］奈吉尔·巴利：《天真的人类学家：小泥屋笔记》，何颖怡译，上海人民出版社2003年版。

［英］齐格蒙特·鲍曼：《全球化：人类的后果》，郭国良、徐建华译，商务印书馆2013年版。

［英］齐格蒙特·鲍曼、［英］蒂姆·梅：《社会学之思（第二版）》，社会科学文献出版社2010年版。

［英］亚当·斯密：《国富论》，唐日松等译，华夏出版社2005年版。

［英］英格利斯：《文化与日常生活》，周书亚译，中央编译出版社2009年版。

三 论文

安德明：《家乡——中国现代民俗学的一个起点和支点》，《民族艺术》2004年第2期。

巴莫曲布嫫：《田野研究的"五个在场"——巴莫曲布嫫访谈录》，《民族艺术》2004年第3期。

巴莫曲布嫫：《叙事语境与演述场域——以诺苏彝族的口头论辩和史诗传统为例》，《文学评论》2004年第1期。

蔡磊：《民俗志的学术定位和书写》，《西北民族研究》2009年第1期。

陈曦：《关于农民工子女受教育问题的几点思考》，《理论观察》2003年第5期。

邓正来：《"生存性智慧"与中国发展研究论纲》，《中国农业大学学报》（社会科学版）2010年第4期。

刁统菊、杨洲：《多姓聚居与联姻关系——华北村落的另一种形态》，《河北师范大学学报》（哲学社会科学版）2006 年第 2 期。

董国礼：《中国土地产权制度的变迁：1949—1998》，《中国社会科学季刊》秋季号（总第 30 期），2000 年。

董海军：《依势博弈：基层社会维权行为的新解释框架》，《社会》2010 年第 5 期。

董海军：《"作为武器的弱者身份"：农民维权抗争的底层政治》，《社会》2008 年第 4 期。

高丙中：《民间的仪式和国家的在场》，《北京大学学报》（哲学社会科学版）2001 年第 1 期。

高丙中：《民俗学对象问题的再讨论——一项建设的后现代性的硕果》，《民俗研究》2013 年第 4 期。

高丙中：《"民俗志"与"民俗志"的使用对于民俗学的当下意义》，《民间文化论坛》2007 年第 1 期。

郭于华：《"道义经济"还是"理性小农"——重读农民学经典论题》，《读书》2002 年第 5 期。

郭于华：《"弱者的武器"与"隐藏的文本"：研究农民反抗的底层视角》，《读书》2002 年第 7 期。

郭于华：《作为历史见证的"受苦人"的讲述》，《社会学研究》2008 年第 1 期。

郝亚明：《村落生活：理性行动的建构》，《青海民族研究》2005 年第 4 期。

何宏光、王培刚：《国家与社会：当代中国研究的基本范式》，周晓虹、谢曙光主编：《中国研究》，2007 年春秋季合卷。

何绍辉：《"过日子"：农民日常维权行动的分析框架》，《中国农村观察》2012 年第 6 期。

贺飞、郭于华：《国家和社会关系视野下的中国农民——20 世纪下半期西方关于国家和农民关系的研究综述》，《浙江学刊》2007 年第 6 期。

贺雪峰：《国家与农民关系的三层分析——以农民上访为问题意识之来源》，《天津社会科学》2011 年第 4 期。

贺雪峰：《论村治模式》，《江西师范大学学报》（哲学社会科学版）2005 年第 2 期。

贺雪峰：《论熟人社会的人情》，《南京师大学报》（社会科学版）2011 年第 4 期。

户晓辉：《民俗与生活世界》，《文化遗产》2008 年第 1 期。

黄祖辉、王朋：《农村土地流转：现状、问题及对策——兼论土地流转对现代农业发展的影响》，《浙江大学学报》（人文社会科学版）2008 年第 2 期。

金太军：《村庄治理中的三重权力互动的政治社会学分析》，《战略与管理》2002 年第 2 期。

兰林友：《论华北宗族的典型特征》，《中央民族大学学报》2004 年第 1 期。

李金铮：《求利或谋生：国际视域下中国近代农民经济行为的论证》，《史学集刊》2015 年第 3 期。

李里峰：《土改中的诉苦：一种民众动员技术的微观分析》，《南京大学学报》（人文科学·社会科学）2007 年第 5 期。

刘博：《女性性工作者的生活选择与社会流动研究》，《社会科学论坛》2015 年第 3 期。

刘铁梁：《村落——民俗传承的生活空间》，《北京师范大学学报》（社会科学版）1996 年第 6 期。

刘铁梁：《村落生活与文化体系中的乡民艺术》，《民族艺术》2006 年第 1 期。

刘铁梁：《感受生活的民俗学》，《民俗研究》2011 年第 2 期。

刘铁梁：《劳作模式与村落认同——以北京房山农村为案例》，《民俗研究》2013 年第 3 期。

刘铁梁：《民俗志研究方式与问题意识》，《北京师范大学学报》（社会科学版）1998 年第 6 期。

刘铁梁：《身体民俗学视角下的个人叙事——以中国春节文化为例》，《民俗研究》2015 年第 2 期。

刘晓春：《从"民俗"到"语境中的民俗"——中国民俗学研究的范式转换》，《民俗研究》2009 年第 2 期。

刘晓玲：《浅论称呼语"先生"、"小姐"的历史发展》，《语言研究》2002 年特刊。

刘拥华：《行为选择、博弈地位与制度变迁——基于国家—农民关系的分析框架》，《吉林大学社会科学学报》2015 年第 1 期。

刘悦然：《城中村拆迁中的身体与底层抗争——以北京市城中村 A 为例》，《社会科学战线》2014 年第 5 期。

卢晖临、李雪：《如何走出个案——从个案研究到扩展个案研究》，《中国社会科学》2007 年第 1 期。

吕德文：《基层治理中的国家与农民的关系——一个文献综述》，《南京农业大学学报》（社会科学版）2010 年第 3 期。

吕德文：《在中国做海外中国研究》，《社会》2007 年第 6 期。

吕微：《民间文学、民俗学研究中的"性质世界"、"意义世界"与"生活世界"：重新解读〈歌谣〉周刊的"两个目的"》，《民间文化论坛》2006 年第 3 期。

吕微：《民俗学的哥白尼范式》，《民俗研究》2013 年第 4 期。

马慧芳、高延春：《新中国初期废除娼妓制度的措施及现实启示》，《党史文苑》2008 年第 4 期。

孟慧英：《语境中的民俗》，《民间文化论坛》2004 年第 6 期。

潘毅、郭于华、卢晖临：《解构富士康》，《中国工人》2011 年第 1 期。

彭成、黄小龙、马晓年：《女性地下性工作者的心理探秘》，《中国性科学》2015 年第 6 期。

任荣荣、张红：《城乡结合部界定方法研究》，《城市问题》2008 年第 4 期。

孙立平：《总体性资本与转型期精英形成》，《浙江学刊》2002 年第 3 期。

汪晖：《"科学主义"与社会理论的几个问题》，《天涯》1998 年 6 月。

王春光：《个体化背景下社会建设的可能性问题研究》，《人文杂志》2013 年第 11 期。

王洪伟：《当代中国底层社会"以身抗争"的效度和限度分析——一个"艾滋村民"抗争维权的启示》，《社会》2010 年第 2 期。

王杰文：《反思民俗志——关于钟敬文先生的"记录民俗学"》，《西北民族研究》2004 年第 1 期。

王杰文：《民俗志对于民俗学意味着什么》，《广西民族研究》2008 年第 1 期。

王杰文：《"语境主义者"重返"文本"》，《青海社会科学》2013 年第 3 期。

王均霞：《常人方法论与家乡民俗学的研究策略》，《文化遗产》2010 年第 1 期。

文军：《从生存理性选择到社会理性选择：当代中国农民外出就业动因的社会学分析》，《社会学研究》2001 年第 6 期。

吴毅、陈颀：《"说话"的可能性——对土改"诉苦"的再反思》，《社会学研究》2012 年第 6 期。

吴毅：《"权力—利益的结构之网"与农民群体性利益的表达困境》，《社会学研究》2007 年第 5 期。

夏柱智：《乡村合谋视角下的混混治村及后果——基于中部 G 村"示范点"的调查》，《青年研究》2014 年第 1 期。

项继权：《农民工子女教育：政策选择与制度保障——关于农民工子女教育问题的调查分析及政策建议》，《华中师范大学学报》（人文社会科学版）2005 年第 3 期。

谢立中：《结构—制度分析，还是过程—事件分析？——从多元话语分析的视角看》，《中国农业大学学报》（社会科学版）2007 年第 4 期。

邢连刚：《昌平第一个农业社——"东光社"》，《昌平文史资料（第 4 辑）》2012 年。

熊辉：《群体偏见、污名化与农民工的城市融入》，《民族论坛》2008 年第 3 期。

徐勇：《村干部的双重角色：代理人和当家人》，《二十一世纪》1997 年第 8 期。

徐勇：《村民自治的成长：行政放权与社会发育——1990 年代后期以来中国村民自治发展进程反思》，《华中师范大学学报》（人文社会科学版）2005 年第 2 期。

徐勇：《农民理性的扩张："中国奇迹"的创造主体分析——对既有理论的挑战及新的分析进路的提出》，《中国社会科学》2010 年第 1 期。

徐勇：《最早的村委会诞生追记》，《炎黄春秋》2000 年第 9 期。

许昕：《为权利而自杀——转型中国农民工的"以死抗争"》，《中国制度变迁案例研究（第六集）》2008 年。

颜德如：《以新乡贤推进当代中国乡村治理》，《理论探讨》2016 年第 1 期。

杨建华：《日常生活：中国村落研究的一个新视角》，《浙江学刊》2002 年第 4 期。

杨雪冬:《利益的分化和保护:现代化与市场进程中的中原农村》,《中国社会科学季刊》春季号,2000年。

衣俊卿:《中国日常生活批判的理论视野》,《求是学刊》2005年第6期。

尹旦萍:《新文化运动中关于废除娼妓的思考》,《江汉论坛》2005年第11期。

应星:《草根动员与农民群体利益的表达机制》,《社会学研究》2007年第2期。

于建嵘:《当代中国农民的"以法抗争"——关于农民维权活动的一个解释框架》,《文史博览(理论)》2008年第12期。

于建嵘:《当前农民维权活动的一个解释性框架》,《社会学研究》2004年第2期。

岳永逸:《传说、庙会与地方社会的互构——对河北C村娘娘庙会的民俗志研究》,《思想战线》2005年第3期。

张翠霞:《民俗学"生活世界"研究策略——从研究范式转化及常人方法学的启示谈起》,《民俗研究》2011年第3期。

张士闪:《从参与民族国家建构到返归乡土语境——评20世纪的中国乡民艺术研究》,《文史哲》2007年第3期。

张士闪、廖明君:《艺术民俗学研究:将乡民艺术"还鱼于水"——张士闪教授访谈录》,《民族艺术》2006年第4期。

张士闪:《乡民艺术民俗志书写中主体意识的现代转变》,《思想战线》2011年第2期。

张昀:《"小姐"一词的语义流变》,《修辞学习》2006年第2期。

折晓叶:《合作与非对抗性抵制——弱者的"韧武器"》,《社会学研究》2008年第3期。

郑家驹、叶少群:《对改革农业税的设想》,《农业经济问题》,1985年第4期。

郑震:《列斐伏尔日常生活批判理论的社会学意义——迈向一种日常生活的社会学》,《社会学研究》2011年第3期。

政协北京市昌平区委员会:《昌平文史资料(第二辑)》(内部资料),2002年。

周大鸣、高崇:《城乡结合社区的研究——广州南景村50年的变迁》,《社会学研究》2001年第4期。

周飞舟:《从汲取型政权到"悬浮型"政权——税费改革对国家与农民关系之影响》,《社会学研究》2006年第3期。

周晓虹:《改革开放以来中国社会心态的变迁——有关中国经验的另一种解读》,《中国社会科学辑刊》,2009年。

周晓虹:《中国农民的政治参与:毛泽东和后毛泽东时代的比较》,《香港社会科学学报》秋季刊,2000年。

周晓虹:《中国研究的可能立场与范式重构》,《社会学研究》2010年第2期。

朱瑞玲:《中国人的社会互动:论面子的运作》,《中国社会学刊》1987年第11期。

《北京昌平严控外来人口 将外来人口降到50%以下》,《北京青年报》2014年4月26日(http://news.youth.cn/jsxw/201404/t20140426_5091985.htm)。

《北京务工子弟赴衡水读书 只为高考不吃亏》,"网易教育网"(http://edu.163.com/15/0213/10/AIB1F8K400294MP6_2.html),2015年2月13日。

李向振:《劳作模式的变革与村落生活的变迁——以冀东南王长林村为个案》,硕士学位论文,北京师范大学,2012年。

刘婧:《家庭伦理的松动:"临时夫妻"的婚姻、家庭、生育与性——以广东省惠州市的田野考察为例》,博士学位论文,武汉大学,2014年。

覃琮:《"标志性文化"生成的民俗志——以滨阳的舞炮龙为个案》,博士学位论文,上海大学,2011年。

王先明:《"新乡贤"的历史传承与当代建构》,《光明日报》2014年8月20日(http://www.qstheory.cn/society/2014-08/20/c_1112160618.htm)。

周启早:《我是一朵流浪的云》,"城郊村网站"(http://www.chengbiancun.com/2014/1008/43173.html),2014年10月8日。

朱瑞玲:《有面子的心理行为现象之时政研究》,博士学位论文,台湾大学心理学研究所,1983年。

四 英文文献

Alvin Y. So, "Peasant Conflict and the Local Predatory State in the Chinese

Countryside", *The Journal of Peasant Studies*, 2007 (34): 3 – 4, 560 – 581.

Amy Shuman. *Storytelling Rights—Written Texts by Urban Adolescents*, Cambridge University Press, 1986.

Barrie M. Morrison, "Rural Household Livelihood Strategies in a Sri Lankan Village", *The Journal of Development Studies*, 1980 (4): 443 – 462.

Benedict J. Tria Kerkvliet. "Everyday Politics in Peasant Societies (and ours)", *The Journal of Peasant Studies*, 2009 (1): 227 – 243.

Dilly Roy, *The Problem of Context*, New York: Berghahn Books, 1999: 15 – 17.

Dorothy Noyes, "Folklore", *Social Science Encyclopedia*, 2004 (1): 376 – 378.

Edward Bruner, *Experience and Its Expressions: In The Anthropology of Experience*, Chicago: University of Illinois Press, 1986: 3 – 32.

Emily T. Yeh, Kevin J. O'Brien & Jingzhong Ye, "Rural Politics in Contemporary China", *The Journal of Peasant Studies*, 2013 (6): 915 – 928.

Erving Goffman, "On Face Work: An Analysis of Ritual Elements in Social Interaction", in his Interaction Ritual, London: Allen Lane, the Penguin Press, 1972: 5 – 46.

Graham Johnson, "Twentieth Century Chinese Peasants: Subjects for Scrutiny and Emotion", *Reviews in Anthropology*, 1993 (2): 91 – 101.

Herbert J. Gans, *The Urban Villagers: Group and Class in the Life of Italian – Americans*, London: Collier Macmillan Publishers, 1982.

Hsien Chin Hu, "The Chinese Concepts of 'Face'", *American Anthropologist*, 1944 (1): 45 – 64.

Ian Scoones, "Livelihoods Perspectives and Rural Development", *The Journal of Peasant Studies*, 2009 (1): 171 – 196.

James Davies and Dimitrina Spencer ed., *Emotions in the Field: The Psychology and Anthropology of Fieldwork Experience*, Standford, California: Standford University Press, 2010.

J. P. Dumont, *The Headman and I: Ambiguity and Ambivalence in the Fieldworking Experience*, Austin: University of Texas Press, 1978.

Kevin J. O'Brien, Lianjiang Li, *Rightful Resistance in Rural China*, New York: Cambridge University Press, 2006.

Leon Eugene Stover, *"Face" and Verb Analogues of Interaction in Chinese culture: A Theory of Formalized Social Behavior Based Upon Participant – Observation of an Upper – class Chinese Household, Together with a Biographical Study of the Primary Informant*. Unpublished Doctoral Dissertation, Columbia University, 1962.

Richard Bauman, "Texas Storyteller: The Framing and Reframing of Life Experience", *Journal of Folklore Research*, 1987 (24): 197 – 221.

Samuel L. Popkin, *The Rational Peasant: The Political Economy of Rural Society in Vietnam*, University of California Press, 1979.

Shue Vivienne, *The Reach of the State: Sketches of the Chinese Body Politics*, Stanford: Stanford University Press, 1988.

Simon J. Bronner, "Practice Theory in Folklore and Folklife Studies", Folklore, Published online: 09 Mar 2012. http://dx.doi.org/10.1080/0015587X.2012.642985.

Tyrene White, *Political Reform and Rural Government*, Deborah Davis, Ezra F. Vogel. 1990. Chinese Society on the Eve of Tiananmen: The Impact of Reform, Cambridge and London: Harvard University Press, 1990.

Victor Turner and Edward M. Bruner ed., *The Anthropology of Experience*, Urbana and Chicago: University of Illinois Press, 1986.

Victor Turner, *On the Edge of the Bush: Anthropology as Experience*, Tucson, Arizona: the University of Arizona Press, 1985.

索 引

A

安全第一 13,14,17,75,138,231, 234,237,238

安全阀 97,98,113,242

B

半工半耕 99

边界 1,2,5,28,35,38,39,41,72, 139,150,159,171,244

波普金 13—16,21,235,236,238, 245

博弈游戏 150,151,157

布迪厄 18,207,246

C

差序格局 4,150,159,166—168

拆迁 17,33,74—78,84,90,91,154, 198,199,201,205,209,211,225, 226,228—230,237,238,241

承包到户 67,68

城郊村 1—5,23,28,29,31—33,35, 36,38,41—43,46,52,53,55,68, 74—77,79,83—85,90,94,96, 97,105,109,113,118,121,123, 126,133,136,137,143,147, 159—161,166,176,188,195, 196,201,203,205,210,219,229, 231—233,235,241—247

城市化 1,3,5,20,31,33,38,42,45, 79,85,87,136—140,144,147, 191,195,231,233,240—242, 244,246,247

城乡二元对立分析框架 137

城乡结合部 1,2

城乡民俗连续体 3,137

城中村 1,2,4,41,52,123,143,209

传统 3—6,8—10,12—16,20,21, 25,31,37—39,41—43,45—49, 55,57,61,63,64,66,75,76,79, 80,83,89,92,95—99,103,104, 109,113,117,126,130,131, 136—139,141—147,149,156— 164,167—170,173,176,192, 205—207,209,212,216—220, 226,227,231,232,234—236,

239—245,247

传统知识体系　241,242

村落政治　29,36,116,186,203,204,207,211,231

村落资源　192,197,198,212

村治模式　194,208,220

D

打工诗人　96

大工地　104,105

道义的理性　13

杜赞奇　16,174,193,209,210,236,245

F

泛语境化　8,10,11

G

干群关系　213—215,217,220

格兰诺维特　18

个体户　84,97,100,101,104,112,124,133,134,176,177,180,181,183

个体记忆　80,82,83

个体叙事　22,24,27,243,244

公共精神　3,49,110

公共生活　3,42,43,49,79,151,152,216

关系网络　4,36,105,108,149,154,156,157,159,167,172,175—178,180,182,193,246

关系主体　149,158,162

国家的民间在场　187

"国家—社会"框架　186

"过程—实践"视角　187

过密化　98—100

过日子　48,83,100,205,229

H

喝满月酒　157,159,160,162,165,166,168—171,174,245

贺雪峰　3,98,99,137,194,208,220

互惠原则　155,165,171,173,178

互助组　60,62—65,210

户籍　3—5,40,44,46,53—55,67,86,98,112—117,122—124,128,129,181,190,191,193,198,217,244

居民　3,4,10,28,40,41,44,47,48,56,60,66,74,86,96,112,113,116—121,124,127,128,131,142,190—194,196,215,244,247

农民　3,4,13—22,26,28,42,47,48,54—59,61—64,66—70,74—79,81,83—87,91—101,103,104,109,112,113,115—121,123—125,127—132,138—148,171,175,176,187,190,191,200,201,204,206—209,211,212,215,216,227,229—231,234—237,239—242,244,247

北京户口　3,113,114,121,122,190

外来户　42,54

划定成分　56,59—61

索 引

H

黄宗智 16,17,236,237

J

集体叙事 82
计算 17,55,66,74,77,88,98,100,139,155,237,238
季节性流动 144—146
进城务工 3,68,78,85,95—100,112,113,116,119,123,124,126,129—132,138,141,143,145,146,200,217,247
进城务工农民 2,28,51,52,89,96—98,100,104,105,109,112,113,116,119,123,128—134,136,139,140,142—148,154,176,179,233,237,242
进城务工农民的流动性 136,139,144
经济理性 13—17,19—21,76,102,171,172,235—238,245
救济机制 140—142

K

卡尔·波兰尼 14
科层化 189
空间 3—5,21,25,26,28,29,33,35,38,39,41—43,45—47,49,59,64,72,76,77,90,105,108—110,112,115,116,124,127,129—131,134,136,137,140,142—144,148,152,154,160,161,177,181,192,194,200,201,208,212,241,244,247
公共空间 42—45,51,110,194,213,222
私人空间 42,43
苦难 77,80—83
苦难的见证者 83
苦难叙事 80
跨地域家庭模式 2,136,138,139,142—144,176

L

劳作模式 79,80,85,95,110,218,221,240,241,245,247
老乡 4,36,60,97,102,149,176—180,183,246
礼俗互动 157,159
里子 120,159,165,175,176
林南 18,19,168,172,178,246
刘铁梁 8,23—25,27,243

M

米格代尔 13,16,95,175,186,208,236
面子 16,18,34,45,110,149,153,156,159,165,168—170,174—176,236

S

民俗事象 6,8—12,25,38,159,162,233
民俗志 2,5,22—24,28,32,33,35,36,242,243

民俗主义 5,6,12,25

M

默会知识 22,24,76,123,131,165,172,182,208,218,238—240,245,246

N

内卷化 17,237
农民工 31,52,85,96,104,105,123,125—130,136,139,140,142,147,221,233
"农民—国家"关系 208
农民学 13,21,187,234
农事节律 144,145
农转非 3,70,73,74,117—119,121,190
农转居 86,190

Q

恰亚诺夫 14,17,103,234,237
嵌入 9,14,18,21,83,112—117,119,121,131,151,159,168,169,172,174,175,178,187,200,202,207,209,210,216,218,219,241—243,246
嵌入性社会资源 19,114
去农民化 129
权威 48,119,166,174,175,189,193,195,206,207,211,212,216—220

R

人地关系 4,5,35,36,54,55,79,149,234,242
失地 28,74,79,85,86,113,247
惜地 242
占地 33,44,56,69,71,75,77,78,86,118,119,121,241
征地 68,70,71,73,76,77,84—86,90,117,118,211,215,244
租地 69,70,73,118,244
离地 28,74,80,242,247
人口倒挂 33,51,53,133,245
人民公社 57,64,65,67,112,188,189,210
人情 16,21,34,104,110,149,156,157,159,171,173—176,193,194,220,239,240
　人情边界 170
　人情表达 159
　人情关系 4,62,149,159,173
人生仪礼 157,159
日常生活 2—8,11,12,16,19,20,23—26,28,29,31—35,37—39,43,45,48,51,55,72,91,96,97,100,104,105,109,112,113,117,123,125,126,131,132,136,137,139,143,144,147,150,151,156,157,159—161,163,169,172,176,177,182,186,187,207,208,210,212,217,227,230,231,233—235,238—240,242—247
　日常生活整体 8,12
社会结构 2—5,10,18—20,28,31,32,35,36,38,42,52,55,56,67,96,98,105,117,136,137,147,

156—159,168,172,175,178,
194,207,212,232,233,242,
244—247
社会身份 112,138
社会生活 6,8—10,25,26,31,36,
47,52,55,56,59,96,114,115,
127,131,160,162,171,174,210,
213,234
社会秩序 2,3,5,35,36,38,41,67,
94,156,158,167,218,232,242
社会中的国家 186
社会资本 15,18—20,97,104,117,
139,150,155,159,164,165,168,
172—174,176—179,182,202,
216,235,236,238,241,246
社交的人 149
社区化管理 39,192
身份 2—5,17,20,29—36,41,55,
70,72,76,78,79,86,96,112—
117,120—124,126—128,130,
134,136,159,160,169—171,
174,178,179,181,185,190,200,
208,215—217,227,229,231,
234,237,244
生存伦理 13,14,81,138,229,234,
245
生存性智慧 21,22,36,109,119,
134,238—241,244—246
生活故事 35,47
生活意义 2,23,24,33,36,55,154,
156,233,234,242,245
生计策略 3,5,18,19,21,35,36,55,
97,109,113,134,136—138,142,

147,182,230,233,242,244,
246—248
生计理性 20
生计选择 2,13,20,35,36,72,74,
95,136,139,147,176
双重角色 204,208,209
斯科特 13—17,21,76,81,84,95,
101,103,171,172,187,210,211,
227,230,231,234—238,245
算计 76,156,234,238,239
随份子 21,141,153,161,162,165,
166,170—174,238,240,246

T

田野作业 22—24,32,33,136,166,
176,231,243
通过民俗 159,234,243
土地制度 55,57,66,98,226,247
土改 53,56—60

W

瓦片经济 45,49,84,87,245
威权 211,212,219,220
"违建" 46,84,87,89,90,121,122,
184,185,221,222
文本 2,5,9—12,23,24,26—28,32,
230

X

西奥多·舒尔茨 14,234

Y

亦农亦工 126

意义的生产　38
意义世界　2
语境　5,8—12,16,17,24,25,27,91,
　　127,227,236,237
阈限　4,5,36,112,113,126,158
原住民　53,54,191

政治过程　59,209,212
中国经验　14,239
种房　85—87,89—92,166,221,230,
　　247
周期性流动　144,146,147
自我剥削　17,100—103,177,237,
　　246

Z

张士闪　3,10,23,25,27,137,157

后　记

多年前，我在新加坡做田野调查时，有位据说很灵验的相面师说我的命格是"路遇贵人"。命格的事情，听过也就是了，但我认可她"路遇贵人"的说法。从离家求学到现在的十多年里，我确实遇到了许许多多的贵人。正是这些贵人的相助，才让资质平平的我，在坎坷中没有彻底沉沦，反而不断地在激励中取得些许进步。

本书是在我的博士论文基础上修改而成的。首先，我要感谢导师张士闪教授。张老师是一位睿智且充满侠气的学者。每当我有了学术上的困惑，他总是三言两语间道出问题的核心和关键，每每让我豁然开朗。张老师多次说过，村落社会是一部大书，我们要一点点地读懂它、吃透它，不容易但要坚持。正是受到张老师的鼓励，我才没有放弃这个话题，硬着头皮坚持了下来。博士毕业以来，张老师在科研、工作方面一直持续给予我帮助和支持。对于张老师的关照，我无以回报，唯有继续谨慎学问，以不负老师的期待。

感谢合作导师李松教授，李老师是一位温文尔雅的学者。论文选题确定以后，李老师帮我联系和建立了初步的田野关系，为我顺利进入田野提供了极大便利。在繁忙工作之余，李老师多次询问论文进展，并对我进行面对面的指导。李老师思路清晰、富有条理，有非常敏锐的问题意识，总会在我的汇报中发现问题，使我在杂乱无章的田野资料里警醒。

感谢刘铁梁教授，刘老师是一位功底深厚、勤于思考且非常可爱的学者。作为我的硕士导师，刘老师在我进入山东大学进行博士阶段学习后仍不弃愚蒙，对我的学业一直悉心指导。在博士论文选题选定后，每次通电话都围绕着论文选题展开，让我受益极大。除此之外，刘老师还像慈父般关怀我的生活，让我在艰苦的求学过程中，时常感受到来自长辈的温暖。

同时，还要感谢民俗学研究所刘宗迪、朱以青、刘德龙、刁统菊、王加华、李浩、赵彦民、龙圣等诸位师长，在博士就读期间给予我的无私帮助。

感谢俄亥俄州立大学的马克·本德尔教授，正是在他的无私帮助下，我才有幸获得国家留学基金委提供的资助，前往美国俄亥俄州立大学接受为期一年的联合培养。感谢赵世瑜、高丙中、赵旭东、王建民、岳永逸等师长在我论文答辩前后给予的鼓励和提出的建议。感谢中国社会科学院安德明教授、中山大学刘晓春教授、美国威斯康星州立大学李冬老师在我求职时给予的指导及慷慨的推荐信。

感谢新加坡李秉萱、林明珠夫妇，自从2009年结识他们以来，十余年间他们一直在默默地支持我的学业，关心着我的生活。感谢山东大学民俗学研究所的师兄弟姐妹及诸多同窗好友在我就读期间给予的帮助。感谢本科同学、中共中央党校党建部张博副教授对本书提供的建设性意见，与好友相识是件很愉快的事情。

感谢武汉大学社会学院桂胜教授，作为我的博士后合作导师，桂老师在科研、工作和生活中都给予了我极多的关怀。感谢社会学院柳芳书记、院长贺雪峰教授等各位领导以及同事们几年来的包容，正是在这种轻松、愉快、融洽的同事关系中，我得以安心从教和治学，尽管成绩并不突出，但总算没有荒度时日。

感谢京村各位村干部，感谢多位村民和进城务工人员给我提供信息和无私帮助，感谢我的同学阿玉夫妇，虽因学术伦理保护隐私之故，各位村民未能在本书中以真名出现，甚至村名都经过了加工，但大家对我的帮助我会永远记在心里。

感谢中国社会科学出版社编辑田文老师，正是在田老师大力举荐下，拙著才有幸被列入中国社会科学出版社"中国社会科学博士论文文库"，同时田老师认真细致的编校工作也为本书增色不少。

感谢我的父母，在我离家就读十多年里，没有他们一直以来的支持和默默的付出，我想我不会走这么远！感谢我的妻子李倩，她总是在我最沮丧的时候，给我以最温暖的鼓励和安慰。同时，她帮助我仔细校对了本书全稿，使书稿顺畅了许多。感谢我的女儿麦穗小朋友，她的到来为我略显枯燥的学术科研生活增添了许多快乐！

最后，还要稍微交代一下，本研究是建立在田野作业基础上的，虽然我曾在村子里连续不断地住过一段时间，但我之于这个村子来说，毕竟是一个"闯入者"。我就像一个垂钓的人在京村这个大池塘里，钓得了我所需要的"鱼"，然后按照既定的制作方法将这条鱼做成了一道用以果腹的菜肴。我知道，也许我所钓的鱼并没有特色，或者没有代表性，又或者池塘里还有更多更好的鱼，但我既然选择的是一种阶段性研究，就只好由它去了。

当我把在日常生活中捕捉到的片段的、琐碎的故事以民俗志方式呈现出来时，我的这段研究工作算是暂时告一段落了。然而，生活本身仍在继续，故事仍在生成。人们仍在生活中践行着传统，并在行动中不断地诠释着生活的意义。如果说学术是一次长途旅行的话，我能做的大概只有继续走下去。

李向振

2021 年 12 月 13 日于珞珈山